來自西藏之心
直貢噶舉法王・赤列倫珠傳

From the Heart of Tibet
The Biography of Drikung Chetsang Rinpoche,
the Holder of the Drikung Kagyu Lineage

艾爾瑪・格魯伯 Elmar R. Gruber 著
譯者：普賢法譯小組

目錄

十四世達賴喇嘛　推薦序　　　　　　　　　　3
嘉旺竹巴法王　推薦序　　　　　　　　　　　5
噶千仁波切　推薦序　　　　　　　　　　　　6
序幕　　　　　　　　　　　　　　　　　　　10
（一）尋找珍寶　　　　　　　　　　　　　　13
（二）拉薩家人與幼年生活　　　　　　　　　22
（三）直貢寺陞座：末法明燈　　　　　　　　35
（四）親教師與說書人：早期寺院生活　　　　57
（五）壇城之內　　　　　　　　　　　　　　73
（六）深淵中的西藏：叛亂與平叛　　　　　　90
（七）中國監控之下：批鬥與思想改造　　　　102
（八）紅旗下的學校生活　　　　　　　　　　113
（九）殘酷劇場：拉薩文化大革命　　　　　　131
（十）理智之死：紅衛兵，造總與大聯指　　　143
（十一）獨自逃亡　　　　　　　　　　　　　164
（十二）隨著自由而來的承擔　　　　　　　　177
（十三）修行上所承襲之世系　　　　　　　　196
（十四）賢者之諾　　　　　　　　　　　　　213
（十五）吸收沉潛：夢境、學習與閉關　　　　223
（十六）專注發展：實現願景　　　　　　　　240
（十七）緣起大師　　　　　　　　　　　　　257
（十八）覺醒之音　　　　　　　　　　　　　286
致謝文　　　　　　　　　　　　　　　　　　296
參考書目　　　　　　　　　　　　　　　　　299
譯音對照表　　　　　　　　　　　　　　　　309

THE DALAI LAMA

十四世達賴喇嘛

推薦序

　　直貢澈贊仁波切的生平涵蓋了西藏過去五十年範圍牽涉極廣的歷史。他出生於顯赫的貴族家庭，後被認證為重要的轉世上師。擁有這樣的背景，除了代表他必須承擔一定責任外，也或許意味著他應該過著享有特權和受人尊敬的生活。然而，在二十世紀中葉席捲西藏全境的驟變，對每個人的生活都產生了衝擊。一九五九年拉薩起義後，我和許多藏人都逃離了西藏，仁波切沒有一起逃出來。當時許多留在西藏的貴族和高階喇嘛，都被共產黨政府判以嚴厲的長期監禁。幸運的是，他們認為澈贊仁波切當時年紀太小無法承受苦牢，反而送他去了學校。這讓他在那裡至少還能接觸到社會主義理想和現代思維模式。他非常認真學習，直到被下放到農村做體力勞動前，向來都名列前茅。

　　六、七〇年代對每個身在西藏的人來說，都是艱辛難熬的時期，但仁波切並未絕望，也沒有安於現狀。機會來臨時，他逃了出來，穿越西藏邊境進入尼泊爾，再前往印度。他在印度體驗到自童年以來從未感受過的自由

氛圍。而在與家人失聯多年後，也驚訝地發現幾乎自己所有的家人都搬到了美國。他們安排仁波切到美國，於是他展開了異國新生活，努力學習新語言和許多新習慣和思維。他甚至還在學習英語期間找到了一份工作。

此刻的仁波切，在經歷中國統治的西藏那段艱辛歲月後，或許會想要休息一下，在新環境安頓下來。他到美國和家人團聚，面對舒適生活環境的同時，卻仍維持出家身分。在他閱讀直貢噶舉的傳承歷史後，重新喚醒對自身傳承的興趣與責任感；於是他回到印度，著手進行復興傳承的使命。這代表他必須投入大量工作，包括領受法教、口傳與灌頂，進行閉關修持，將領受的法教內化，以及拜訪各個寺院和處理世俗事務。

仁波切的努力獲得了豐碩成果。直貢噶舉傳承不僅在藏人流亡社群，也在拉達克等地得到復興。他在印度北部的德拉敦創建了一座卓越的直貢噶舉佛學與修行中心，名「強久林」（菩提寺），作為該傳承在西藏境外的總寺。基於眾人請求，他也在國外建立許多禪修和佛學中心，並親自給予教授、傳法。我非常樂見本書之出版，此舉能讓世上更多讀者近距離了解直貢澈贊仁波切不凡的人生。一如我在文章開頭所說的，澈贊仁波切的人生經歷涵蓋甚廣，從舊時期的西藏生活方式，到之後的磨難，再到逃亡後成功守護與弘揚所有藏人一致珍視的價值觀。因此，在我祈求仁波切健康長壽的同時，相信大家必定能從他的成就獲得希望與啟發。

達賴喇嘛尊者

嘉旺竹巴法王

推薦序

我的摯友兼金剛師兄，直貢怙主法王澈贊仁波切[1]，是我們這個時代最有成就的修行導師之一。他在生活與修行方面的種種經歷，都非常豐富且激勵人心。儘管他在年輕時遭逢許多艱難，其他時候也面臨許多挑戰，但他面對人生的積極態度，值得我們所有人效仿。

我很高興艾爾瑪‧格魯伯博士以撰寫法王傳記來鼓舞當今和未來的人們。他的生平故事必定能啟發無數修行者，將生命中的挑戰視為修行，使修行力量於內心增長，並為長期的修行發展奠定良好根基。

我衷心祈願法王長壽、快樂，所有願求皆無勤圓滿成就！

嘉旺竹巴法王
二〇〇九年十一月

---

1 【譯註】通常會以音譯「直貢姜貢」來稱呼直貢傳承的法王，此處採取意譯，方便讀者理解。

GARCHEN TRIPTUL
KONCHOK GYALTSEN

噶千仁波切

推薦序

　　身為佛法弟子，我們經由閱讀偉大上師的生平與解脫故事來加強信心，鼓勵自己持續走在修道上。佛陀教授的正法，經由無間斷的證悟上師代代相傳，直到今日。藉著閱讀這些上師的傳記，我們會對他們所傳授的法教生起正信，對他們為了延續傳承所承擔的苦難產生感激之情，並對作為皈依對象的他們所擁有的功德產生信心。正是因為這些故事乃激勵人心、引領世人的無盡源泉，我非常高興得知，如今將有廣大讀者能接觸到這本直貢怙主澈贊仁波切的傳記。

　　直貢噶舉傳承經常被形容為黃金寶鬘。每位傳承上師就像黃金寶珠般粒粒相接，最後經由我們的根本上師（離我們最近的寶珠）將我們與佛陀串連在一起。而菩提心、利他之證悟想，正是貫穿所有寶珠的線；因此，雖然我們可一一看待每個寶珠，但每個寶珠的本質是一致的——亦即諸佛一致的本質。這一世的澈贊法王‧滇津赤列倫珠，是吉天頌恭於十二世紀所創藏傳佛教直貢傳承的第三十七任法王——他就屬於這類的上師。

　　我因壯年時期所經歷的挑戰，直到晚年才能見到怙主澈贊仁波切。在我還小的時候，就對吉天頌恭充滿信心，因此

自然會對他的化身——澈贊法王充滿信心。但是，當我終於在一九九三年前往尼泊爾和印度面見仁波切並聽取他的故事時，我的內心產生了更多信心與確信；如今我將他視為與佛無別，對他有著不可動搖的信心。

怙主澈贊法王的傳記，是描述一位全心全意將自己奉獻給佛法者的生平故事。儘管年輕時遭逢無數動盪，卻還能在充滿敵意、反對宗教的環境下堅守出家誓言，最後奇蹟般地逃出西藏。在歷經千辛萬苦後，他遠赴印度，肩負起領導和復興直貢噶舉傳承的重任。縱使工作繁重，他仍抽出時間精進修行、學習與閉關。我非常驚訝一個人如何能在那麼短的時間內，完成這麼多的事。每當我看到怙主澈贊仁波切那麼辛勤工作時，我總是心想「我實在也該像那樣做事啊」。

如今隨著佛法傳播，尤其直貢法教在西方日漸紮根，我祈願直貢怙主仁波切的人生典範，能夠以同樣的方式鼓舞眾人，而我確信本書必定能發揮這樣的作用。

噶千仁波切

來自西藏之心

圖1：從直貢宗往南望

序幕

邏娑川（拉薩河上游古名）自西北方向下流，在與雪絨藏布江及墨竹曲匯合後即形成「吉曲」（中國稱「拉薩河」），繼而急轉向西南方往拉薩流去。這些江流猶如輪輻匯聚於輪轂一般在此匯聚，直貢宗就坐落在這些河谷所形成之三角洲北方的峭岩絕壁上。「宗」是碉堡、要塞之意，西藏寺院通常不僅做為村民精神的皈依處，也做為實質的庇護所，保護他們免受強盜、軍隊的燒殺劫掠。這座建築有著緊貼山壁而建的陡峭石階和高聳的白色石牆，外觀不禁讓人聯想起拉薩的布達拉宮。幾世紀以來，直貢宗作為直貢地區的行政中心，擁有龐大的寺院群落，一直受人尊崇，卻也不免引來許多妒忌，經常受到敵軍的攻擊；然而，直貢宗卻總能在被摧毀後迅速重建，新建物也往往比先前更壯觀、更輝煌。

時序來到一九五九年，此刻的直貢宗依然維持當年的雄偉與壯麗。高踞在戰略位置上，將眼前河川旁的主要道路概況盡收眼底。在巍峨的飛簷屋頂上，象徵佛陀戰勝四魔[2]的勝利旗幟隨風飄揚，頂上有雄鷹在空中盤旋。年幼的澈贊仁波切兩眼緊貼一副望遠鏡，興奮地奔跑著。這時他望見在遙遠的南邊，沿著吉曲河畔有一團沙塵暴在陽光下閃爍發光。男孩既不安又著迷。他用祖父送給他的雙筒望遠鏡仔細探索這片對他再熟悉不過的地景：他的右手邊是光禿禿的山坡；正前方的山腰上，有該地區最古老的碉堡「南嘉確宗」，如今已成荒煙蔓草的廢墟；還有祖父所造且令人膽戰心驚的吊橋；以及下方宗雪村的房子。牧民身上穿著毛皮袍，女孩們在岸邊汲水和晾曬衣物，男孩們熟練地用彈弓將落單的羊兒

【譯註】本書多數中國地名已參考中國官方地名，若該地名過小無法於地圖查得時，則按原文音譯並加註「＊」，方便讀者得知該地名無法於地圖中以漢字查詢，必須以藏音為主。全書的藏音皆以雙引號來表示。

2 「四魔」（བདུད་བཞི，『毒系』）指四種對佛法修行者造成障礙的遮障或違緣。

序幕

趕回羊群。他經常可以看到牧民組成小商隊前往拉薩，出售自製的酥油和乾酪。但他最喜歡做的則是觀察動物，不論是優雅的駿馬，還是悠閒自在的犛牛，他都百看不厭！夜幕來臨時，蹬羚成群從山上下到河畔喝水，整群的羚羊彷彿被下了秘密指令般一起彈開，令他的心也跟著同時跳動：大自然的美總是如此完美無瑕。然而，此刻，他站在屋頂上，透過他的望遠鏡觀察，眼前的大自然似乎被擾動了，好像有什麼東西失去平衡似的。不知為何，樓下洽佐[3]（總管）的房間裡傳來一陣低沉的惱怒聲。群山外的東方聚集一團烏黑的暴風雲，當陽光穿透雲層時，照亮了南方沙塵暴中的光粒，使它們像火星般熠熠生輝。

他的望遠鏡似乎能讓隱形之物現身，有時他會想像它們也能將消失已久的過往拉回到現在。當他望向遠方遙想時，母親的臉龐會出現在腦海中，雖然模糊，卻比擺渡人駕著牛皮船橫越吉曲的影像還要鮮明。在黃昏的餘暉下，他看見祖父精實的身影。男孩置身在雙親家中繁花似錦的花園裡，在溫室裡玩捉迷藏，撫摸著自己的白兔，恬靜自適地沉浸在遊戲中，渾然忘我。

他是往外看，還是往內看？透過望遠鏡看到的景象，似乎能使隱晦的實相剎現。從玻璃筒望進去，可發現另一個玻璃筒，一個接著一個，直到觸及望遠鏡的極限，如此一來，似乎能看出事物的空性──只要他能看得夠精細，就像喇嘛[4]們教導他的那樣。沙塵暴中顯現的景象令人感到不安。剛開始，他認出了高大、昂首闊步的駿馬，牠們雄壯威武的步伐和頸部的律動讓他興奮不已。那些駿馬比西藏的馬還要高大優雅。騎手們穿著軍裝，身後跟著難以計數的軍人，步伐整齊劃一，就像成排的珠子串在一根繩子上。

他的心臟跳得更快了，但目光卻無法從眼前的景象上移開，看見這麼多武裝人員出現，讓他既害怕又著迷。他感覺自己幾乎可以聽到他們的歌聲，但他們終究還是離得太遠

---

3 『洽佐』（ཕྱག་མཛོད），管理轉世喇嘛財產的人。
4 藏語的『喇嘛』相當於印度上師的概念，泛指修行導師。

來自西藏之心

了，耳畔出現的只有灌木叢的窣窣聲響，以及頭上盤旋鳥兒偶爾發出的低鳴叫聲。他將手肘倚在牆上保持平衡，現在，他終於能看清楚站在隊伍最前方有個人。和他一樣，正拿著望遠鏡觀察，目光對準直貢宗，直直向他看過來。他大吃一驚，急忙把雙筒望遠鏡從眼前移開，似乎這樣就可以讓他隱形，快步跑到寺院屋頂上的長圓柱形旗幢後面躲起來。這些用黑氂牛毛製成的旗幢，代表佛教的忿怒護法尊，但現在這些護法似乎失去保護西藏的力量，無數的寺院落入侵略者手中。然而對這一切，男孩一無所悉。他生活在虔誠侍者和老師的身邊，他們只談論神聖世界，並盡力讓他遠離現實世界中的暴力。男孩的冒險精神十足，他小心翼翼地再次舉起望遠鏡，觀察外來的偵察員，正如偵察員也用雙筒望遠鏡觀察他一樣。他們雙雙定格在相互凝視中，同時從隱形中現身。

（一）
尋找珍寶

　　昆秋桑天和他的同伴正在尋找他們認為最珍貴的東西。他們偽裝成載運貨物的馱隊，穿著家鄉的傳統服裝，兩、三人一組，低調旅行，四處拜訪村莊和游牧營地。這些旅人在村民家中或深聲牛毛編織成的牧民帳篷裡，圍坐在搖曳爐火邊，一邊分享著鹹酥油茶、糌粑和「醅」[5]，一邊聚精會神地聽著主人聊起當地居民的日常生活故事。

　　這些外表喬裝成悠閒旅人、實際上卻肩負重任的人，正是尋找高僧轉世者的僧人。一如數世紀以來類似訪團所做的，他們在淨相、預言、卜卦所指示的地區裡隱姓埋名地旅行，小心翼翼地接近可能候選人的出生家庭。當他們找到一位這樣的人時，會十分仔細地觀察這個孩子和其父母的行為，或者與他一起玩耍，並向他展示上一世喇嘛的物品，看看他的反應如何。即使這個男孩已經被他們認定為候選人，他們也不會透露其任務，因為在正式認證程序開始前，一切都必須先和其他上師與政府要員討論。保守秘密是必要的，因為有許多父母都渴望經由兒子被認證為祖古，即轉世上師，來獲取更高的社會地位。家裡如果出現一位仁波切（藏語「珍貴」的意思）[6]或祖古，總是意味著父母積累了極大的福德。因此如果看到藏人試圖虛構在母親懷孕時、孩子出生時，或者孩子幼小時所發生的神奇事件，以便將兒子提升

5　「糌粑」是炒過的青稞粉，通常與西藏的酥油茶攪拌混合食用，為西藏的主食。『醅ㄑ一ㄤ』（ཆང）是以青稞製成的藏式啤酒。

6　仁波切（「珍貴者」）是轉世喇嘛（祖古）的尊稱，但也有極少數卓越不群的修行導師並非祖古出身。

到這個地位,絕非稀有罕見的事。這個方法無疑是打破傳統西藏政經階級最簡單的方法,不僅孩子受益,整個家族也將受益。

圖2:第六世澈贊仁波切・滇津喜威羅卓(約一九四〇年)

藏傳佛教直貢噶舉傳承法座持有者滇津喜威羅卓法王,在一次前往藏東的旅途裡不幸中風,之後便不太能夠言語,大部分時間都在禪定之中。一九四三年十二月,在一個隆冬的日子裡,他未能康復而圓寂了。在眾瑜伽士和高階喇嘛們為他準備荼毘法會的期間,喜威羅卓的肉身維持著禪定姿勢整整一個星期,直到一些血液和白色物質(「紅白菩提」,菩提心的一種顯現)[7]從他的鼻子流出來。人們將這些珍貴

---

7 菩提心(「證悟想」或「覺醒心」,བྱང་ཆུབ་ཀྱི་སེམས,『強久吉森』),世俗菩提心是指以慈悲心發願利他,勝義菩提心是指洞見實相真實自性和心的本具覺智。

物質與糌粑混製成甘露丸，放入舍利盒、佛塔⁽⁸⁾與中空的佛像裡。直到這個時候，大家才對外宣布怙主仁波切——「皈依和保護者」——已經圓寂。黑壓壓的烏雲壟罩在直貢上空，日月似乎不再發光。疾病在這片土地上蔓延開來，高燒奪走許多僧人的性命。直貢的弟子們引領期盼著他們的怙主（法王）能夠再次轉世歸來。

尋找喜威羅卓轉世的工作，在其圓寂幾年後開始進行。一個由領頭喇嘛所組成的委員會，選出幾位負責在不同地區搜尋的僧侶，而此搜尋隊的責任落在「洽佐」頓珠康薩的手中。喜威羅卓生前沒有留下任何關於投生地點的授記或蛛絲馬跡。有些人在荼毘時，看見煙霧往西南方的拉薩飄去，但這個說法太模糊，不能被視為重要跡象。因此，他們派出兩隊人馬出發尋找已故直貢法王（亦即澈贊仁波切）的新轉世，一組人往南走，另一組人則往北行，其中包括了昆秋桑天，他曾是上一世澈贊仁波切的貼身侍者。

那是個動盪不安的年代。在中國，國共兩黨發生了內戰，動亂波及西藏的危險與日俱增。政治的不確定性增添了尋找直貢法王轉世的急迫性。若無法座持有者，直貢教派的延續就岌岌可危。那時，直貢傳承的臨時攝政赤匝嘉樂（1924-1979）負責管理傳承的方針與資產，直到繼任的法座持有者達到可以治理事務的年齡為止。攝政法王明白，無論在承擔這份責任期間有多麼受人愛戴、曾經付出多少，都不會擁有和法王一樣無上的權威。

直貢噶舉祖寺直貢梯寺的僧人們，在鄉間遊歷了數月之久，仔細探查任何可能代表候選人出生的不尋常事件。他們條列了一長串的候選人名單，並與瑜伽士、祖古和占卜師討論。經過一連串占卜，透過名為「金瓶掣籤」（食糰問卜）的抽籤卜卦後，他們獲得一個較短的候選名單。這個方法是，先在傳承創始人吉天頌恭的塑像前，以及阿企‧確吉卓瑪佛母的護法殿內，持誦數小時祈願文後，將兩個外表相同

8　佛塔（མཆོད་རྟེན།，『確殿』），用於保存舍利的建物或具有特定外型之塔。佛塔的外型具有多種層次的象徵意義。

的糌粑丸放入一個大銀碗中，由一名高僧慢慢搖晃這個碗。這兩個糌粑丸中各包一張紙條，一張上面寫著「是」，另一張為「否」。隨後大聲朗讀名單上每位候選人的名字，並依序打開糌粑丸。如果紙張顯示「否」，則將該候選人剔除，如果顯示「是」，則繼續將此人放入候選名單中。最後，在這個程序都完成後，仍有六名被視為可能是澈贊仁波切轉世的候選人在評估名單內。

攝政赤匝嘉樂決定和傳承裡幾位重要人士與一小群僧人，前往藏南神聖的預言湖拉姆拉措尋找答案。這個湖過去在尋找重要轉世祖古時都發揮了顯著的作用，許多仁波切在那裡禪定時，也都得到決定性的淨相指示。

這群直貢朝聖隊伍在穿越重巒疊嶂、疾風壑谷時，也得提醒自己不能觀看任何沿途經過的河流或湖泊，因為據說只要在任何水域看見畫面，就無法在拉姆拉措獲得淨相。他們終於抵達目的地，並在湖畔的山丘上紮營，從營地向下望去，不遠處正是波光粼粼的湖泊。他們搭起帳篷，拿出法器，燒起芬芳的杜松作淨化獻供。他們一連進行了好幾天的祈願和儀軌唱誦，直到赤匝嘉樂終於下到一如鏡面的湖畔獨自禪坐，祈求獲得淨相預言。不消多時，湖面瀰漫起一陣薄霧，隨著霧氣繚繞幻化、霧影交疊，眼前畫面開始出現，起初很模糊，後面越來越清晰。他看見一座寬闊的美麗山谷和一棟豪華的雙層庭樓，房子外設有樓梯，大門面朝東方，四周有圍牆圍起來的大花園，裡頭種著藏人家中不常見的銀色尤加利樹。他看到屋頂上的旗竿，掛著一面帶有箭頭的勝利旗幟，以及一面象徵五佛部的五色旗。有一隻紅色小狗拴在旗竿上。赤匝嘉樂明白這個景象意味著澈贊仁波切的轉世將在火狗年出生。他在心裡祈願，希望曉得房子的所在位置，之後直覺性地了知這棟房子坐落在拉薩。隨後，眼前景象瞬間消失，湖面再次只映照出周圍群峰的全景。

赤匝嘉樂對清晰的淨相感到滿意，但仍需要進一步確

尋找珍寶

認。他們一行人回到直貢梯寺,又進行了一次的食糰占卜,堪布次旦桑布則做了一次「圓光占卜」,亦即用鏡子占卜,通常這種占卜會叫孩子們來看,因為他們比較容易在會反射東西的物體上看見淨相。成年人很少擁有這種特殊的視覺能力,不過次旦桑布卻是這方面的大師。他們先在裝滿穀物的容器中放入一面鏡子,並撒上神聖的黃色粉末,鏡子前面有一塊水晶,鏡子後面有五彩哈達箭,四周有酥油花和儀軌所使用的奠酒作為獻供。次旦桑布透過持咒向占卜本尊祈求力量,並在鏡子中驗證了赤匝嘉樂所獲得淨相的準確性。達隆瑪珠仁波切和第十六世噶瑪巴·讓炯多傑(1924-1981)隨後也證實了這個結果。

圖3:直貢攝政赤匝嘉樂於擦絨宅邸的佛堂內

17

赤匝嘉樂派遣一組探查團前往拉薩尋找這名男孩。達賴喇嘛的弟弟符合淨相所示的某些預言，因為他於火狗年出生在拉薩的一座莊園裡。直貢傳承上師們向當時的西藏攝政王達扎仁波切（1874-1952）請示，表示那位男孩可能是他們的法王，但是達扎仁波切並沒有被說服。他建議僧人們先進行大規模的祈願法會，於是不久後，達賴喇嘛的弟弟便被認定為第十五世阿里仁波切。

直貢拉章[9]的一位總管昆秋桑天，也是被派往拉薩探查隊的領頭。他透過地方神祇的預言找到另一位候選人，預言指示他要到著名的密乘最高學府—下密院。在這座古老建築物後面，他找到一個非常貧困的家庭，家中有個三歲的兒子，當昆秋桑天和這戶人家坐在一起時，小男孩立刻跳到他大腿上，父母也講述了他出生時所發生的一些不尋常事件。他們手上還有幾份由喇嘛所寫、證明其子擁有不凡特質的文件。就在桑天起身想和同伴一起離開時，小男孩也試圖將他拉住。

同一時間，一些直貢僧官正打算前往拉薩，解決一些繳納政府稅賦的問題。他們和往常一樣，徵詢了老擦絨・達桑占堆的意見，他是國內數一數二、最有影響力的政治家之一，也是一位與直貢關係密切的富賈。他認識已故的法王喜威羅卓，並負責建造位於直貢宗下方的吊橋。

對擦絨家而言，直貢僧官來訪並非稀有的事，但是當這兩位僧人一進門時，老擦絨的孫子、一個名叫次旦局美的小男孩便開始哭泣，並緊緊抓住其中一位僧人不放，不管用什麼方式都沒有辦法讓孩子安靜下來。他的保姆只好強行將哭泣的孩子從僧人身邊帶走，好讓僧人能進到屋裡開會。當他們結束會議從屋裡走出來時，男孩立刻跑回他們身邊，跟著他們走到大門口。其中一名僧人彎下腰來問他想去哪裡，小男孩伸出手臂指向東邊。這一次，男孩依然不願和他們分

9　『拉章』（ བླ་བྲང་ ）為祖古的住所。拉章由階級分明之總管、秘書和僕役管理與維護。拉章管理方式如同公司經營一樣，為祖古及其僱員創造收入。有些勢力或財力較大的拉章，甚至也兼具商業或貿易商社之功能。

開,直到僧人不得不板起臉來假裝嚇他,他才鬆手。僧人熱淚盈眶,內心深受感動,確信這個男孩一定是怙主澈贊仁波切的轉世。

他們興奮地向赤匝仁波切描述自己在擦絨莊園的經歷,莊園外觀正好與赤匝的淨相完全吻合:有一座寬敞美麗的花園,裡頭草木扶疏,種滿許多宜人的灌木、果樹,甚至還有尤加利樹,莊園正門面朝東方,房子的屋頂升起一面吉祥的勝利旗幟。赤匝仁波切派了幾位僧人過去進一步探訪,他們經常返回拉薩,在沒有知會男孩父母親的情況下探望這個男孩。男孩的保姆完全沒有起疑,反而很高興讓次旦局美和僧人們一起玩耍,因為小男孩顯然很喜歡他們的到訪。有一天,僧人們帶來一些金剛杵、金剛鈴、念珠、手鼓和普巴杵等法器[10],其中有些為上一世澈贊仁波切的用品。僧人們仔細觀察,看看男孩喜歡哪個物品。男孩毫不猶豫地拿起一串樣式簡單的念珠,儘管旁邊還有一串由寶石串成、帶有銀質卡子的華麗念珠,但男孩態度堅定,只是把玩著屬於已故直貢澈贊仁波切・喜威羅卓的物品。

「祖古」是法道上師的轉世化身,這些導師已證得解脫輪迴的果位,但為幫助其他眾生獲得解脫,而刻意再次投生為人。藏傳佛教的轉世祖古概念非常複雜,它是基於佛陀的三「身」所立的,更準確而言,這三「身」可以用表現或體現在三種維度上來理解,分別為:化身、報身和法身[11],各自對應著具體、細微和心理這三個不同層次的覺受,此外,也可以說對應著身、語、意方面的覺受。有時一位祖古可以同時化身為好幾個人,以代表前世之不同層面的轉世化現。此外,祖古可以來自重要上師、菩薩或聖者的轉世化

---

10 金剛杵(རྡོ་རྗེ,『多傑』):象徵不壞自性之法器;金剛鈴(དྲིལ་བུ,『直布』);念珠(ཕྲེང་བ,『添瓦』);手鼓(ད་མ་རུ,『達瑪如』);普巴杵(ཕུར་པ,『普巴』)。

11 法身(真如身,ཆོས་སྐུ,『確古』)是佛與宇宙自性無別的真實體性。報身(樂受身,ལོངས་སྐུ,『隆古』)是佛的一種存有之相,能展現其所體現的實相之喜。化身(應化身,སྤྲུལ་སྐུ,『祖古』)是佛為了帶領一切眾生獲得解脫,而以色相存有之身顯現於眾生面前。

身。寧瑪派和噶舉派[12]就曾有過同一位上師被認證為高達五位轉世化身的記錄。

　　澈贊仁波切的轉世人選，包含拉薩這兩個孩子，目前已擴大至八位。甘丹曲果寺的占卜對外宣布，前澈贊仁波切的三位轉世已經誕生，他們分別為身化身、語化身、意化身，但語化身已經圓寂（一般認為高階修行導師的轉世之所以早逝，是因為弟子和親近者沒有累積足夠福德）。住在下密院後方的貧家男孩被確定為身化身，而意化身則為老擦絨的孫子。因此，這位男孩將被賦予法座持有者的角色，負責帶領直貢噶舉傳承。達賴喇嘛的親教師赤江仁波切和林仁波切，經由乃瓊寺和噶東寺的降神占卜，以及噶舉派許多的高階上師，也都確認了擦絨·次旦局美為最終人選。

　　如今決定程序進入最後階段。直貢梯寺在阿企佛母殿舉行了為期七天的盛大祈願法會，之後赤匝嘉樂再次用食糰卜卦。在這八位候選人當中，是否有喜威羅卓的轉世呢？伴隨著喃喃的祈禱聲，赤匝嘉樂搖晃著碗，一個顯示「是」的糌粑丸蹦出來了。接著，他將寫有候選人名字的八個丸子放入碗中，隨著碗再次搖動，緊張感加劇。第一個跳出來的丸子裡，寫著擦絨家後代，次旦局美的名字。結果再確定不過了。於是，直貢寺立刻組成一個代表團前往拉薩，向當時的西藏攝政王達扎仁波切提報，經由他們長期搜尋的詳盡經過與結果。達扎仁波切必須負責拍板定案，因為達賴喇嘛還太年輕，無法親自給予決定。達扎仁波切在仔細研究所有文件並進行禪定後，正式確認直貢法王澈贊仁波切的無誤轉世已確定，在所有相關證據中他認為預言湖所顯示的詳細淨相特別具有決定性。

　　直貢人因再次尋得珍貴的法座持有者而欣喜若狂。他們為正式的認證和呈獻袈裟儀式，選定了吉祥日。隨後，一個由直貢高層組成的代表團再次前往拉薩，而這時連候選人的

---

[12] 目前，藏傳佛教公認的四大教派為：寧瑪派、薩迦派、噶舉派和格魯派，稱呼各派信徒多以後綴「巴」表示，例如寧瑪巴。噶舉傳承有分不同宗派，直貢噶舉就是其中之一。

父母和老擦絨本人都還不知道這個決定，顯然他們能不能同意是個潛在障礙。擦絨家族的人，世代都在西藏政府中身居要職，因此不能想當然爾認為擦絨家會接受這個決定。雖然說，有些寺院、傳承或許偏愛選擇貴族家庭的孩子，為高階喇嘛的祖古，且這種例子也算常見。這是因為和具有影響力的貴族家庭連結，將可為寺院帶來法律和經濟上的優勢[13]。

13　　這種做法有時會導致世人對那些想要尋找真正祖古的人產生懷疑和爭議。這種藉由無間斷的轉世上師傳承而建立的領導體系，完全取決於實施者的誠信。十八世紀末，滿清乾隆皇帝（1736-1795）曾頒布一項法令，禁止祖古人選優待貴族子弟，以抑制日益猖獗的裙帶關係和人為操控利益的情況。他向格魯派提出了著名的金瓶掣籤模式，作為不分宗派選擇高階喇嘛轉世的工具，候選人的名字被放在外表相同的麵團球中隨機從金瓶中抽取。儘管「昂邦」（自一七二七年起，滿清設置在拉薩的駐藏大臣）未能徹底實施這項命令，但至少為限制寺院權力擴張與政治特權跨出一步。

（二）
拉薩家人與幼年生活

擦絨家族是西藏最有名的貴族之一。此家族姓氏源於祖先產業的莊園領地之名，其領地位於距離拉薩約十二天的馬程處。相傳他們是八世紀傳奇醫生宇妥・雲丹貢布的後代，其塑像和顱骨保存在領地內一座專門祈求治癒疾病的寺院中。後來該氏族的男性子孫陸續活躍於政府各個部門，擦絨家族就移居至拉薩城。

據載，擦絨家族的一些成員在十七、十八世紀擁有顯赫的政治地位，其中包括一位寺院高階僧官、著名藥王山藏醫院院長、八世達賴喇嘛的醫師，以及一名地方官。十九世紀中葉，擦絨・格桑占堆因擔任阿里土林地區的首長而聲名鵲起。十九世紀後期，西藏除了中國以外，幾乎不開放外人進入，儘管那時，從十七世紀起就統治中國的清朝，國力已日漸衰落，對西藏的管控力也日益削減。一八八五年，由馬科雷所領導的英國入侵勢力遭到挫敗，西藏派出一隊由拉薩政府財政部長擦絨・多傑仁增率領的代表團，前去劃定西藏與錫金的邊界，以防堵英國做出任何可能的領土主張。在擦絨・多傑仁增的職涯中，擔任過各種具有影響力的職位，最後被任命為噶倫，亦即西藏政府內閣噶廈的四位部長之一[14]。多傑仁增的兒子擦絨・旺秋傑波（1866-1912）被任命為中藏的藏軍司令。一九〇三年七月，當榮赫鵬率領兩百位人員假借「護送」之名，實欲打開與西藏的貿易壁壘而強行進入西藏時，擦絨・旺秋傑波受命帶領代表團前去和榮赫鵬談判。但最後談判未果，榮赫鵬遂派遣軍隊直攻拉薩，迫使十

---

14 『噶廈』（བཀའ་ཤག），行政院或內閣，是達賴喇嘛以下的西藏最高權力機構，由三名來自西藏貴族的在家人和一名僧人組成。內閣部長稱為『噶倫』（བཀའ་བློན）或『霞貝』（ཞབས་པད，蓮花足）。

三世達賴喇嘛有一段時間流亡至蒙古。

在陪同達賴喇嘛流亡的隨行人員中，有一位名叫達桑占堆的人，也就是後來成為激贊仁波切祖父的人，但當時他還只是個十六歲的少年。少年對達賴喇嘛忠心耿耿，性格果斷、聰明伶俐。他出生於一八八八年，家鄉在彭波（現林周縣），年輕時名為朗崗，是農民與箭匠之子。儘管這個男孩出身卑微，但達賴喇嘛看出他是可造之材，便開始培養和提拔他，並為他取名達桑占堆。在逃亡蒙古的艱辛旅程中，當隨行人員對路線不是很確定時，達桑占堆被選為降神者來提供指引。據說，他在尚未完全進入降神狀態時，右手就緊握占卜杖，不受控制地顫抖起來，並做出指示，讓喇嘛們足以為接下來的旅程推算方向。流亡期間，達桑占堆接受一些俄羅斯的軍事訓練，也對不曾在祖國看過的科技深深著迷，他買了相機、手錶、丈量儀和經緯儀來測量土地。

達賴喇嘛一行人於一九〇九年十二月二十五日返回拉薩。回程途中，達桑占堆被拔擢成西藏政府的五品官[15]。然而，六周後，一支中國軍隊來到拉薩城前，達賴喇嘛被迫再次逃亡。達桑占堆帶著一支只有六十七人的部隊，以不屈不撓的毅力、勇猛，與優越的戰略技巧對抗人數眾多的中國軍隊，成功拖延了追兵的時間，使得達賴喇嘛得以安全抵達印度。他的勇猛作為，使他成為西藏的民族英雄：一位拯救達賴喇嘛性命的人。

不久之後，中國的革命人士推翻了滿清皇朝，達賴喇嘛認為此刻是西藏獨立的契機，任命達桑占堆為藏軍總司令，授命他組織反抗軍隊，將漢人趕出拉薩。中國軍隊組織嚴密，配備現代武器，人數遠遠超過達桑占堆的西藏軍隊。

反觀西藏完全沒有這樣的軍隊，達桑占堆被迫招募不曾受過任何訓練或具備打仗經驗的志願者，軍備也只有劍、弓箭和過時的火槍。他召集了一支烏合之眾的民兵團，在拉薩

15　西藏政府官制分為七品，達賴喇嘛為一品。

與中國人進行一場艱困的肉搏戰。但幸運之神與他同在——當中國革命成功的消息傳到拉薩時，一些中國軍人發現自己被拋棄了，達桑占堆得以說服他們加入西藏軍隊，反過來與自己的同胞作戰。西藏人民取得了勝利，達桑占堆的英雄名號再次響遍全國。

這名西藏英雄成為帶領國家獲得自由的象徵。達賴喇嘛在歷經第二次流亡後，於一九一二年元月返回拉薩，向歡欣鼓舞的民眾宣布西藏獨立。達桑占堆被拔擢至僅次於噶倫的政府職位。

在達賴喇嘛第二次流亡期間，擦絨・旺秋傑波擔任當時的噶倫（內閣部長）。在那個艱困時期，擦絨曾試圖在噶廈所擁有的權力之下確保西藏能自治（意思是與中國維持良好關係）——面對中國的軍事優勢，這條路線似乎是當時唯一的選擇。他憑藉自己的外交手腕，成為中國對外談判時的重要夥伴。拉薩獨立後，反對這種做法的人指控擦絨叛國，將他拖下布達拉宮的台階，當場斬首。色拉寺的僧人將其頭顱拿給他的兒子擦絨・桑珠才仁（1887-1912）看，他的兒子連同噶廈的秘書和司庫以及一位僧團秘書長，同樣被殘忍地處決。

原本這些事件代表著擦絨家族的消亡，家族財產將被沒收，倖存的家族成員陷入貧困和無足輕重。但達賴喇嘛對於曾效忠他的擦絨・旺秋傑波被殺害感到悲痛，想辦法幫助擦絨家族，同時也將他最器重的英雄納入貴族之列。他讓達桑占堆娶下被殺害之長子擦絨・桑珠才仁的遺孀。於是從那時起，達桑占堆就冠上其妻子氏族的姓，擦絨，並成為此家族的房長。此外，達賴喇嘛也同意達桑占堆將擦絨・旺秋傑波的女兒白瑪卓嘎納受為第二位妻子。

拉薩家人與幼年生活

圖4：一九三七年新年，擦絨・達桑占堆和他的妻子白瑪卓嘎於莊園內合影

　　如此的二度婚姻能確保家族血脈延續，擦絨・達桑占堆後來也娶了白瑪卓嘎的妹妹。當時西藏普遍實行一夫多妻或一妻多夫制，據說達桑占堆與白瑪卓嘎的婚姻相當幸福，雙方互敬互愛。

　　老貴族們用犀利的鷹眼注視著這個暴發戶的崛起，總是想藉機除掉他，但達桑占堆沒有給他們這樣的機會。身為藏軍總司令，他著手建立一支現代化的軍隊，達賴喇嘛與他觀點一致，認為西藏若要永續獨立就必須立即啟動改革與現代化，並和其他有意限制中國於中亞勢力擴張的國家結盟。一九一五年，達桑占堆升任為噶倫，成為該國最有影響力的政治家之一，並主導西藏政治局勢好幾年。他打破噶廈成員內一陳不變的貴族圈，以直率和火爆的個性在同僚中贏得敬畏。

達桑占堆也憑藉自己敏銳的生意頭腦,使原本衰敗的家族財富再次復甦,甚至變得更為富有。他在城南邊緣建造的富麗莊園,據說是拉薩城中最漂亮的一棟樓房。裡頭有玻璃窗、浴室、肥皂和牙刷,全家人睡在鋪著雪白床單的床舖上,這一切在當時的西藏都是非常稀有的,即使在富貴人家也不常見。達桑占堆和他的三位妻子共育有十個孩子,並因相信西方教育的價值,將其中幾個孩子送到大吉嶺的英語寄宿學校唸書。他的兒子敦都南傑出生於一九二〇年,就讀於聖約瑟夫學院(大吉嶺的寄宿學校),他在那裡獲得了「喬治」這個英文名字。敦都南傑和父親一樣熱愛攝影與電影,達桑占堆愛上這些現代科技,是在與達賴喇嘛一起流亡至蒙古和俄羅斯期間所開始的。

同一時期,西藏面臨著變革與維持傳統的兩難。一九二四年底,擦絨的政敵針對他而策劃的陰謀活動終於成功。這個事件使得擦絨失去高階的職位,但他在國內政治和經濟圈仍相當活躍。九年後,十三世達賴喇嘛於一九三三年十二月圓寂,由蔣介石(1887-1975)率領的國民黨指派一個代表團常駐拉薩,企圖延續先前朝廷對於西藏的掌控。年輕的熱振仁波切(1911-1947)雖然頗受歡迎,但卻缺乏道德紀律,他被任命為攝政王,將一直掌理西藏,直到年幼的十四世達賴喇嘛能夠在一九四一年領受出家戒為止。熱振仁波切打算在閉關出來後繼續執掌攝政,於是暫時拔擢古板且不關心政治的達扎仁波切為攝政王。達扎仁波切在位期間,政府和寺院高層掀起一股改革浪潮,凡是政府最高層級中屬於墮落、腐敗的人,均被以高標準的道德衡量。然而達扎是一位保守派的老喇嘛,他的資政們主張停止現代化改革,顯然是希望透過回歸傳統方式來重申舊寺院貴族的權力。

拉薩家人與幼年生活

圖5：前排：澈贊仁波切的祖父母，白瑪卓嘎和擦絨‧達桑占堆
後排：澈贊仁波切的父母，央金卓嘎和擦絨‧敦都南傑

一九四一年六月，擦絨家族和饒噶廈家族這兩大貴族舉行了一場盛大婚禮。饒噶廈家族是古代王室的後裔，也是國內最受尊敬、最具政治勢力的家族之一。饒噶廈‧彭措饒傑（1903-1957）擔任藏軍總司令一職，同樣的職位之前是由擦絨擔任。擦絨的兒子敦都南傑在財政部擔任四品高官，娶了饒噶廈家族的標緻女兒央金卓嘎，當時她年僅十五歲。一九四二年，這對夫妻有了第一個孩子，是個名叫南傑拉姆的女孩。一年後，另一個名叫諾金央吉的妹妹出生了。接著於一九四四年，這對夫婦的長子次旺晉美誕生。

一九四五年夏天，敦都南傑被派往距離直貢哲寺約十五

公里處的格老窩,監督用來鑄造新硬幣的冶煉白銀工作,冶煉後的白銀被製成扁條狀,運往拉薩的鑄幣廠。央金卓嘎對這個遷移相當滿意,她喜歡蒼翠茂盛的茵茵草地和風景秀麗的悠悠江水,以及在他們租屋周圍大樹上築巢的數百隻小麻雀。夫婦和他們的孩子在此度過了恬淡的夏天,讓他們暫時卸下城裡的責任和義務。他們到處野餐、射箭和騎馬,像個精力充沛的孩子般融入鄉間生活。

返回拉薩後,一天夜裡,央金卓嘎被床腳的動靜驚醒,接著她看到有如真人大小的綠度母[16]現身。她立即起身,向本尊行三跪拜,之後幻影隨即消失。幾個晚上後,央金發現自己懷了第四個孩子。她很肯定那天晚上的幻影不是作夢,而是度母真的出現在自己的房間裡。當她把這件事告訴丈夫和父母時,他們表示,她應該高興自己有這樣一個吉祥的經歷。

大約在同時,也就是一九四六年一月,兩名衣衫襤褸、蓬頭垢面、眼睛化膿的奇異人士來到拉薩這個禁止外國人進入的城市。多數的拉薩人不知道怎麼處理這兩名外國人,但老擦絨一眼就看出這兩人來自何處,深知他們急需一個可以暫時安身之地。他跟這兩名陌生的西方訪客碰面,將他們安置在名下的一間賓館中。而海因里希·哈勒和彼得·奧弗施奈特這兩名奧地利人,剛逃離位於印度德拉敦的英國拘留營,徒步穿越喜馬拉雅山脈,經過重重挑戰與驚險終於來到拉薩。最後,他們成為這個家庭的摯友,哈勒和「喬治」敦都南傑也成為終生的朋友。

一九四六年,藏曆火狗年,擦絨家族以盡一份繁複的社會義務拉開了新年的序幕。每年拉薩的「默朗欽莫」大祈願法會,總在藏曆大年正月初二開始進行,並會一直持續到正月結束。每年法會都會由一個貴族家庭負責迎請達賴喇嘛參加慶典。這一年適逢擦絨·達桑占堆作為東道主。擦絨家為了這件事情,採購了上百件的供品,有來自中國與印度的進

16　度母(救度者,སྒྲོལ་མ,『卓瑪』),具有無量悲心的女菩薩,度母化身為二十一尊化相,其中最受歡迎的是綠度母(སྒྲོལ་ལྗང,『卓江』)和白度母(སྒྲོལ་དཀར,『卓嘎』)。

口綾羅綢緞，還有虎皮、豹皮、熊皮以及鑲有白銀浮雕飾帶的象牙等，再加上獻給僧侶的大量金錢與禮物。這些供品全部都要送到拉薩的重要寺院大昭寺。擦絨為此聘請了兩百五十名僧侶，組成儀式隊伍，浩浩蕩蕩地將供品送往大昭寺。在莊嚴祈願法會開始的前兩天，擦絨和兒子則身穿盛裝，連同盛大的出行儀式隊伍，護送十一歲的十四世達賴喇嘛從布達拉宮前往已有兩萬多名僧人聚集的大昭寺。

西藏人對「默朗欽莫」又愛又恨。他們喜歡這個慶典，因為這是一年當中最重要的節日，宗教信仰不可或缺的慶典，人們從全國各地湧入首都。但另一方面，他們又憎恨它，因為在慶典期間，拉薩的政府權力暫時中止，轉移到哲蚌寺的兩名鐵棒喇嘛手中，其權力大到甚至能執行死刑令。長久以來，這個職位一直是眾人競爭的目標，一部分原因是它能帶來權力與聲望，但最重要的是金錢上的回報。鐵棒喇嘛有權沒收、甚至佔有落入他們手中嫌犯的財產、房屋和地產。許多拉薩人選擇在法會期間偷偷溜出首都，以躲避蠻橫專制的官威。鐵棒喇嘛也會嚴格規定參與祈願法會的群眾保持整齊與清潔。這有其道理，因為在過去，群眾離開法會地點後，往往留下大量的垃圾與糞便，必須要花另一個月的時間來清理城鎮並消除難聞的惡臭。

然而大型祈願法會也有充滿奇幻的時刻。在滿月之夜，一百個巨型的木製花架，有些甚至高達三層樓，上面擺滿酥油混和彩色青稞粉捏製而成的各式精美人物、花草、飛禽走獸等。舞台搭在最華麗的酥油花檯前，僧人們在舞台上表演木偶劇。當他們在台上以隱藏鐵線操控著浮貼在酥油花上的角色時，台下的觀眾看得目不轉睛。台上的偶戲在明亮月光與熠熠酥油燈海的相襯下，讓這座城市和它的遊客紛紛進入如夢似幻的世界中。

正月二十二日這天，會有軍事遊行與競技活動，以紀念一六四二年西藏聯合蒙古騎兵贏得戰事勝利。拉薩貴族家

裡的男人會組成一個隊伍,由一位「亞索」(古代蒙古騎兵將軍的稱呼)帶領,身上穿戴十七世紀的鎧甲和兵器以展示英姿。這個活動始於十七世紀,紀念五世達賴喇嘛在蒙古部族首領固始汗的幫助下統一整個西藏。閱兵儀式每年都會舉行,直到一九五九年西藏起義。海因里希·哈勒於一九四六年拍攝了這場盛況空前的軍事表演,當時他的朋友擦絨·敦都南傑扮演其中一位亞索將軍,他身上穿著俄國沙皇的錦緞服裝,頭上戴著藍色狐皮的寬邊帽子。人們在稍作慶祝後,眾將軍和數百名穿著古代盔甲的士兵率領慶典遊行隊伍,前往布達拉宮以北的扎基平原,在那裡舉行步槍和射箭比賽,以及熱鬧的賽馬。

藏曆六月初四為「轉法輪日」,乃紀念釋迦牟尼佛初轉法輪的吉日。在這天,信徒們會前往拉薩及附近的聖地進行短程朝聖。攝政王在一九四六年這年,希望向大昭寺的覺沃仁波切(釋迦牟尼佛等身像)獻供昂貴的嚴飾。覺沃仁波切是西藏最受尊敬的佛像,也是釋迦牟尼佛的等身像。達扎攝政王知道擦絨·達桑占堆在過去前往印度的多次旅行中,曾帶回一顆十八克拉的鑽石,他說服擦絨以原價賣給他這顆鑽石,以便在慶典期間鑲嵌在新的頂冠上。

就在慶典快要開始前,央金卓嘎臨盆了。她的丈夫請來朋友詹姆斯·格思里醫生,他是英國使團的外科醫生,也是他唯一信任的醫生,但過了一會兒,央金卓嘎的子宮收縮速度趨緩。第二天早上一切都很平靜,於是格思里醫生便返回家中。

那天傍晚,稍晚時,央金的子宮又開始收縮,並持續了一整夜,央金卓嘎的母親、婆婆、丈夫同父異母的妹妹和一名女傭都陪伴在一旁專心持咒。終於,隨著朝陽的光輝灑滿整個房間,央金卓嘎生下一名兒子。然而,嬰兒生下來的胎衣並未破裂,嬰兒完全包覆其中;而且,相對於藏人普遍相信此乃吉兆的迷信,嬰兒看起來已經沒有生命跡象,毫無動

靜的身體轉變成黃色。在場的家人嚇得幾乎癱瘓，幸運的是格思里醫生在這時趕到了。他毫不猶豫地打開羊膜，將手指伸進嬰兒嘴裡，取出阻塞呼吸道的東西。當醫生一把抓起嬰兒的腳並拍打他的背部時，新生兒開始嚎啕大哭。一家人總算鬆了一口氣，並感到歡欣喜悅。

圖6：
澈贊仁波切和他的母親央金卓嘎

央金卓嘎的待產期一直持續到轉法輪日那天，並且就在達扎仁波切向覺沃仁波切供養擦絨珠寶的那一刻，敦都南傑和央金卓嘎的次子出生了。那天是藏曆第十六繞迴火狗年六月初四，對應西曆為一九四六年八月一日。[17]

17　藏曆由十二生肖組成，每個生肖對應一個年份。將五行結合十二生肖後，便構成五次十二年的重複，如此形成六十年一個周期，稱為「繞迴」（རབ་བྱུང་，勝生周）。這個計算方式是依據《時輪金剛續》，因此起始的年份就是該著作自梵文翻譯為藏文的年份，也就是火兔年為第一繞迴，對應的西元年份為一〇二七年。

來自西藏之心

　　勇金林仁波切為孩子取名為次旦局美。小男孩的長成非常良好，即使是小孩子也看得出來他的聰慧。他永不滿足的好奇心讓僕人們得隨時保持警戒。據說他在這方面像他的大姐南拉（南傑拉姆），而二姐諾金和哥哥晉美則比較安靜。孩子們和祖母在一起的時間，比起和忙碌父母在一起的時間更多，如果時間允許的話，祖父也會陪他們。老擦絨喜歡和孩子們一起玩。有一次他假裝進入降神的恍惚狀態，翻白眼、跺著腳，發出可怕聲音，在房子裡追著孩子們跑。冬天時，他會將身上所穿內裡為駱駝毛的長袍大衣攤開，將孫子們裹在裡面，並為他們講睡前故事。小孩的母親並不是很喜歡這些故事，因為裡面經常提到一個擅長惡作劇的著名辛辣主角、人稱「阿古登巴」（登巴叔叔）的冒險故事。不過，她可不敢對一家之主發號施令。

圖7：位於拉薩的擦絨莊園

拉薩家人與幼年生活

孩子們幼時成長的莊園，有著許多房間和美麗花園，裡面種植著珍稀的植物與果樹，還有菜園和溫室——這些都由勤勞的園丁負責照料——就像一個世外桃源般。莊園光是主樓就有多達四十個房間，其中還有個幽暗的吉祥天母護法殿，帶著可怕面具的吉祥天母是擦絨家族的護法神；莊園內的儲藏室裡堆滿了穀物、青稞粉、茶葉、糖、油、鹽和羊毛，孩子們有時會在那裡偷吃鷹嘴豆粉；閣樓是真正的藏寶閣，裡頭有虎皮和帶有頭與爪的整張熊皮，還有犀牛角、象牙、劍、步槍、書籍、外國雜誌、繪畫、地圖、照片、留聲機、手錶和音樂盒。孩子們非常喜歡在這裡玩耍，開心地打開每個木箱和包裹，盡情享受挖掘寶物的樂趣。

他們也喜歡遊訪獨棟的廚房。裡頭共有三個灶間：一間供應典型的藏族家庭日常膳食，一間讓擦絨廚師特別為特殊場合烹調精美的中國菜和印度菜，還有一間是不可或缺的茶水房，從早到晚都在準備著茶水。在廚房正中央的泥磚大爐子上，一壺酥油茶不停地沸騰著，傭人們整日進進出出，忙著搬運柴火和曬乾的動物糞便，清理爐灰，或一邊大口喝茶、一邊聊天。

一九四九年，家中最小的兒子班久出生了。擦絨家的五個孩子和他們的表兄弟們在童話般的王國裡快樂地玩耍，對籠罩在雪域上空的政治烏雲渾然不覺。他們絲毫不曾想過這種無憂無慮、富足、快樂和自由的生活，很快就會戛然而止。

達扎仁波切攝政期間，熱振仁波切派系的成員和前朝的既得利益者逐漸被趕出權力中心。一九四六年，當熱振試圖取回這個職位時，達扎絲毫沒有要歸還給他的意思。熱振在盛怒之下，與中國政府達成協議。據稱協議內容為，如果中國幫他奪回攝政權，就可以擁有對西藏的主權。這項交易一

來自西藏之心

經曝光後,便傳出前攝政王密謀殺害達扎。但此陰謀最終仍告失敗,熱振仁波切被捕。熱振被監禁後,他的追隨者色拉寺的僧侶憤而起身反抗。滿腔怒火的僧人無法以武力救出熱振,便在拉薩街頭洩憤。他們闖入民房,強奪武器,在街上開槍,使得拉薩城陷入緊急狀態。叛亂很快就被平息,熱振仁波切未經審判就死於牢房——推測應該是被毒死的。

法王在家宅門前。

（三）
直貢寺陞座：末法明燈

中世紀時期，國際上許多重大政治事件幾乎對西藏沒有什麼影響；當第二次世界大戰在其他地方肆虐時，這個國家還經歷了一段經濟復甦時期。於是，當印度於一九四七年八月十五日取得獨立時，拉薩城幾乎沒有人注意到這件事，而當時最後一位英國駐西藏代表黎吉生，則成為第一位印度的駐藏代表。

然而，當時的西藏人確實感受到中國所發生的動盪。一九四九年一月，蔣介石政府在共產黨的進攻下落敗，逃往台灣。一九四九年十月一日，在全國人民代表大會宣布西藏為中國領土僅兩天後，毛澤東主席（1893-1976）成為中華人民共和國的領導人。自此，西藏人成為中華人民共和國境內的「少數民族」。

這個威脅到西藏主權的事件，發生在西藏政權相對薄弱的時期。當時的達賴喇嘛還只是個十四歲的少年，西藏境內也沒有屬於自己的軍隊。面對中國共產黨這個新政府，西藏的唯一回應是驅逐所有留在西藏的中國官員，並將所有被指控與中共勾結的西藏人免職。面對潛藏的災難與動盪，許多西藏人——包括絕大多數的貴族——都選擇直接蒙眼不見。

與此同時，擦絨家面臨著不一樣的變化。一九五〇年初夏的一個早晨，直貢梯寺的官方訪團來到莊園，向老擦絨呈交一份報告，說明次旦局美已被正式認證為直貢法王澈贊仁波切的轉世，而此認證也已獲得攝政王達扎仁波切的正式認

可。訪團請求老擦絨將孫子託付給僧人。擦絨‧達桑占堆雖然尊重宗教傳統，也經常慷慨布施寺院，但相較於虔誠的信徒，其作風較為務實。他告訴代表團，最終結論還是得由孩子的父母來決定。

擦絨在僧人離開房間後，把兒子和媳婦找來，告訴他們代表團的請求。父母都很震驚，不願意將兒子交給僧人。寺院的生活十分辛苦，即使是高階上師的轉世也不例外。此外，他們也想知道這項認證會不會只是個藉口，實際上是為了與有權有勢的富裕家族建立聯繫，而母親也抗議地說孩子還不到四歲。老擦絨其實也不是很願意，但卻不想立即回絕這個請求，因為報告中所條列的證據在各方面都非常令人信服，而且即使是沒什麼宗教信仰的西藏人，也知道阻撓真的轉世認證會為家族和孩子帶來不幸。他建議年輕的父母不要倉促做出決定，應該審慎思考，儘管時間其實迫在眉睫——因為代表團說，現在正是認證轉世的吉祥時機，任何延誤皆為不宜。

央金卓嘎向自己的父母尋求意見，他們非常虔誠且熟悉祖古運作體系，因為達隆噶舉的夏忠祖古總是轉世到饒噶夏家族裡。饒噶夏‧彭措饒傑勸他的女兒將小次旦局美交給直貢傳承，因為轉世上師如果沒有辦法履行宗教任務，將會英年早逝。次旦局美的父母不想冒這個風險，最後不得不承認那些關於兒子出生時所發生的諸多異象有其重要性。除了孩子出生在吉祥的轉法輪日早晨以及親見度母之事，央金在懷孕期間也經常夢到寺院和佛塔。此外，前一世的澈贊仁波切‧喜威羅卓生前曾來過擦絨家，送給當時懷孕的白瑪卓嘎一條項鍊，表示如果戴上這條項鍊，家裡的田地就會碩果累累，並且沒過多久就能再見到他。這個舉措在當時看來，好像只是上師表達接受熱情款待的禮貌性回禮，但現在看來，似乎早已暗示了這個授記。雙親懷著沉重的心情，同意讓他們的兒子到寺院生活並接受教育，以承擔直貢法王的責任。

直貢寺陞座：末法明燈

左圖8：澈贊仁波切和父親坐在鞦韆上
右圖9：一九五〇年，接受認證的澈贊仁波切於拉薩擦絨宅邸花園內留影

　　正式接受認證那天，他們將次旦局美的頭髮理光，僅留下頭頂上一小撮頭髮，身上穿著僧袍，由於找不到合適尺寸的傳統黃色僧靴，所以讓他穿了一雙大靴子。對此，次旦有點不開心，但直貢僧人卻很歡喜，認為這可能是個吉兆，表示他將會追隨前世的偉大足跡。儀式在擦絨家的佛堂「確嘉康」（法王殿）舉行，裡面供奉有三尊幾乎與真人一樣大小、鑲嵌有寶石的金色藏王塑像，分別是：松贊干布（西元

617-649年在位）、赤松德贊（西元755-797年在位）和赤祖德贊（西元815-838年在位）。塑像後面的玻璃櫃中，擺滿了珍貴的木刻版印刷經書、精緻食子、景泰藍獅子、稀有的陶瓷花瓶，以及一只金色嘎烏、一百零八個水供杯、一盞金色酥油燈、一座珍珠製成的壇城和一幅覆蓋整個牆面的精美唐卡。

圖10：澈贊仁波切之認證
後排為直貢僧官（左起）：總管列登、覺瑪赤列、知客卓尼昆秋桑天

當小孩子登上法座時，就連身為民族英雄、政治大老的老擦絨也得恭恭敬敬地向他的小孫子頂禮。次旦局美非常自然、習以為常地坐在法座上，彷彿那本來就是他的位置，當擦絨遵循傳統向他進行象徵供養整個世間的獻曼達儀式時，

直貢寺陞座：末法明燈

次旦局美則回以充滿慈愛的加持手勢，那個動作就好像他已做過數千次一般自然。

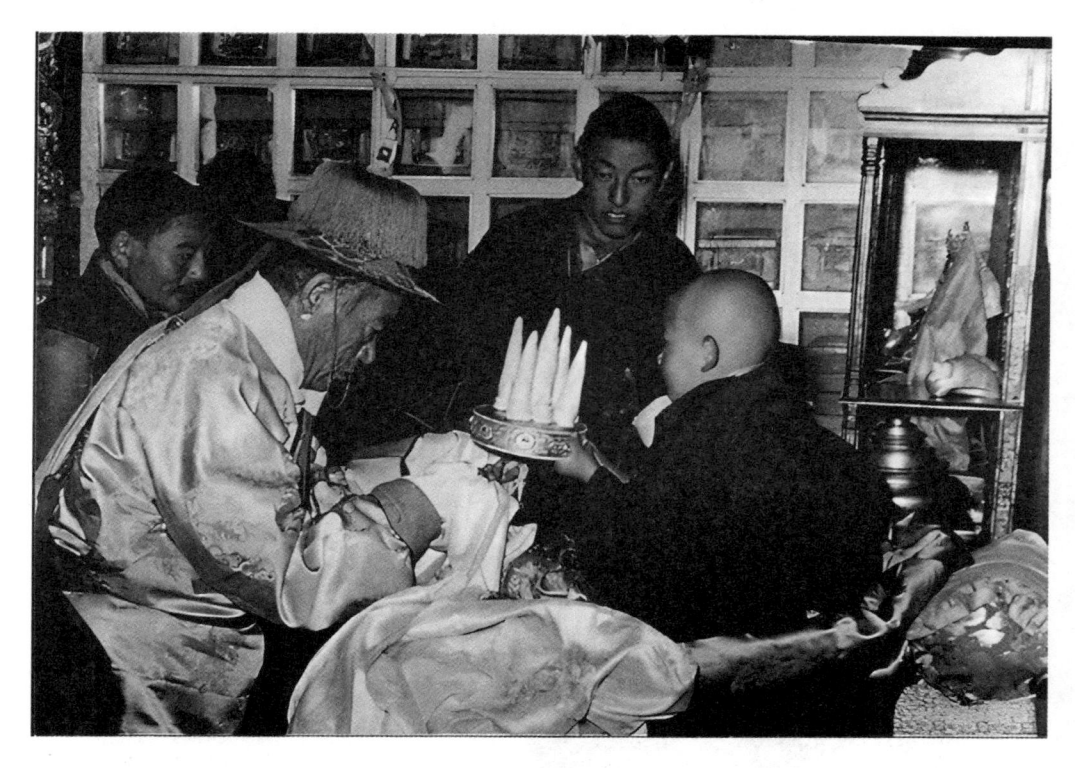

圖11：擦絨·達桑占堆在拉薩擦絨莊園裡的經堂，向他的孫子澈贊仁波切獻曼達

直貢拉章的高層也向這位珍貴的轉世祖古獻曼達，並祝願他長壽住世。其餘的參與儀式者，就只有家人和擦絨家幾個最親近的朋友，他們在法座前列隊向祖古獻上長長的白色哈達[18]，小仁波切則將哈達掛在他們的脖子上。

次旦局美成了澈贊仁波切，但因為年紀還小，因此被允許和家人多待一段時日，因此他的生活並沒有在一夕之間徹底改變。他身穿深紅色僧袍，由兩名僧人負責照顧，也未被

---

18 『哈達』（ཁ་བཏགས།），具有禮賓性質的白色絲巾。

限制不能玩耍。儘管對他的祖父母、父母和兄弟姐妹而言，接下來的相處時間看來少得令人難過，但仁波切本人似乎並未對即將產生的變化感到不安。

一九五〇年八月十五日，西藏經歷了有史以來最強烈的地震。震央位於印度邊境，但有感震度一直延伸到拉薩。許多人認為這是西藏即將面臨災難的跡象。對擦絨家來說，這預示著仁波切即將啟程到直貢寺進行十月的陞座（坐床）大典。出發的那天，他們先在擦絨家的佛堂進行繁複的傳統法會，直貢拉章的代表向法王獻上代表佛陀身、語、意的供養。當院子裡的煨桑臺升起陣陣清香的白煙時，澈贊仁波切的家人、親友、佃戶、僕役等，全都按照階級排成一列，為他送行。大家盛裝列隊，家族成員們則穿戴上好的錦緞藏袍與精緻的珠寶。澈贊仁波切的哥哥次旺晉美身著黃緞長袍、繡花靴子，頭戴錦緞帽子，騎在一匹棕馬上陪著他，與前來進行法會的代表團一起護送仁波切前往直貢梯寺。

圖12：澈贊仁波切頭戴呼圖克圖帽坐在馬背上，旁邊是他的近侍梭本曲卓

直貢寺陞座：末法明燈

　　仁波切的近侍梭本・曲卓[19]，也是他前世的助手，將仁波切抱到院子裡，讓他騎在一匹裝飾華麗的馬上。由於仁波切還很年幼，無法自己安穩地坐在馬鞍上，所以他的兩名侍者——也是唯一被允許碰觸他的人，在旁協助。他身上穿著黃緞長袍，頭上戴著一頂有如鐃鈸形狀的特製金色淺帽，帽頂飾有一個如切割寶石般的東西。這種款式的頭飾只有最高階的轉世上師，並被滿人授予「呼圖克圖」[20]頭銜者才能佩戴。前一世的激贊仁波切從十三世達賴喇嘛處獲得這個頭銜，而由於這個頭銜，使得這一世仁波切的隨行人員多了僧俗各五的十名政府官員，組成了聲勢浩蕩的儀式隊伍。

圖13：前往陞座典禮的儀式隊伍經過拉薩街頭

19　『梭本』（གསོལ་དཔོན།）家戶僕役，為貼身近侍或掌管膳食者的職稱。
20　人們通常主張「呼圖克圖」一詞源自於蒙古語。蒙古族的格西阿旺尼瑪則證實這個字源自於滿語。此頭銜翻譯成藏文為『帕巴・尊巴』（འཕགས་པ་བརྟན་པ།），『帕巴』意思是「睿智者」、「聖者」或「尊貴者」，而『尊巴』的意思是「嚴守戒律」或「大德」。

來自西藏之心

　　帶領儀隊行進的是一名手持「生命之輪」唐卡的僧人，該唐卡象徵菩薩自願轉世以幫助一切有情眾生脫離輪迴[21]痛苦。隨後有吹奏嘉令的僧人，以及頭戴華麗紅帽的持幢手，手上高舉代表阿企佛母、大黑天和孜瑪護法這三位直貢噶舉護法神的勝幢。他們身後跟著拉章的三名助手，接著是澈贊仁波切本人和一位為他持舉金色寶傘的僧人；走在仁波切身後的是西藏政府的代表、拉章的財務總管、擦絨家族成員，以及一長列的僧俗顯貴。海因里希・哈勒和彼得・奧弗施奈特兩人也被拍到身處在此盛況空前的隊伍行列中，照片中的仁波切莊嚴而安詳，目光凝視著遠方，縱使周遭人們的臉上喜悅洋溢、充滿傲氣與熱誠，他依舊一臉淡定且神祕莫測。當他行經街道兩旁向他致敬的興奮人群時，就像個完全不動的定點。

　　直貢地區位於拉薩東北方，面積比錫金還大。直貢梯寺於一一七九年由直貢傳承創始人覺巴・吉天頌恭（1143-1217）於雪絨谷建造，他經常在主殿前的大平台上講經說法。主殿後方有許多閉關房散佈在山上。根據傳說，吉天頌恭之所以會選這個地點建寺，是經由一頭母犛牛（藏音『直』）所指點，那頭牛的角至今仍保存在直貢梯寺內，因此有人說「直貢」的「直」正是出自於此。但另一個說法則是這個地區過去屬於藏王松贊干布的大臣直・塞汝貢敦所有，因此根據他的名字而命名[22]。

　　直貢地區的第二大寺羊日崗寺就在往拉薩方向的不遠處。第三大寺位於西北方，是距離祖寺最遠、前往納木措方向的直貢哲寺。介於直貢梯寺與直貢哲寺之間的「直貢宗薩扎西祖」（或簡稱「直貢宗」），既是寺院，也是管理直貢地區的地方行政中心[23]，其組織按照西藏政府的十三個部會

21　藏語「輪迴」稱作『廓瓦』（འཁོར་བ），為不斷於六道中死亡與投生的往復循環，以無明、苦、無常為特徵。輪迴也指約定俗成的真相，以及凡俗有情眾生陷入迷妄、二元取相、煩惱與業力的狀況。

22　根據薩迦學者喇嘛丹巴索南堅贊（1312-1375）的編年史書《王朝明鏡》（又名《西藏王統記》（རྒྱལ་རབས་གསལ་བའི་མེ་ལོང་）。

23　【譯註】在行政上，「宗」相當於今日的「縣」。

直貢寺陞座：末法明燈

設置。直貢宗上層是僕人、事業金剛、廚師、教師、秘書、倉儲委員的寮房。下層則住有負責處理直貢地區俗事的行政人員，包括總管、財務長、負責對外事務的秘書長、副秘書長、採購長、薪柴長和馬房長。

這四座寺院都是澈贊仁波切的居所，春天住直貢哲寺，夏天住羊日崗寺，秋天住直貢梯寺，冬天住直貢宗。在這個地區內還有許多直貢寺院，而出了直貢地區也有直貢寺，主要分布在藏東的康區、岡仁波齊神山附近以及拉達克地區。

從拉薩到直貢地區的路途通常需要兩天，但這次的旅程可非一般。沿途經過的每一座大村莊，都有佛樂隊伍配合精心準備的歡迎儀式，甚至還事先安排特定數量的站崗者、騎手和駄畜列隊。沿途的寺院為了迎來澈贊仁波切的到訪，也周全地計劃接待事宜。當隊伍準備乘坐牛皮船渡過吉曲時，岸邊有數百人等著接受法王加持。渡河後，仁波切改而乘坐舒適的八人大轎繼續前進。

圖14：澈贊仁波切和近侍在直貢地區，身後為仁波切的母親

　　前往直貢的公路只鋪設到墨竹工卡的縣府所在地墨竹工卡（現今的工卡鎮）。再往前就會碰到沿途的第一座寺院，嘎則寺。當松贊干布王降服周邊小國而建立西藏王國後，相傳當時的西藏土地下橫臥著一個巨大的羅剎女（『辛摩』），如果能在特定風水地點建造四座寺院，可象徵性地將魔女釘在大地上。嘎則寺正是為了將她的右肩固定住而設計的。嘎則寺不大，外觀也不怎麼令人印象深刻，但它就像許多典型的西藏寺院一樣，承繼了多變與多事的歷史。這個寺院由寧瑪派創立，十三世紀轉入直貢傳承，十七世紀改由格魯派接管，十九世紀又歸回直貢傳承。

直貢寺陞座：末法明燈

按照習俗，法王的陞座大典必須在直貢哲寺舉辦，直貢哲寺原是藏王木迪贊普（764-817）建造的莊園。一五六〇年，第二十一任直貢法王・卻傑仁欽彭措（1547-1602）首次將此處開光為寺院，並作為其主要住所。直貢哲寺內最神聖的佛像是一尊據說為佛陀在世時製作並由其親自開光的佛像，由印度大師阿底峽尊者（982-1054）將其帶到西藏。

小澈贊仁波切在直貢哲寺見到了他的師兄瓊贊仁波切。在十七世紀以前，直貢噶舉法王向來都是由創始人吉天頌恭所屬的居惹家族以世襲制傳承。以祖古制延續的轉世傳承，只有在家族未能產生男性繼承人時才會啟動，也就是直貢噶舉的最後兩位世襲法王昆秋仁欽（1590-1654）和仁津卻紮（1595-1659），這兩位是非常親近的兄弟。昆秋仁欽為「澈贊」（哥哥），卻紮為「瓊贊」（弟弟），從那時起，他們兩人的轉世就成為直貢法座的共同持有者。擦絨家的孩子因為是澈贊的轉世，所以是「哥哥」，但儘管他實際上比他的「弟弟」瓊贊・滇津確吉拿瓦小了四歲。當他們兩位見面時，瓊贊仁波切由於已習慣展現不苟言笑、難以親近的樣子，因此板著臉觀看小澈贊仁波切。他出身西藏最古老的貴族——拉加里家族，所以對禮節儀式瞭若指掌，對自己的地位也充滿自信，但他仍無法抗拒小澈贊仁波切的溫暖與友善，他們相處非常融洽。

圖15：一九四八年的直貢哲寺

　　陞座大典結束後，僧人帶領賓客參觀寺院，當澈贊仁波切的母親央金卓嘎見到寺院及佛塔的一些細節時，那些關於她反覆夢見不知名寺院和特別佛塔的夢境，一切揮之不去的疑慮都煙消雲散了。央金卓嘎非常慶幸自己為兒子做出了正確決定。

　　澈贊仁波切在直貢哲寺正式陞座後，隊伍啟程前往祖庭直貢梯寺，那裡有包括來自西藏政府、各大佛教傳承、各鄉鎮代表、當地貴族和村長等多達兩千多人在等著他們。直貢哲寺所收藏的珍寶和直貢梯寺相較之下，簡直無法比擬，而直貢梯寺的寶物說明了該傳承輝煌的歷史與財富。「色康」（金殿）內供奉著最受人尊崇的寶藏，也就是一尊真人大小的吉天頌恭金身像。這是一尊「會說話的佛像」[24]，相傳祂會對修行清淨者傳達授記。塑像內裝臟有許多珍貴的舍利，

24　按照真人大小塑造之佛像，稱作『古扎』（སྐུ་འཛི།）。會說話的佛像，稱作『松準瑪』（གསུང་བྱོན་མ།）。

直貢寺陞座：末法明燈

其中包括一顆佛牙和西藏偉大瑜伽士密勒日巴的兩根手指。在吉天頌恭塑像旁的是第十六世直貢法王·嘉旺貢噶仁欽（1475-1527）的塑像，另一側是第十九世法王班禪索南嘉措（1527-1570）的塑像。三人都坐在金色的獅子法座上，法座上方有多頂精緻的寶傘，傘上描繪有勝樂金剛壇城五本尊。此外，還有許多鑲嵌寶石的佛塔，裡面裝臟有過去幾位法王的遺物，以及吉天頌恭的另一尊擦擦（泥塑小佛像）。金殿四周環繞著以白檀木刻成的十六阿羅漢像。在阿羅漢下方則有以寶石粉末融合藥材形塑的四位世間護法，以及主尊益西貢布[25]與眷屬。在十六阿羅漢像的景觀中有個洞穴，裡頭供奉一尊以佛陀證悟地之菩提樹雕刻而成的釋迦牟尼佛像。據說這尊佛像散發著戒香，能賜予源源不斷的加持。佛陀的十二行誼以白檀木和紫檀木雕刻，象徵佛陀成道處的菩提伽耶，則用一座鑲嵌著寶石的模型寺院代表。金殿內到處都有無數諸佛菩薩、傳承上師的唐卡，以及數百座大小不一的佛塔。有些巨大佛像，甚至是在帕摩竹巴傳承消亡而丹薩替寺法座空置時，由馬匹拉載，遠從該寺運送來直貢梯寺的。在殿內的西面牆上有一大面書櫃，收藏多達兩百大函珍貴的手抄本及木刻印刷本，其中包含吉天頌恭的文集，這些文集以金銀粉汁寫在靛藍色的紙上，為了加強書法效果，這些特殊紙張也經過塗黑加蠟的工序；此外還有許多佛經和續典[26]、傳承祖師的著作總集，以及所有直貢法王的著作。木製的經函封面雕刻精美，以黃金白銀裝飾，鑲有紅白珍珠、綠松石和珊瑚。這間令人難以置信的聖物寶庫，還只是直貢梯寺十四座佛殿中的一間，其他每一間都一樣華麗。

今天則是另一個法會儀式日的開始，當澈贊仁波切和瓊贊仁波切在他們的法座上就座時，大家都不敢觸碰法座，因為相傳此舉會觸怒蜷居在法座上的龍族而招致疾病。在吉天頌恭的塑像前，赤匝嘉樂剪下澈贊仁波切的一縷頭髮，賜

25　益西貢布（智慧怙主，ཡེ་ཤེས་མགོན་པོ）為瑪哈嘎拉的化現之一。

26　為了製作這些極珍貴的手稿，要先將小麥啤酒、鹽和黑色墨水混合物塗在靛藍紙上，乾燥後用浮石磨平。佛經代表佛陀的言教，續典（རྒྱུད，藏音『局』，「相續」、「存在之流」、「心相續」）則是闡述金剛乘及其禪修法門的文本。

予他第一個法名；另一個法名將由達賴喇嘛賜予。小仁波切似乎並沒有因為冗長的法會而感到疲累，他專心地坐在法座上，機警而冷靜地注意每一件事。他很快就了解當儀式進行到何時應該做出哪些的動作和手勢，喇嘛們對於他學會預期法會順序之迅速，都感到相當驚訝。

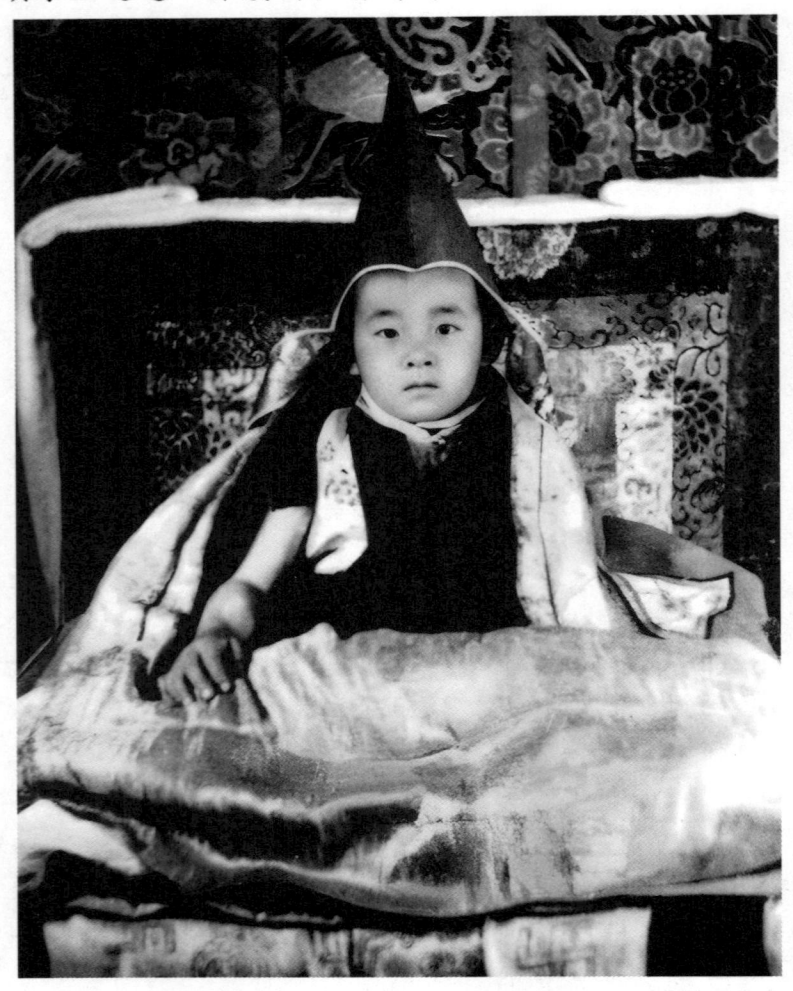

圖16：澈贊仁波切在直貢梯寺陞座

直貢寺陞座：末法明燈

「宣舞」是直貢傳承法王陞座大典時的特有表演。男女舞者穿著最古老的藏族服飾，一邊跳著對稱舞步，一邊吟唱著述說直貢傳承史與其統理扎日神山、崗日神山、拉契雪山等聖地的歌詞，其中還包括了歌頌直貢地區美麗山川、湖泊、草原與動物等內容。按照慣例，仁波切在舞蹈結束後，將拜訪位於寺院附近，在草場裡著名的吉天頌恭紅土法座。

第二天，他參觀了整個寺院建築群，包括寺院東邊的許多小關房和西邊的閉關中心，裡面有多位獲選的僧侶正在進行長達數年的嚴格閉關，有時閉關大門會被封上，讓行者在裡面專注修持三摩地（禪定）。激贊仁波切和他的父母也參觀了阿企佛母寶庫，這個寶庫只會在傳承持有者就任時才會開放。當仁波切的父親終於打開那些不肯向僧侶們低頭的頑強鎖頭時，閃亮的手電筒照出無數古老的兵器、長矛、刀具和槍支——支撐此寶庫天花板的並非木樑，而是數百支老式火槍。裡頭還收藏有據說可追溯至半神話故事中、嶺國國王格薩爾王的奇珍異寶，例如格薩爾王后裙子上的孔雀羽毛，以及據說屬於格薩爾王將軍所戴的超大耳環。訪客對眼前的寶物讚嘆不已：一隻鑲嵌珠寶的龍、金翅鳥的爪、雪獅的皮、傳奇英雄的寶劍，以及裝著噶舉派印度先師帝洛巴錦衣的箱子。他們眼前所看到的寶物只佔了一小部分，其餘絕大多數都收藏在暗不見天日的地方。參觀完畢，嘎吱作響的門再度於這些訪客和僧人身後闔上，但他們萬萬沒有想到，就在不久的將來，這間寶庫會遭到政治破壞者的強行進入，褻瀆並摧毀這些自雪域神話時代就留傳下來的寶藏與貴族遺產。

對仁波切而言，這裡的一切比擦絨家位於拉薩的豪華莊園要好玩多了。然而，正當他沉浸在探索寺院生活的種種新奇好玩事物之時，他的父親卻擔憂著西藏的政治情勢發展。在他們啟程前來直貢時，邊境傳來令人不安的消息，人民解放軍已朝昌都推進。在他們到達直貢後，擦絨每天晚上都用

隨身攜帶的收音機接收最新消息。

一九五〇年春天，中國共產黨政府開始利用知名宗教人士進行大內宣，主要透過班禪喇嘛（1938-1989）和甘孜附近的白日寺轉世喇嘛格達祖古實施這項策略。一九五〇年五月六日，哲蚌寺的著名學者格西・喜饒嘉措（1884-1968）在一個廣播談話中，呼籲藏人不要相信「英美帝國主義者的抹黑說法」——並表示中國有必要的話，將以武力「解放」西藏，且人民解放軍絕對有能力做到這點。他最後還重申一貫的制式承諾：在中華人民共和國的羽翼下，將對境內所有民族一視同仁，並給予宗教自由。當月月底，解放軍的一支部隊拿下具有重要戰略位置的鄧柯，但卻沒有進一步推進。藏人不確定此舉是為了測試西藏軍隊的防禦能力，還是企圖威脅拉薩同意中國的要求而做的恫嚇之舉。

當北朝鮮與南韓的衝突，因背後各自有蘇聯與美國撐腰，使得局勢升級為韓戰時，中華人民共和國對西藏的「解放」行動也受到複雜的國際情勢所影響。中國擔心自己有可能因捲入與美國的對戰，而讓美國有藉口干涉西藏問題。然而，北朝鮮似乎成功引起了美國的全部注意力，他們對西藏似乎並不怎麼關心，即使中共最後還是參與了韓戰。麥克阿瑟將軍成功擊退了朝鮮軍隊，並堅持使用核武將作戰行動一舉擴大到中國，但美國政府不希望戰事擴大，於是解除麥克阿瑟將軍的職務，並與北朝鮮達成停火協議，從此朝鮮半島一分為二。

與此同時，新的中國政府試圖爭取藏東康巴人對他們解放行動的支持。他們獲得了部分支持，儘管還是有些康巴領導人積極組織了激烈對抗。拉薩拒絕接見任何中國使者，噶廈政府也不願給予任何讓步，儘管他們真的應該要擔心中國的入侵。噶廈的決定反映了西藏外交政策天真的一面，這個

決定造成西藏的自我孤立。他們希望藉由韓戰的升溫——或者中國因為與美國作戰,而分散對西藏的注意力。基於這種種緣由,噶廈政府索性無視中國的要求。

到了一九五〇年十月,中華人民共和國決心要「讓西藏與祖國統一」。四萬名解放軍毫無預警地越過直曲(中國人稱之為長江),並在十月十一日抵達昌都。西藏政府駐康區總管阿沛‧阿旺晉美緊急向拉薩噶廈政府請求指示。儘管國家面臨的情境相當危及,但他的前三條電報都沒有獲得回覆。最後,拉薩傳來訊息說大臣們正在進行年度野餐,不能被打擾。效率不彰的拉薩政府加上缺乏組織嚴密、裝備精良的軍隊,西藏民兵可以說對抵擋解放軍的進攻束手無策,於是他們便投降了。投降後,共產黨先讓戰俘接受社會主義的思想改造,然後再讓他們帶著糧食、金錢返回家鄉,藉此宣揚共產黨的道德情操與軍力優勢。

當擦絨‧敦都南傑聽說阿沛已經投降時,他立即想帶著家人返回拉薩。直貢的僧人因不過問寺院之外的世事,無法理解擦絨為何如此倉促。由於不了解中華人民共和國的實際意圖,他們並沒有意識到迫在眉睫的危險。最後,擦絨一家人回到拉薩,將澈贊仁波切獨自留在寺院裡。

老擦絨身為噶廈政府的成員,完全了解事態的嚴重性,在進行一番家族會議後,決定將家人送到距離錫金邊境不遠的印度噶倫堡。按照藏人標準,這段旅程相對比較好走。許多貴族也開始將財產轉移到鄉下或印度,首都的豪宅開始變得有些死寂。在一個天寒地凍的隆冬,擦絨家的女人和小孩分成兩隊,相隔幾天先後出發。一群僕人帶著糧食提前出發,走在隊伍最前面,每晚負責紮營安頓大家,使得這趟旅途較為輕鬆。他們乘船沿著吉曲順流而下來到曲水,之後改以騎馬和騾子繼續旅程。一般來說,前往錫金的路程大約十七天之內就可抵達,但由於隊伍內有許多小孩,所以整整花了三個星期的艱辛旅程才到。當他們終於穿越乃堆拉山口

時，錫金王室的護衛隊在那邊迎接他們——因為饒噶夏氏為錫金王室的親戚，敦都南傑同父異母的妹妹車仁・次仁央宗也嫁給了錫金國王的姪子。

與此同時，在拉薩的噶廈政府向噶東寺和乃瓊寺這兩個國家神諭，請示如何處理眼前棘手的情勢。神諭並沒有明確表示，但被解釋為當時十五歲的達賴喇嘛應該即刻陞座，掌理國政。根據傳統，他應該還有三年的時間才會親政，年少的達賴喇嘛不確定自己是否已準備好提前承擔這樣的責任，尤其是面對如此不穩定的局勢，但最終他還是同意了。他於一九五〇年十一月十七日於布達拉宮陞座，當時包含印度、尼泊爾代表以及錫金國王都出席了他的陞座大典。

達賴喇嘛陞座後下達的第一個命令，是將西藏的主要大臣和他本人撤退到位於錫金邊境而較為安全的卓木（亞東鎮）。傳聞有一組八百多人的解放軍部隊已經向拉薩推進，因而加速了撤離行動。十二月十九日天剛拂曉，達賴喇嘛身穿便服，在兩位太師和噶廈成員的陪同下逃往南方。留在拉薩的魯康・澤旺饒登和洛桑・扎西被任命為代理噶倫，阿沛則奉命繼續與中國人談判。擦絨・達桑占堆和他的兒子沿著吉曲南岸，確保達賴喇嘛的逃亡路線安全無虞。四十年前，擦絨同樣護送十三世達賴喇嘛逃亡。然而，這次他的保護比較是象徵性的舉措，因為此時解放軍距離還太遙遠，無法構成直接威脅。

隨著達賴喇嘛離開拉薩，直貢的地方官總算意識到事態的急迫性，決定將澈贊仁波切送去噶倫堡與他的父母會合。對小澈贊仁波切來說，翻山越嶺以穿過攝人心神的冰封大地，是個絕佳的冒險之旅。這趟旅程成為他一生中難忘的一段回憶。

隊伍有兩個人負責牽著十幾頭馱畜，負載著糧食、帳篷、衣服和棉被等。仁波切自己則騎在祖母送給他的一頭騾

子上，另一隊人馬則包括他的貼身侍從、保鏢以及寺院其他助手和代表。儘管寒風凜冽刺骨，仁波切還是對一路上他從未見過的野生動物感到雀躍欣喜：奇異的鳥兒、藏羚羊、西藏野驢和長著大捲角的巨大盤羊。馬隊翻過好幾個高山埡口，穿越險峻地形，途中還要沿著一望無際且閃耀著奇異綠松石藍光的羊卓雍措湖前行。在這種低溫的環境下若於湖邊紮營，很可能會讓大夥失去性命，因此他們一行人必須趁著白天，以極快的速度，馬不停蹄地穿過結冰的湖岸。旅程的另一個挑戰，是介於嘎拉*和曲拉*山口間的死亡稜線，他們必須在黎明前快速通過，以免遭受白天呼嘯的強風襲擊，而此強風足以將人畜都吹落深淵。

　　此行最後一個考驗是一處佈滿水蛭的地區，要穿越它就必須綁緊褲腳，繫好鞋帶，小心通行。到了傍晚時分，騾和馬身上到處是血，腿上、肚子上，甚至是嘴巴和眼睛上都是血。仁波切看到這個可怕景象不禁嚎啕大哭，幸好他們全都活了下來。唯一傷亡是一頭年紀太大，受不了沿途顛簸的駝騾。

　　到了噶倫堡，錫金王妃瓊英旺姆邀請擦絨一家住在她的房子——「山頂之家」，這是一間精緻宅院，有許多房間和寬敞花園。對擦絨的孩子們來說，這又是一段無憂無慮的時光，儘管仁波切從西藏過來的時候感染了百日咳，但他仍然有無限的精力玩耍。噶倫堡的氣候似乎對他的身體也比較好，幾周後他就痊癒了。

　　仁波切的動作迅捷如風，總是比他的貼身侍者和照顧者領先一兩步。他是一名熱情的足球員，經常和哥哥晉美、表弟，後者也就是他姑姑次仁央宗多傑的兒子玩在一起。調皮的男孩們甚至偷學抽煙，躲在房子後面高大的草叢裡點火，有一次還不小心引發一場小火災。另一次，當一家人拜訪一間大別墅時，小仁波切把哥哥推入一個金魚池裡。當孩子們盡情在噶倫堡玩樂，一家人在此無虞地生活時——他們全然

不知西藏家鄉發生了什麼災難事件——敦都南傑經常去卓木探望父親，後者和達賴喇嘛及其他內閣成員一起留在那裡，也因為這樣，敦都南傑能夠密切了解局勢的變化。

圖17：澈贊仁波切（前右）在噶倫堡與他的表弟和哥哥踢足球

一九五一年四月二十九日，以阿沛為首的西藏和平代表團，在北京一個陸軍總部和中國官方代表進行初步會談，隨後針對中華人民共和國提出的《和平解放西藏十七條協議》進行協商，此協議後來被簡稱為《十七條協議》。中國的態度很明顯，不允許達賴喇嘛繼續掌權。當雙方談到這一點時，中方首席談判代表說西藏可以選擇要接受和平解放還是武力解放。事實上，這次協商根本沒有任何談判空間，但中國還是企劃了這次協商會議，因為如果可以讓西藏政府自行接受協議，那麼就會更容易說服西藏人民接受中國共產黨的計劃。

直貢寺陞座：末法明燈

來自中國的另一個施壓點是班禪喇嘛的地位。班禪是繼達賴喇嘛後，層級最高的仁波切，卻也是中國的朋友與同路人，因此西藏當局拒絕承認他。現在，中國代表威脅說：除非承認班禪喇嘛，否則將宣布談判失敗。因此達賴喇嘛和噶廈只得同意並承認當時十三歲的洛桑・赤列・倫珠・確吉・堅贊為第十世班禪喇嘛。

達賴喇嘛焦急地等待阿沛傳來談判的消息，當他聽到廣播電台說到中華人民共和國和西藏地方政府代表簽署了《十七條協議》時，他感到十分震驚！阿沛無權代表中央政府簽署任何文件，並且西藏政府也絕不會同意這樣的協議。一九五一年五月二十三日，在中國代表的逼迫下，阿沛的確在北京簽署了《十七條協議》，讓西藏的獨立與自由就此終結。中國佯裝阿沛為西藏政府授權的對象，他們甚至偽造了達賴喇嘛的官印。此協議開宗明義就取消了西藏的獨立：「西藏人民團結起來，將帝國主義侵略勢力逐出西藏；西藏人民應該回到祖國——中華人民共和國大家庭的懷抱。」在此協議下，西藏獲得了「民族區域自治」的保證，但是必須「在中央人民政府的統一領導下」。此外，中國政府承諾不改變西藏現行政治制度，尊重達賴喇嘛的地位、運作和權力。藏人不明白何謂把「帝國主義強權」趕出他們的土地，也不能接受中國是「祖國」的概念。

這下子，根據《十七條協議》，達賴喇嘛若非出走，就是得與中華人民共和國合作。達賴喇嘛的哥哥塔澤仁波切已經在印度生活一段時間了，極力勸誡他離開西藏，但其他具影響力的政府官員則試圖說服他接受協議並返回拉薩。按照古老的習俗，凡是具有決定性的事件都必須諮詢神諭。神諭的答覆是達賴喇嘛應該返回拉薩。於是，七月二十三日，達賴喇嘛一行人啟程返回拉薩。

儘管現在有了《十七條協議》，西藏境內應該比較平靜，但直貢總管還是擔心擦絨家族會把澈贊仁波切留在境外

和其他孩子在一起。因此他踏上漫長艱辛的旅程，親自前往噶倫堡將仁波切帶回寺院。澈贊仁波切那些留在國外大吉嶺寄宿學校念書的兄弟姐妹們會很想念他，但仁波切本人對返回寺院似乎沒有感到不開心。即使在孩提時代，他也能欣然接受生活的變化。

回到西藏後，澈贊仁波切前往拉薩參加達賴喇嘛為他進行的剃度和賜法名儀式。剃度在佛教中象徵從此追隨佛陀的法道，當年釋迦牟尼佛決定捨棄王子的俗世生活而尋求修行真理時，便是以剃度來做宣示。仁波切先在哲蚌寺的藏巴崗桑（大寮）短暫停留後，便由盛大的儀仗護送仁波切從擦絨家前往達賴喇嘛的夏宮羅布林卡宮。在那裡，表情認真嚴肅的年輕達賴喇嘛懷著至深的虔誠與慈愛，從容不迫地主持了儀式，完全不受國家政治前途的影響。剃度後，達賴喇嘛賜予澈贊仁波切一組加在第一組法名前的名字，最後的完整法名為——昆秋·滇津·昆桑·赤列·倫珠。

法王的全家，母親右手邊是大姐達拉·南傑拉姆（左二），第二位是大哥次旺晉美（左一）。母親左手邊是二姐夏格巴·諾金拉姆，第二位即是法王次旦居美，母親手中抱著弟弟次旦班久。1950年攝於噶倫堡。

（四）
親教師與說書人：早期寺院生活

雖然直貢的平民百姓不太關心西藏政府的組織變化，但寺院裡的僧官們知道，如果他們想要繼續持有特權，就必須與當權者達成協議。堪布次旦桑布是跟隨達賴喇嘛出訪中國的直貢代表。他非常熱心幫助直貢地區的貧困家庭，深受民眾的尊敬和愛戴。他對共產黨提出的理想性社會政治頗為認同，也支持中國人說的國家「和平解放」，但實際上多數藏人並不明白他們要從什麼地方「解放」。

次旦桑布和許多人一樣，深受毛澤東主席個人魅力所吸引。他甚至說毛澤東是佛教忿怒尊金剛手菩薩的化身。然而這樣的說法，很可能也是為了說服未受教的民眾接受國家在社會和政治結構上的劇烈轉變。許多藏人面對實際的國際情勢，因為缺乏資訊來解讀中國的花言巧語，於是選擇相信中國能讓西藏變得更好。然而，西藏境內即使是最激進的親中派，也沒有預料到中華人民共和國對西藏的改造，實際上意在消滅該國宗教信仰以及所有傳統的社會文化體系。

圖18：創立於一一七九年的直貢噶舉傳承創教祖庭，直貢梯寺。攝於一九四八年

就在這片雖仍與世隔絕、處境卻危在旦夕的土地上，五歲的澈贊仁波切開始他的寺院教育。在日出前就得開始一天的學習。他的一位侍者梭本・昆秋澤旺負責教他閱讀，這是記憶和學習佛經的重要基礎。他的經師，藏語稱為「雍津」[27]，由直貢攝政嘉樂和安陽圖登仁波切（1899-1966）擔任。嘉樂是羊日崗寺的法台，也是直貢噶舉派法座的攝政（藏音『赤匝』，法王代理人之意）。他是上一世澈贊仁波切和瓊贊仁波切的心子。澈贊仁波切第一次領受的口傳，即是由攝政嘉樂和安陽圖登仁波切所給予的。

---

27 『雍津』（ཡོངས་འཛིན་）：高階轉世喇嘛的導師，為對具德善知識的尊稱。

親教師與說書人

　　藏傳佛教經文的內容及意義,經由傳承上師以口頭傳授的方式傳遞給弟子,使法教有如一無間斷的鎖鍊般,代代相傳下來。所謂的「口傳」,即是上師為弟子大聲朗讀經文。據信這種方式能賜予特殊的加持力,讓弟子了解法本最深奧的含義,遠遠超過弟子自行閱讀書面文字所能理解的含義。此舉可確保教師和所授內容的真實無誤。例如,續部法本及其複雜的觀修法門都是秘而不宣的,弟子必須透過領受隨許灌頂或授權灌頂(『旺』)、完整口傳(『嚨』)以及文本含義的講解(『赤以』),始被賦予學習該續法,並修持其特定觀想、持誦及禪修的權力。在此過程中,上師會給予甚深的口訣教授,其詳盡與複雜程度端視弟子的吸收能力而定,教授的目的在於引導弟子認識自心本性[28]。

　　澈贊仁波切首度領受的口傳,是基本的日誦祈願文和傳承創始人吉天頌恭的一些法本教授。當時的直貢有個傳統,亦即只有某些上師才能為法王傳授灌頂和口傳。因此,藏東各大直貢寺裡令人景仰的上師,包括洛龍嘎寺的本楚仁波切和尼宗寺的尼宗赤巴,都被邀請前來授課。

　　由於兩位法王都還很小,攝政赤匝嘉樂必須親自處理一切大小事宜,直到他們長大到足以上任為止。赤匝嘉樂是一位高大魁偉的喇嘛,渾身散發著自信與力量。他非常能幹,做事極有效率,待人平和——這些都是帶領傳承渡過艱難時期所需的特質,也是解決日常生活無數世俗問題和調解直貢階級無所不在的角力所需的特質。由於攝政必須承擔這些義務與責任,於是安陽圖登仁波切便成為澈贊仁波切的主要教師。

　　安陽圖登來自藏東安陽寺,是一位個性剛正耿直的年邁祖古。他為人嚴肅、凡事反躬自省,生活完全以修行為主。據說在他出生時,他的臍帶像禪修帶一樣掛在身上。他對佛陀的法教有深刻的洞悉力,總是維持在禪定狀態中,儘管他

28　在佛法修行的三個架構:基、道、果中,灌頂能為行者帶來修道上的成熟,應用竅訣(講解)能帶領行者達至解脫。引導行者步上這條道路的人,被視為根本上師。為行者灌頂、傳法和講解者,則稱為「三恩上師」(具三恩德之上師)。

看起來經常憂心忡忡，有時還會經歷奇怪的攻擊，讓他在房間裡不可抑制地大聲尖叫。有兩次他試圖跳窗，所幸沒有受重傷，只有一次摔斷了腿。沒有人知道他在擔憂什麼，但或許是因同時照顧兩個年輕法王和這麼多直貢寺院的重任，壓得他喘不過氣來。這些寺院雖然法財盈滿，但卻總是缺乏世俗資源。

安陽仁波切負責為澈贊仁波切教授藏文文法。能夠正確使用語言並擁有深厚的語言功力，是掌握隱微佛法哲理的必要條件。藏文基本上分為三種語體：日常對話所使用的白話體，正式場合所使用的敬語體，以及用於書寫和討論宗教文本的文體。最後一種文體是極深廣的語體，能夠支援複雜且喻意隱微的哲理內容。此文體的出現，是因為早期佛經譯師為了精準傳達原始梵文的意義和細微差別，而建立一系列名相，並結合藏文文法結構來表達多層含義。此外，安陽仁波切還教導年幼的澈贊仁波切西藏天文曆算學的基礎知識，這門學問重視時間節奏與周期，屬於計算科學，不能單純以占卜學視之。

澈贊仁波切的老師中唯一的在家人，是從西藏政府秘書一職退休的朗多阿里，他是一位傑出的書法家。仁波切很喜歡這段不一樣的時間，因為這位老師不像其他出家人導師那麼嚴厲且不尊重他；朗多阿里既謙遜又恭敬。如果仁波切在複寫那些字母、單詞或句子的優美筆畫時犯了錯誤，阿里會禮貌恭敬地糾正他。或許是受到老師溫和鼓勵的影響，又或者是天生的興趣，澈贊仁波切因而培養了喜愛寫作的終生興趣，以及對書法藝術及古代珍稀手稿的熱愛。

仁波切稍大一點時，日修的內容便添加了護法修持。每天下午，仁波切在侍者擊鼓鳴鏡的陪伴下，念誦長長的護法儀軌。然而，就像其他渴望體驗新事物與探險的孩子一樣，他覺得每天花三小時重複同樣的事情不僅無聊，也很浪費時間。他寧可在外面玩耍。

親教師與說書人

　　雖然小仁波切大部分的時間都被滿滿的課程和背誦法本所填滿，但他還是被允許能有一些玩樂的時間。兩位法王沒什麼玩伴，因為普通僧人嚴格禁止接近他們，兩位祖古也分開居住在與僧人不一樣的地方。澈贊仁波切的房間位於寺院東單頂樓，而瓊贊仁波切的房間在西單頂樓，因此各自被尊稱為『古敦・夏』（「東閣下」）和『古敦・努』（「西閣下」）[29]。兩個小男孩就像高不可攀的天神，居住在壇城宮殿的最崇高處，遠瞻人間平淡無奇的一切。儘管如此，他們倆仍然渴望碰觸人間庭院裡的塵土，寺院牆外低矮的灌木叢，河川裡湍急的水流，草原上閒適吃草的動物，但最重要的是，他們渴望有個玩伴。

　　澈贊仁波切與瓊贊仁波切兩人由於年齡相差四歲，加上性格迥異，他們一開始不太合拍。樂觀外向、勇於冒險的澈贊仁波切，與成熟嚴肅、性格內斂的瓊贊仁波切，兩人幾乎沒有共同之處。要一直等到後來，澈贊仁波切長大一些，兩人開始培養相同興趣時，才變得比較親近。初期，澈贊仁波切只有偶爾跟與他同齡的祖古朗色丹增仁波切，和稍微年長一點的諾布仁波切玩耍。

　　澈贊仁波切的親教師總是談論嚴肅的事情，但至少他的廚師阿桑帕卓，在每天晚上睡前端一碗湯給他喝時[30]，會為他帶來一些有趣的故事。老阿桑帕卓，也是喜威羅卓的廚師，會坐在仁波切床邊，為他講述一個主人公背上扛了一具會說話屍體的奇異故事——對西方人而言，這種睡前故事可能有點詭異，但仁波切每次都會聽到睡著。阿桑帕卓所說的故事，在西藏稱作《屍語故事》（藏音『羅聰』），有各種

29　『古敦』（ སྐུ་མདུན་ ）是「身前、跟前」的意思，意指在高階修行成就者之跟前、足下。

30　直貢地區北部為牧民居住地，南部則多為半游牧民族居住，由於生活貧困，沒有多餘的食物可以供養給寺院，蔬菜的選擇性也很少，只有「人參果」（具甜味的蕨麻根）和白蘿蔔，但肉類、優格、乾酪和酥油則相對充足。在直貢地區，人們會把生肉放在冰雪裡保存過冬，還會將一種非常苦的白蘿蔔壓碎後，混合糌粑和碎肉，加上辣椒和鹽調味食用，或者經常以糌粑配上人參果或蕁麻湯一起食用。

不同版本流傳[31]。故事主要講述，有一位印度禪修大師交代他天真的小徒弟一項奇怪任務，要他將屍精額珠嘉措的屍體從屍陀林帶回來給他，但他如果途中跟屍體講話，屍體就會飛回屍陀林。若是他能完成這項任務，就會出現一座金山，利益無數有情眾生。於是一系列與佛法倫理有關的故事，便從屍精口中娓娓道出，屍精藉由講述這些故事來誘使小徒弟跟他說話。小徒弟每聽完一個故事，就會忍不住評論，於是屍精在打他三記耳光後，就會像獵鷹一樣飛走。然後，小徒弟必須重新開始他的任務，接著屍精便會再講一個新的故事。屍精每次都會用神奇的寓言故事來吸引小徒弟的注意力，例如：勇敢的冒險家、殘忍的女巫、聰明的小偷、被施了魔法的動物和殘暴的國王等等，這些故事充滿魔法但更富深奧寓意。小徒弟最後終於在歷經多次重新展開任務後，學習到隱含在故事背後的法教意義，將過去一切努力轉化成修行成果。這時候，他的印度上師才欣然告訴他，他終於攀上這座吉祥高山，用自己的力量將山轉變成黃金，也就是：他將自己變成可以利益一切眾生的黃金。這些故事傳遍整個西藏地區，不論是在藏人家中或牧民帳篷裡，大人們經常講述這些故事給孩子們聽。但就像故事裡的主人公一樣，孩子們不太能理解故事所欲傳達的全部含義。這些故事實際上隱含了佛法的倫理與道德，透過這些故事而將健全的社會與宗教價值觀注入到孩童幼小的心靈中。

當解放軍部隊來到直貢地區時，澈贊仁波切目不轉睛地觀察著。雖然軍隊人數眾多，但他對眼前景象並不感到害怕，反而覺得新鮮。首批部隊的裝備簡陋，軍人飽受嚴冬和高海拔之苦。此外，他們也缺乏糧食，軍隊的補給偶爾才會送到，因此他們已連續好幾月，每天都只靠最低限度的口糧來湊合，並且還被下令，不得接受藏人的東西，因為當時共產黨政府希望讓藏人相信，軍隊只會造福於民。面對任何挑釁行

31　『羅聰』（རོ་སྒྲུང་།，「屍語故事」）源於古印度文本《殭屍二十五則故事》（*Vetalapancavimsati*），此故事被視為《一千零一夜》的範本。

為，軍人們都沒有回擊，而是保持冷靜和禮貌。中國幹部拉攏了直貢地區行政官員和其他大寺院的僱員，將他們列入發放工資清單，並且也經常相互邀請對方。中國人小心翼翼地向喇嘛們解釋有關政黨的概念，但或許他們刻意規避某些部分，也或許喇嘛們並不怎麼關心這些世俗問題。無論如何，這種欺騙性的和平持續了幾年。

儘管如此，解放軍終究是軍人，後來的幾年裡，澈贊仁波切就看到他們如何將囚犯綑綁在一起，逼迫他們馱負軍隊的補給品。囚犯們拖著沉重的擔子，舉步維艱地往前走時，經常因步履不穩而跌倒，凡是精疲力竭而身亡的人則被隨便推到路邊的淺坑塚裡。這些景象令人膽寒且揮之不去。軍隊有一次在寺院對面的空地紮營過夜。離開後，焦急的村民跑來說有人被埋了，請仁波切為他們念經。他被帶到四、五個新堆的土塚前，一邊念誦祈願文，一邊想著不知他們是因過勞而死，還是被處決而死。

一九五一年九月，首批三千名中國軍人抵達拉薩城，緊跟在後又是另外的三千人。軍隊在城外安營紮寨，但因為一下子湧入這麼多人，導致拉薩的糧食短缺，藏人和解放軍的關係日趨緊張。當軍隊的薪柴用完了，軍人們就燒犛牛角和牛骨，使得拉薩城裡臭氣熏天。

中國共產黨首先以拉薩和日喀則作為重點發展城鎮，日喀則是他們的黨羽班禪喇嘛的居住地。凡是要拜訪村子的統戰單位，都要事先接受專門訓練，他們在村子裡表演精彩的歌舞節目，為病人提供醫療服務。中共高幹舉辦盛大筵席宴請西藏貴族，為群眾播放有關共產黨戰勝國民黨和日本人的宣傳片。人民解放軍為窮人開設了一家免費醫院，醫療水準遠遠高過日喀則市立醫院。中國人甚至效仿藏人在大祈願法會時發錢的習俗，裡面則夾帶一本統戰手冊和一張毛澤東的照片。

來自西藏之心

　　就這樣,中國人首先尋求社會各階層的好感,然後再慢慢引入新的法規,企圖改造西藏社會的組織。他們巧妙地建立了一個可相比擬的行政架構和世俗教育體系。以前西藏人如果要受教育,只能到寺院裡學習,因此有些富裕家庭會聘請私塾教師,或將孩子送到國外念書。包括擦絨·達桑占堆在內的一些達官顯要,都被要求在教育委員會中任職,負責建設新的學校。他們根本無法拒絕參與這樣一個崇高的社會計劃,儘管新建成的中國學校,後來實際上是被用來向年輕一代灌輸共產主義思想的工具。截至一九五二年以前,已經有幾所西藏兒童學校,以及「愛國協會」、文化團體、一間政治協商辦公室和一個報紙編輯委員會成立。

　　一九五二年在大祈願法會上發生抗中示威行動後,中國人強迫達賴喇嘛革除兩位推動示威行動的噶倫,魯康和洛桑扎西。此舉等同對西藏的自治作了決定性的一擊,從此中國軍方領導人逐漸掌權,噶廈成員淪為傀儡。

　　每年夏末,澈贊仁波切通常都會去拉薩探望雙親。街上出現這麼多漢人,讓他感到驚訝,雙親和祖父母臉上藏不住的沮喪神情也讓他覺得納悶。他看到他們非常專心地聽著收音機裡的新聞,但礙於小孩子不能問東問西,大人們也把擔憂藏在自己心裡。擦絨祖父竭盡全力確保孩子們在他家中能過上快樂、安全的日子。有一年,澈贊仁波切帶瓊贊仁波切回家,他們一起待了將近四個月。兩位法王各自帶來他們的經師與侍者,在家中進行常規的學習,空閒時也會在擦絨家寬敞的土地上與澈贊仁波切的兄弟姐妹和表兄弟們一起玩耍。

　　雖然擦絨祖父這時仍然是國會成員,但由於國會已不再運作,因此他有充足的時間從事他所鍾愛的園藝工作。每天早上,太陽升起,他就下樓到他的菜園裡工作。種植果樹是他的最大樂趣,他從印度進口的種子結出豐碩的水果。擦絨給他的每位孫子、孫女一棵果樹,讓他們自己照料。當澈贊

仁波切七歲時，他的祖父建議他種一棵桃樹。擦絨拿出一棵和他孫子一樣高的樹苗，教導他如何栽種。整個過程花了好幾小時，仁波切親手種下這棵樹，工作完成後，祖孫兩人心滿意足地看著這棵小樹。之後每當澈贊仁波切回家時，總是會先跑去看他的樹長得如何。出乎大家意料，這棵樹在第一年就結了五、六顆大桃子。

一九五九年，是仁波切最後一次見到他的桃樹。當他悄悄潛入家園時，解放軍部隊已經在他家駐紮一段時日了。曾經繁花似錦的庭園，現在滿目瘡痍，菜園也被恣意踐踏，只剩下枯槁草叢中隱約可見一些凋零的小花。仁波切知道自己不會再回來這裡了，他向那棵自己所種而至今仍蔥鬱蒼翠的樹木道別。

雖然仁波切年幼時喜歡動物勝過植物，但由於祖父對植物學的熱愛，導致他對園藝的興趣一直持續至今。他在印度德拉敦的住所前種植了許多種類的植物，也會在旅途中收集奇特樹木、灌木和花卉的種子，然後將它們種植在印度的花園裡。

中華人民共和國為了盡速擴大對國內的控制，開始修築公路，加速能將重型車輛和大砲運往拉薩的基礎建設。仁波切的父親也送了一輛車到拉薩，那是他在印度購買的休旅車，他將零件拆解後由搬運工載運，一路翻過喜馬拉雅山口送回拉薩，再由他自己將車子重新組裝起來，並用這台車載兒子回寺院，但因為主要道路只通到墨竹工卡，他們會在那裡和直貢的代表團馬隊會合。仁波切很享受這些旅程，他會坐在父親的大腿上，雙手放在方向盤上，好像他自己在駕駛這輛大汽車一樣，而他膽小的同伴則坐在後座，雙手合十地念誦著祈願文。

儘管作息嚴謹規律，直貢的生活還是多彩多姿，因為澈贊仁波切每隔幾個月就會搬到新寺院居住。羊日崗寺坐落於

山谷中,周遭環繞著大片的草地,仁波切喜歡在河邊享受休閒時光,寺院的馬兒則在一旁低頭吃草。他會逮住其中一匹,然後不用馬鞍便騎上去,馳騁在山丘之上。他熱愛騎馬,而且幾乎什麼都能騎,有時甚至會爬到公牛或公山羊的背上。

　　仁波切喜愛動物,不管是野生的、還是馴養的皆然。羊日崗寺周圍住著一些美麗雄雞,牠們有著亮橘色的腳、白色的頸環和星光斑斕的羽毛,而各種大型鷓鴣,也會在每天清晨三點鐘左右開始啼叫。直貢宗後面的山坡上,則住了許多野生動物。有一天晚上,一隻雪豹從廚房儲藏室的通風口跳進來想喝鍋釜裡的水。澈贊仁波切從自己的房間就可以看到通風口,他看見這隻優雅的動物在緩解口渴後又跳走了,消失在灌木叢中。還有一次,就在要去外屋的路上,他和一隻雪豹四目相接,仁波切安靜地站在原地不動,內心毫無畏懼,癡迷地看著雪豹明亮、閃爍的眼睛,直到牠悄無聲息地爬下懸崖。偶爾,他也會聽見村民養的山羊被雪豹咬傷的叫聲。這時他會立刻抓著望遠鏡衝到外面,看著雪豹把牠的獵物拖進灌木叢中。

圖19:一九四八年的羊日崗寺

每年夏天，寺院會指派一組人馬在思金拉措聖湖舉行祈雨法會，此湖被認為是神聖的龍王湖，因為湖中有個外型像蛇的小島自湖面升起[32]。湖裡魚群極為豐富，湖底則擺滿了累積數世紀以來上百次法會所供養的寶瓶，當魚群在閃閃發光的寶瓶上游動時，晶瑩剔透的湖水讓魚群鱗光閃閃的身影清晰可見。西藏人既不捕魚也不吃魚，有時強風襲來，湖面升起的大浪會將難以計數的魚打上岸，造成大量魚群死亡，這時天空烏雲密佈，鳥兒會紛紛飛下，此起彼落地爭食這些魚兒。

隨著澈贊仁波切長大，他和瓊贊仁波切越來越親近，兩人會結伴一起進行許多冒險之旅。瓊贊仁波切在拘謹的面具下，實際上是個莽撞大膽的人，常以惹惱別人為樂。他和澈贊仁波切一樣，也喜愛動物、騎馬和野餐。此外，他還喜歡劍、步槍、手槍和刀等等，有時會偷偷溜進護法殿，看那些掛在牆上的駭人兵器。他非常喜歡那些兵器，但從未真正使用它們。

他們兩人絕大多數的冒險之旅，都是在澈贊仁波切慫恿下進行的。有一年秋天，他說服瓊贊仁波切去採直貢宗後山上的桃子。當瓊贊仁波切小心翼翼地走在危險的陡坡上時，澈贊仁波切立馬爬上其中一棵樹。為了摘採最成熟的果實，他吊掛在樹冠上，腳下踩的樹枝因不堪負重而斷裂，所幸其他小樹枝減緩了掉落的速度，但是當他跌落到陡峭的斜坡上時，卻開始往懸崖邊滾下去。瓊贊仁波切無助地抓著一根樹幹，眼看他的弟弟就要跌落懸崖。幸好澈贊仁波切撞入了懸崖邊的一小棵荊棘叢，才逃過這個死劫。

其他調皮搗蛋的事則沒那麼危險。兩位仁波切在羊日崗

32　西藏政府每年也會派僧團到此聖湖供奉裝滿藥材的銀色寶瓶。此湖與直貢傳承一個悲劇事件有關。一九三八年時值大旱災，七世瓊贊‧確吉迴涅（1909-1940）前往此聖湖進行祈雨法會。他帶了一支具有法力的珍貴號角，裡頭裝臟有世人公認為偉大巫師的第一世瓊贊‧仁津卻紮製作的咒語。法會進行時，確吉迴涅不小心把號角拋入河邊的泥土裡，瞬間天空開始下起異常猛烈的豪雨，還立即演變成雷霆萬鈞的暴風雪。暴風雪十分強大，以至於他的隨從沒有人能夠到河邊取回珍貴的號角，號角便沉入水中消失了。確吉迴涅不久就病倒了，並於一九四〇年圓寂，得年僅三十一歲。

來自西藏之心

寺的時候，曾偷偷溜入極少使用的大殿裡，躲在高大的法座下。他們從供桌上拿了兩盞酥油燈到藏身處點燃，有時還會帶上肉乾，在他們的「洞穴」裡野餐。澈贊仁波切還從父母為客人準備的香菸盒裡取走一些香煙。有一次，男孩們才剛點燃香煙，就聽到大殿厚重木門被推開的聲音。他們迅速將油燈和香煙熄滅，屏氣凝神傾聽。後來他們聽到拖曳的腳步聲和金屬碗碰擊的哐啷聲，原來是看守大殿的人來做日常水供。他很快就走了，但僧人聞到一股自己無法辨識的怪味兒，便向寺院執事報告此事。幾天後，兩個小孩又來到他們的秘密王國抽煙，執事和僧人一起闖了進來，他們非常生氣地說道：「這間大殿的味道好臭！這是不祥之兆！」仁波切們忍不住笑了出來，但他們還是沒有被發現。

圖20：瓊贊仁波切（左）與澈贊仁波切在直貢

親教師與說書人

後來,當澈贊桑仁波切大約十一歲時,兩位仁波切在這間大殿領受了一系列的灌頂。其中一個灌頂,領受者要從顱器裡喝一點『醅』(青稞酒)。每次灌頂結束後,再將剩餘的醅收集在一個大水壺裡準備倒掉。有一天,兩位直貢法王偷偷將水壺拿到瓊贊仁波切房間的櫃子裡藏起來,這些酒精濃度雖然不高,酒味卻很濃,而他們把酒全給喝完了。仁波切一家人喝了酒都會臉上發紅,他自然也不例外;他覺得渾身發熱,滿臉通紅。本來他理當要參加一場法會,但現在看來沒辦法了,因為屆時馬上就會被看出他喝了青稞酒。好在,瓊贊仁波切設法讓仁波切的侍者為他的缺席找到藉口。於是,男孩們的調皮搗蛋又再一次地沒被揭穿。

圖21:澈贊仁波切與腳踏車攝於羊日崗寺

藏曆的每一年都對應十二生肖紀年中的一個生肖。直貢傳承傳統上會利用猴年、蛇年和豬年給予一系列重要的教法

與灌頂。一九五三年是蛇年，洛·本楚·丹增頓督受邀從康區到直貢寺為法王傳授灌頂。右耳失聰的竹旺⁽³³⁾甘瓊仁波切那時也陪著他一起進行灌頂。在直貢梯寺，甘瓊仁波切向大家宣布：「我從喜威羅卓處領受具足戒和菩薩戒，也從他那裡接受了許多稀有的灌頂。如果擦絨家的孩子是喜威羅卓的無誤轉世，那麼如果他對著我的右耳吹氣，我就會痊癒。」法王平靜地看著他，雙手捧住他的頭，對著他的耳朵吹了口氣。從此，甘瓊仁波切的雙耳都能聽到了。他喜極而泣，因為他敬愛的老上師回來了，而且是帶著傳承的加持力回來了。

凡是進行長期閉關的僧人都被要求，要在法王所領導的小型委員會面前展示修持瑜伽的成果，此瑜伽修持稱為「氣脈——幻輪瑜伽」。在直貢梯寺，這項成果展示會在一個專門為考驗幻輪瑜伽修持者所設計的院子裡進行，院子四周都被圍起來，只有瑜伽士和仁波切可以參加這個成果展，普通僧人不得入內⁽³⁴⁾。仁波切迫不及待想看看會發生什麼事。瑜伽士們身上只穿著一條短褲，坐在小墊子上，開始高難度的修持。其中有個動作稱為『朗背』，字面意思是「上騰和落下」，為一種驚人的跳躍式。瑜伽行者從座上的蓮花坐姿一躍到空中，並在半空中將雙腿盤回蓮花坐姿，然後落下，回到地面座上依舊保持著蓮花坐姿。功力最佳的瑜伽士似乎能夠抵抗地心引力，在一躍騰空而起後，暫時停留於最高點且不疾不徐地盤起雙腿，然後再輕輕地落在地毯上。巴瓊仁波切（1901-1988）是直貢傳承著名的瑜伽行者，他坐在最前面，不僅跳得最高，也落得最優雅。

---

33 『竹旺』（གྲུབ་དབང་，「大成就者」），禪修大師的稱號。
34 瑜伽行者針對在微細身的脈（རྩ，『雜』）中流動之內氣（རླུང，『隆』）與明點（ཐིག་ལེ，『替雷』）加以運作。這些明點既是元素的種子形式，也是修行潛能的集中點。據說微細的氣與神識是不分離的。在閉關期間，瑜伽行者從承載著受遮障的世俗心氣當中「提煉出」本覺之氣，並將其引導至連貫臍輪與頂輪的中脈裡。行者經由此法，可以控制明點，將心引導回充滿明晰與智慧的本性。在藏語中，瑜伽稱為『那究』（རྣལ་འབྱོར），意思是「登至本初狀態」。打開微細氣脈能使行者在禪修上取得迅速進展，是獲得更高層密宗修行的先決條件。

親教師與說書人

一九五四年，達賴喇嘛應邀參加中國的政治宣傳之旅，隨行的還有政府官員、貴族成員和喇嘛們，組成一支龐大的隊伍。由於隊伍會經過直貢地區，所以寺院必須為他們準備住宿。他們為達賴喇嘛及隨行人員在距離直貢梯寺有一段路程的瑪扎卡*附近，搭建了一個有數百頂帳篷的營地。事實上，澈贊仁波切和其他團員必須騎著犛牛，翻過陡峭山口才能抵達會面地點。中國軍人在附近紮營，仁波切可以看到他們獵捕兔子。這是仁波切第一次看到人類打獵，他既好奇又不安地看著他們如何給動物剝皮並放在火上燒烤。

兩位法王和他們的隨從在路旁等待迎接達賴喇嘛，同行的還有許多高階仁波切和大量民眾。這時，地平線上出現一團諾大的塵土，遠處傳來奇怪的轟隆聲。當達賴喇嘛的護衛平措扎西騎著摩托車，出現在眾人視野中時，從未見過這種機器的牧民們看得目瞪口呆，以為他騎的是一隻山羊，手裡抓的是山羊的角。他們的反應逗樂了仁波切，因為父親從他有記憶以來就一直騎著摩托車。達賴喇嘛抵達的時間比原定的期程還晚，因為他的座車在途中陷入爛泥，得靠二十名當地的壯丁將車子從泥濘中拖出來，並拉著走了一小段路後才到達會場。他的隨從分別騎著馬和騾子陪同。法王向達賴喇嘛獻上白色哈達，護送他步入他的帳篷，並在他們觀看牧民表演舞蹈時，與他一起享用茶和甜米飯。

仁波切至今仍清晰記得達賴喇嘛隊伍中那些極為美麗的騾子。那些騾子兩兩一組，高大而強壯，領頭的兩隻是黑色的，腹部和脅腹上有醒目的白斑點，看起來就像豹皮一樣。後面跟著兩隻灰色的，之後是兩隻栗色的等等。在羅布林卡宮舒適的馬廄裡，飼料槽是高高架起的，因此動物們不用把脖子垂得很低就可以進食，但在直貢營地，牠們的飼料被放在地上，這些不知所措的動物們只好將前腿跪下來吃東西。牧民們看到這一幕總是捧腹大笑。

來自西藏之心

　　達賴喇嘛的中國之行，在一九五五年回西藏途中遭逢了許多挑戰，因而被視為不祥的預兆。當一行人在工布要過橋時，橋突然坍塌了，使得隊伍一分為二。達賴喇嘛那時已經抵達河的對岸，但大部分的隨從只得繞道而行。儘管波折重重，剛結束中國行的達賴喇嘛仍對未來充滿信心。他與毛澤東主席和黨政軍高級將領的談話，使他對西藏的前景充滿樂觀。但遺憾是，惡兆似乎比他的樂觀還要準確。中國領導人沒有兌現承諾。不到年底，共產主義的極端思想與暴行就在整個西藏地區蔓延開來。

（五）
壇城之內

　　在西藏，凡是證悟大師曾經閉關過的聖地都會被賦予雙重封印：一是由修行大師所封印，二是由其密宗修行所封印。雖然這些聖地，看在普通人眼裡不過是一般草原、山脈與河流，但日後遊歷至此的瑜伽士卻能認出這些秘密封印。這些瑜伽士會定居於此，領受先人加持和進行甚深禪定，藉以重啟該聖地。隨後，這個地方就會成為修行聖跡誌中的一處佛教聖地，吸引許多金剛乘修行者[35]前來朝聖。

　　距離直貢梯寺不遠處，有個四周由高山峭岩所圍繞的小山谷，名為「德仲谷」，並以擁有溫泉和許多洞穴聞名。八世紀時期，印度密宗大師兼藏傳佛教之「父」蓮花生大士，偕同其明妃益喜措嘉（757-817）等弟子，在此修行過一段時間。他們在此處修持密法，並將珍貴的伏藏埋藏在世人難以到達的地方。這些伏藏大多是含義甚深的文本，但也包括一些法器、舍利和自然物，留待日後經由伏藏師在最有利於世人的時候取出[36]。

　　因此，數世紀以來，德仲一直被視為聖地，也是整個直貢壇城的中心。「德仲」的意思是「寶篋」，這個迷人的山谷本身就是個寶藏，也是直貢傳承護法阿企確吉卓瑪有如神話般的出生地。後來，第十世直貢法王・尼傑巴多傑嘉波（1284-1350）在此發現當年蓮花生大士和益喜措嘉修持密

35　「金剛乘」（又稱為密乘或密咒乘），約莫在「大乘佛教」後五百年間於印度開展，是一個將佛教思想結合瑜伽與古印度自然宗教元素的深奧體系。其正統形式後來在西藏發展為一種特別強調儀軌的修行法門。

36　此外也有所謂的「意伏藏」（དགོངས་གཏེར，『貢得』）。這些伏藏法並非埋藏在外部世界，而是透過伏藏師親身的修行洞見而取出。

法時所留下的聖印,從此開啟德仲山谷非比尋常的能量。

圖22:位於德仲谷中的德仲尼寺

　　在德仲,每個河川彎道,每塊露出地表的岩石,每座山口、洞穴都具有超越物質表相的含義。這裡所指的含義並非只是象徵性的,而是真正能由熟悉禪修且具淨觀者所感知到的實際化現。每年秋天,法王都會到山谷朝聖。羊日崗寺的僧人會護送他們到阿企佛母的出生地奇扎塘*,在那裡懸掛

經幡，舉行淨化法會。第二天，眾人繼續前往雜塘平原，由直貢梯寺和地方官員所組成的代表團會在那裡迎接他們。

隨後會有一位『洽欽』（耆老），也就是熟悉聖地風水秘密的人，帶領他們前往各個修行聖地。他則向大家展示由阿企佛母的馬、傳說中的大鵬金翅鳥以及各個直貢法王在岩石上留下的印跡。他曾表示，有些圓石實際上是空行母[37]的長壽藥丸。在洽欽的解說下，眼前的風景頓時變成鮮明的淨土，他將世俗之眼看不到的聖地有如變魔術般展現在大家眼前。仁波切專心聆聽這些故事，完全沉浸在洽欽口中娓娓道來的吉祥直貢傳承修行與歷史故事。

要前往德仲，必須先穿越一座山口，橫越一條河流。在溫泉正下方，有一座貝殼石灰岩斷崖形成的天然水壩，泉水從此處穿越十五公尺長的地底水道向下流。被河水切割的峽谷深邃險峻，一側山壁的巨石崩裂，留下一道巨大的裂痕。洽欽說，很久以前，這處天然水壩之外的整片地區，曾經是一座險惡的深潭，潭裡充滿著作惡多端的水妖，凡是飛越上方的鳥兒都會掉落潭中死亡。人們試過許多方法都無法抽乾潭水，於是便向阿企佛母祈求。阿企佛母以神通鏡將斷崖一分為二，但卻只有部分的水流出來。當時蓮花生大士正好坐在支流上游的一個洞穴裡禪坐，注意到阿企佛母的法術只成功了一半，於是便將金剛杵拋向懸崖壁，打開一條能讓潭水流出的水道。洽欽指向水道口一塊至今仍清晰可見、外觀形似金剛杵的裸露岩石。蓮花生大士降伏了妖魔並使其皈依佛法，隨後將其鎮壓在隧道北面的紅色懸崖中，接著又造出一座能治癒一切身體疾病的溫泉，供瑜伽行者使用。

隨著朝聖之旅的進行，洽欽的解說和當地村民的歡迎儀式與慶典就越來越繁複。每當他們翻越一個山口，到達牧民的營地或小型村落時，當地代表都會穿著最好的衣服，手拿白色哈達站成一排，作為歡迎的儀式。他們在達亞塘*的帳篷裡度過了第一個晚上，附近有座著名的尼寺，是直貢康卓

37　空行母（『康卓』或『康卓瑪』，མཁའ་འགྲོ་མ།），協助密宗行者之女性證悟者。

這位偉大女性修行者的住所,她被認為是益喜措嘉的化身。

　　第二天,他們爬到藏曲卡山口*,尼師們手持燃香與白哈達列隊等候,並邀請澈贊仁波切到尼寺迴廊,參與為他所舉行而持續一整天的長壽法會。

圖23:澈贊仁波切在德仲聖泉中沐浴

　　在佛教出現以前的遠古信仰,相信土地、溪流和湖泊中居住著龍族(梵:那伽,藏:竹)負責守護大地。積極方面,祂們能夠制衡人類對環境的破壞以維持地球的生態平衡。消極方面,祂們會導致疾病,特別是藏醫理論中認為因水大失調的疾病。龍族負責保護水的純淨,由龍族守護的水域,例如德仲溫泉,被認為是能使身心療癒的寶貴泉源。

　　主泉口的四周築起一道與人同高的石牆。這個泉池有滾滾的泉水從上方懸崖飛瀑而下,所以顯得特別乾淨,是專供法王使用的泉池;一般平民則使用較為下方的泉池。直貢總管撕開去年貼在木栓上的封條,讓兩位仁波切進行一年一度的療癒沐浴。秋天的氣溫原本就會很低,但泉口下的水溫卻

滾燙無比。仁波切剛開始還怕被燙傷，皮膚也被高溫的泉水泡得紅紅的，但當他習慣後，便開心地和瓊贊仁波切在聖泉裡嬉戲玩耍。(38)

這批朝聖者在德仲溫泉這至少待了一星期的時間，隨後便以步行或騎氂牛的方式翻越尼寺背後的山陵線，繼續前往其他聖地。途中，隊伍停在頂上建有一座佛塔的丘陵上，洽欽指著後面的高原和大山，組合在一起看起來有如象頭與象鼻。這隻出現在地景中、象徵堅毅與力量的動物，就像看守德仲谷的秘密保護者。同時，大象也是抬著不動佛蓮花寶座的動物。不動佛象徵不變與力量，澈贊仁波切認為自己與不動佛特別親近，因為他的名字之一為「局美」，意思正是「不變者」。

在其中一個蓮師洞流出的泉水旁，有座小寺院，寺內有個鍍金的黑色寶瓶，能產生神奇的水蒸氣，據說此寶瓶為龍族所獻供。往寺院後面的路越來越難走，一路陡坡直上而到達「諾布拉」（珍寶山口）山口，仁波切在山頂上的三角點石堆上懸掛經幡，此石堆在每位經過者都添加一塊石頭的情況下，慢慢形成一個高高的石堆。眾人繼續沿著陡峭的稜線小徑前進，蓮師曾在此處埋藏一個伏藏。幾小時後，他們來到一個洞口非常窄小的洞穴，大量泉水不斷從懸崖壁上汩汩流出。他們在此收集一種被認為具有療效且充滿加持力、名為「薩卡拉」的特殊泥土。再往前，他們穿過位於五佛母峰下方的天葬場。一群在家修士於懸崖下方的遮蔽處，手持大手鼓、人骨岡令修持著斷法(39)。

最後，朝聖隊伍終於來到直貢壇城的中心。在他們頭上陡峭的懸崖峭壁上，有一個通往龐大洞窟群的漆黑入口，這

38　德仲溫泉的沐浴時間是根據天文曆算學而來。為了達到最佳效果，沐浴應在南極老人星於天空閃耀時進行。這顆星在藏語中稱為『噶瑪日吉』，與水有密切聯繫，因為在印度占星學（西藏天文曆算學的主要依據）中，據說有一位名叫「投山仙人」的聖人喝光了地球所有的水後，變成了這顆星，因此傳說「噶瑪日吉」具有淨化水的能力。

39　瑜伽士和瑜伽女會在真實或觀想的墓地進行此修法，此法屬於一種禪修法門，瑜伽行者將自己的身體供養給當地鬼神享用，訓練自己逐漸捨離我執。

個崖穴名為「吉日央宗洞」*，有個高達五十公尺的雄偉洞口直直通往懸崖內部。此處也被稱為「康卓朵拉」（空行母舞場），是個非常神聖的地方，被認為是西藏八大聖窟之一(40)。

在蓮花生大士停留於西藏的期間，古老的苯教有一陣子重新獲得民眾的信仰與重視，他和明妃被迫離開他們在雅瑪隆（或稱「轟瑪隆」）的閉關處，逃到直貢地區，在吉日央宗洞避難。據說益喜措嘉在此領受三次《空行心髓》的灌頂(41)。蓮師離開後，她和法侶阿札惹·薩雷一起前往尼泊爾和德仲閉關修行了七個月。後來，她多次回到德仲谷修行，據說益喜措嘉在此大岩穴中的密室中，整整禪修了七年，並在臨終前於此處進行最後一次的大圓滿閉關(42)。她將一部分的《空行心髓》伏藏法埋藏在這裡，後來由第十七世直貢法王·仁欽彭措（1509-1557）在吉日央宗洞取出伏藏法《正法極深密意》（丹確·貢巴央扎），並成為著名的伏藏師。

要爬到懸崖上的岩穴既吃力又危險。僧人中膽子較小或體型較胖的，寧可留在原地。一條蜿蜒的羊腸小徑，沿著峭壁曲直而上，不消多久，眾人就聽不到留在谷底人的說話聲。進入岩穴後第一個諾大的廳室，被稱為「措康欽莫」（大殿），開口剛好位於最高的山脊正下方。進入寬闊的洞口後，仁波切和他的同伴們必須爬上非常陡長且搖搖欲墜的梯子，梯子僅用簡單的青竹以犛牛皮繩子綑綁而成。攀登過程十分驚險，澈贊仁波切的侍者相較於自己的安危更擔心仁波切。他們囑咐仁波切不要往下看，其中一位特別強壯的僧人也牢牢抓住他的腿，讓他爬上間距比自己雙腿還要高的階梯。他確實低頭向下看了一眼，只見那些於他身後的人，在

40　此八大石窟分別為：央宗洞（ཡང་རྫོང་ཕུག，『央宗普』）、青樸洞（མཆིམས་ཕུ་ཕུག，『青樸普』）、卡久洞（མཁར་ཆུ་ཕུག，『卡久普』）、雅礱水晶洞（ཤེལ་བྲག་ཕུག，『雪扎普』）、獅子宗洞（སེང་གེ་རྫོང་ཕུག，『僧格宗普』）、葉巴洞（ཡེར་པ་ཕུག，『葉巴普』）、雅瑪隆洞（གཡའ་མ་ལུང་ཕུག，『雅瑪隆普』）和南卡頂洞（ནམ་མཁའ་ལྡིང་ཕུག，『南卡頂普』，大鵬金翅鳥洞）。

41　《空行心髓》（མཁའ་འགྲོ་སྙིང་ཐིག，『康卓寧提』），甚深大圓滿法集。

42　大圓滿（རྫོགས་ཆེན，『佐欽』，阿底瑜伽）。寧瑪派傳承的最高法教，上師直接為弟子指引究竟心性。

無法想像的深處,化作紅色小點移動著。他飛快爬上最後一格階梯,好不容易再次感受到雙腳踏在穩固地面上的踏實感。地板雖堅固,但絕不安全,因為岩石很潮濕且不平坦。在他頭頂上方,冰凍的懸崖壁一路延伸至黑暗中,岩穴天花板下方有一條可以前往益西措嘉秘密閉關室的通道。

到此岩穴朝聖,是進入密宗道之奧祕的一種強大灌頂。岩穴深處有些比較暗的通道和密室,必須用手電筒照明才能進入;有些密室甚至位於下方的懸崖內,朝聖者必須緊緊拉住犛牛毛繩垂降,以防墜入深淵。在洞裡某個暗處,甚至還有一道瀑布飛瀉奔騰直入深淵。老洽欽以輕鬆自在的態度穿梭於天井和隧道中,這讓激贊仁波切感到嘖嘖稱奇,他是那麼的淡定與熟悉。他表示,一切秘密法教都呈現在這座岩穴中,此外,這裡也能看見六道輪迴,包括天道、阿修羅道、人道、旁生道、餓鬼道、地獄道,都可在這裡找到。瑜伽士能夠經由觀想,在定境中將此具有眾多迴路分支的隧道迷宮、廊道與穹窿,視為微細身中的脈道。

在這些通道中有一條特別狹窄曲折,很難擠身穿越。據說,惡業深重的人會無法通過。激贊仁波切當時還是小男孩,但通道入口真的非常狹窄,他感到相當害怕,不過最後他仍安全通過了。緊接著,洽欽又指出更多的勝蹟,包括:石壁上有個據說是蓮花生大士頭印的凹洞,自然生成佛教本尊與法徽樣貌的水晶群,以及從洞內岩壁凸出一塊像是基座一樣的東西,被認為是蓮花生大士的法座,兩側則神奇地出現像是放置法器的架子(43)。

朝聖者在岩穴中參訪的最後一處為一間小圓室,這裡曾經是蓮花生大士的閉關室。關房外面矗立一根不尋常的石柱,象徵密宗本尊金剛瑜伽母的中脈。眾人現在已來到壇城最隱秘的中心,也是發掘伏藏的所在地、整個修行能量場的核心。洞內光滑的岩石是一種石英結晶岩,晶體將手電筒的光折射出七彩的霓虹光芒。這種石英岩被認為是所有礦物質

---

43 物體不假借外力而自行產生或化現,稱作「自生」(རང་བྱུང་,『讓迥』),其對應字為「他生」(གཞན་བྱུང་,『咸迥』),意指依靠他緣而生。

的精華，大多運用於返老還童的修行。

　　許多人這才發現，下山的路程比上山更嚇人。想要下山，就要沿著懸崖壁險峻的礫石斜坡下行。沿途沒有堅實的道路，踩在鬆散的礫石上，給人一種注定會滑入萬丈深淵的感覺。看似無害的礫石表層下，隱藏著許多大石頭和圓石，使下山的路程變得更加步步驚心。隊伍必須分批下山，如此，被後面的人踩落的石頭才不會擊中斜坡下方的人。

　　澈贊仁波切對這次的入山行充滿讚嘆，朝聖結束後他向蓮花生大士進行一次獻供食物和飲料的薈供法會，之後便出發前往仲久寺*，他們在古老的小關房附近紮營過夜。此關房由發現此地的伏藏師仁欽彭措所建立。此行的經歷，讓仁波切宛若掉入一個奇幻時空，一個有如神話的歷史和諧無礙地與平凡現實世界融合的境界中。

　　朝聖之旅繼續翻山越嶺，進入低谷，兩天後，他們來到扎烏日蛻*，即著名的覺巴吉天頌恭閉關洞穴。一一九一年，傳承創始人吉天頌恭來到此地閉關，但對陪伴他的虔誠侍者來說，這裡既有點小、也太暗了。於是，吉天頌恭以神通將洞窟變大，並用金剛杵在面朝南方的岩壁上敲開一個窗戶。從此，這個洞窟又被稱為「扎烏洛卡」，意為「開口朝南的洞穴」。

　　這個地區的其他洞穴，也成為許多瑜伽士、瑜伽女的閉關修行地，仁波切被這些以棉布衣裹身的閉關者所吸引，他們將自己的生命完全奉獻於佛法修行，僅仰賴慈悲的功德主供養他們簡單的生計。這些修士向年幼的法王頂禮，帶著比寺院僧侶更開闊、定靜的目光看著他。他還不太明白他們為什麼要閉關，但他本能地感受到由其願力所散發出的福德與力量。這些閉關行者年復一年在此與世隔絕的僻靜地修行，讓他們與澈贊仁波切過去幾周拜訪的聖地緊密相連。他們的修行不僅維持了土地的精神能量，也讓土地的加持力流入自

己。在他們完成繁複的密宗修法後,也將自己世俗的身、語、意及周遭環境——轉化成神聖壇城中心本尊的身、語、意。吉天頌恭曾經派遣數以千計的瑜伽行者到西藏的聖山閉關,這些傳承繼承者引發了小澈贊仁波切的共鳴,喚醒內心模糊的記憶,那些記憶有如被遺忘的夢境碎片般重新回來。

旅隊在該地停留了幾天,原意是為了讓仁波切在辛苦的旅程中稍事休息,但他更喜歡拜訪那些隱士,詢問他們有關如何生活以及多年閉關的感受。經由此,他感覺自己似乎找到了那把能夠開啟與收集在內心深處騷動之模糊記憶的鑰匙。

當旅程接近尾聲時,澈贊仁波切與堪布代表團[44]、喇嘛以及直貢梯寺的僧人在俄宜塘*舉行了整整兩天的法會,然後在一個曆算上的吉祥日前往寺院。當仁波切進入寺院金殿,向主尊吉天頌恭像行三次大禮拜時,他感覺寺院和他自己都發生了一些變化。他感覺自己手上這條長哈達所獻供的對象不是金色塑像,而是吉天頌恭本人、傳承上師、閉關瑜伽士、佛陀以及其教法。當隊伍最後浩浩蕩蕩地前往羊日崗寺進行一場法會後,即正式結束了這次朝聖之旅,隨後仁波切前往冬宮直貢宗堡居住。

此時的拉薩,城裡的中國官員在建立一所新學校後,隨即宣布,如今西藏在中國的援助下,已完全能夠讓孩子接受教育。他們也向那些將孩子送往印度上學的貴族家庭施壓,強迫他們要讓小孩回國接受教育。一九五三年冬天,擦絨家由於擔心人民解放軍可能採取其他的行動,便將孩子接回了拉薩。

起初,澈贊仁波切的兄弟姐妹認為到新的中文學校上學,這樣的改變頗為新鮮。學校刻意去除階級的差異,沒過多久,所有學生都穿著相同校服上學。孩子們覺得學習共產

---

44 『堪布』(མཁན་པོ)。噶舉傳承中給予高等佛學研究畢業生的稱號;堪布也被用來指稱寺院住持。

黨的統戰歌曲很好玩，他們在課堂上、街道上都熱情地唱著這些歌曲，但卻不了解歌曲真正的目的，他們盡情享受舊時期社會階級所禁止的自由。共產黨透過這種方式，將西藏青年塑造成宣揚其主義的熱情擁護者。例如，激贊仁波切的姊姊南傑拉姆加入了一個政治劇團，該劇團甚至在達賴喇嘛面前演出。

在達賴喇嘛訪問北京期間，西藏自治區籌備小組成立了。很遺憾的，「自治區」是個錯誤的用詞，自治區的成立完全是為了掩蓋西藏當局已受中華人民共和國統治的事實。一九五五年三月，當西藏自治區籌備委員會成立時，南傑拉姆隸屬的藏族青年劇團被派往鄉下地區進行政治劇表演。他們所表演的劇碼，用意在歌頌毛主席和人民解放軍，讚揚「封建」政權和剝削制度的結束，向人民承諾共產主義改革將確保國家邁向光明未來。劇團成員臉上洋溢著幸福笑容，極具魅力與說服力，他們無疑都是毛澤東思想的支持者。他們當中大多數人，包括南傑拉姆，對於能夠擺脫傳統社會束縛與陋習的自由是如此著迷，以至於他們完全沒有注意到自己是如何被操縱去完成新統治者的工作。他們根本不知道遠在西藏自治區以外的康區和安多，發生了多少的暴行：家庭被強行拆散，兒童被送往中國接受思想改造或永遠消失。婦女在不知情或被迫的情況下遭到絕育，並在惡名昭彰的「批鬥」過程中，孩子們被迫譴責、毆打父母，有時甚至殺死他們。受戒僧侶被迫與婦女發生性關係，尼師被強暴，高階喇嘛被監禁或被判處艱辛的築路勞改，寺院則任其荒廢、受人掠奪與摧毀。

南傑拉姆和妹妹諾金央吉進入新成立的中學就讀後，她們開始慢慢意識到，共產黨賦予年輕人的新自由只是個誘餌，實際上是為了引誘他們落入嚴酷的壓迫制度中。中學裡的老師們不再像以前那樣客氣與包容，過去吸引人的宣傳口號如今被冷血地推行，成為報復貴族的殘暴手段。貴族兒女

受到壓迫,並且公開鼓勵社會階級彼此對抗。隨著初期藏東的緊張局勢蔓延至全國,許多失望的西藏學生對他們的中文老師產生敵意,有時甚至發生流血衝突。

早在一九五四年,達賴喇嘛於北京行之途中經過康區時,當地的領袖就明確表示,他們不會坐視共產黨的野蠻改革。藏中的人皆熟知康巴人頑強、獨立、效忠部落和驍勇好戰的精神,有時他們會揶揄康巴人是不能信任、殘暴的叛徒。達賴喇嘛在自治區籌備委員會成立大會時的演說,就極有先見之明地指出,藏東的土地改革必須謹慎實施。

一九五六年四月,西藏自治區籌備委員會盛大成立,達賴喇嘛和班禪喇嘛是西藏名義上的領袖。而成立西藏自治區籌委會的目的,在於取代自一九五一年以來掌控拉薩政權的中國「西藏軍政委員會」,並將西藏納入中華人民共和國的行政組織。將達賴喇嘛和班禪喇嘛納入西藏自治區籌委會,是取得西藏人民認可的一個手段,但最終目標是將達賴喇嘛政權慢慢移交給中國共產黨。任命達賴喇嘛為主任委員,能夠成功壓制對抗該委員會的力量;因為有許多想要反抗此委員會的人,會猶豫是否要對抗達賴喇嘛。西藏自治區籌委會下設十四個部門,並啟用貴族成員作為官員以抵銷潛在的敵對勢力。擦絨·達桑占堆因在橋樑、水力發電廠和運河建設方面擁有豐富經驗,被任命為建設處處長。大莊園的主人被迫將自己的家園交由委員會支配。不到兩周,整座擦絨莊園就擠滿了該部門的中國官員。

與此同時,在中國的壓力下,直貢攝政·赤匝嘉樂仁波切遷往拉薩,並被任命為新成立的宗教事務委員會主任和中國人民政治協商會議西藏委員會委員。成立協商會議的目的,在於創造一個將其他政黨和少數民族納入其民主委員會的假象,但任何民主主張都不過是騙局:所有代表都是由中國共產黨遴選出來的,如果不聽令於他們,就會立即被撤換並遭受審判。

來自西藏之心

　　隨著中國派員到西藏最偏遠的地區，進行全面的人口普查，以及對貴族和寺院財產進行詳細清查，中國人民解放軍也增派更多部隊進入西藏。

　　雖然共產黨的手段經常非常嚴厲粗暴，但對於西藏中部的衛藏地區，其策略整體而言是兼具外交性和戰略性的。相較於此，位於東部的康區和安多就採用了截然不同的方法。事實上自清朝（1644-1911）以來，藏東的一些地區就和中國存在一些實質關係，拉薩的西藏政府從未認真將其主權強加在康區和安多上。當解放軍擊敗國民黨而進入藏東時，並沒有面對太多的反對勢力。從那時起，中華人民共和國就將康區和安多視為直接隸屬於中國中央政府，而非西藏的一部分，自然也不在《十七條協議》的管轄範圍之內。當該地區解放軍試圖立即將這兩個省份納入「祖國」時，卻發現自己所面對的，是隨時準備為其所認定之傳統自治權蓄勢待發且奮力一搏的藏人。

　　一九五五年和一九五六年，當共產黨大規模實施土地改革和所謂的現代化「民主」時，康巴人將這些措施視為對其傳統價值觀的挑戰，導致不滿情緒一觸即發。一九五五年，武裝的康巴人和漢人發生了零星的小規模衝突，一直到西藏自治區籌備委員會在拉薩成立時，衝突進一步發展為公開反抗。這場衝突後來被稱為「康定叛亂」，以其發生地點康定市（藏人稱之為「打箭鑪」）命名。此外，在理塘、建塘和鄉城，中國官員也遭到當地民眾襲擊。當人民解放軍進入城裡鎮壓反抗分子時，數千人民逃往當地的大寺——鄉城桑披寺中。寺院被軍隊團團包圍並從空中投擲炸彈，導致數百名藏人被殺，這座屬於達賴喇嘛之經師赤江仁波切的著名寺院，頓時變成灰飛煙滅的廢墟。這場平叛行動進一步開啟後續大規模的破壞寺院行動。寺院是西藏的精神象徵，也是在西藏歷史中扮演抵禦各種敵軍的庇護堡壘。

　　武裝衝突此時暫時僅限於藏東，但難民突然從衝突地區

紛湧而出，逃往當時已因中國軍隊駐紮而導致資源受限的拉薩。一開始，文質彬彬的拉薩人民並不相信生性叛逆草莽的康巴人對發生在康區暴行的說法，許多康巴人後續移往印度，反而在那裡獲得了國際媒體對康區叛亂的關注[45]。

一九五五年秋天，仁波切的父母被迫加入一群由政府官員、寺院僧官和商人所組成的隊伍，進行歷時八個月前往中國的統戰之旅。在經歷艱辛且嚴峻的旅程後，眾人終於抵達北京，參訪行程包括大量反覆參觀工廠和集體農場，以及聽取讚揚共產改革優點的長篇演說。團員中有些人是第一次參觀工廠，因而感到驚奇有趣，但仁波切的父親由於非常熟悉印度工廠，也對國外的現代化工業瞭若指掌，因此並沒有感到印象深刻。行程中，凡是問題或失敗都不允許呈現在他們眼前，但他們還是瞥見了一些在上海的問題：這個曾經以蓬勃國際航運為主的繁忙港口，廢棄的碼頭裡只停著一艘國外船隻。

當他們回到拉薩時，正好趕上一九五六年四月底於拉薩成立的西藏自治區籌備委員會，他們發現這時拉薩的情況更加惡化了。一切似乎都在佔領軍的控制下，擦絨・央金卓嘎發現中國警察駐紮在她父母家門口，她的父親，美其名為籌委會新政權中的將軍，但實際上是被軟禁在家中的囚犯。

與此同時，在直貢，每座寺院都會舉行年度的傳統祈願法會，且都會邀請法王出席。澈贊仁波切迅速將自己的角色融入這些寺院的年度法會時程。每年藏曆四月八日至十五日，在羊日崗寺外會為在家人舉行傳法和修法法會。藏曆六月的時候，當羊日崗寺的僧團圓滿其結夏安居閉關時，則舉行為期四天的野餐以及藏戲「拉姆」（天女）表演，隨後便返回直貢梯寺。藏曆新年（洛薩）的慶祝活動，向來會在直貢宗進行幾天，之後兩位法王再於藏曆二月初一從直貢宗前往直

45　美國中央情報局藉此發現能夠破壞國際共產勢力的機會，於是開始資助逃離西藏的康巴人，在西藏境內組織秘密行動。達賴喇嘛的哥哥土登諾布於一九五六年逃往印度，曾擔任反抗軍與中央情報局間的聯繫者。

貢哲寺。

當仁波切仍在接受基礎教育時，就領受了經師赤匝嘉樂仁波切一系列特殊的教誡與灌頂，包括《噶舉密咒藏》（噶舉那佐）和蓮花生大士的禪修灌頂《極密大灌》（仰扎旺千）。另一位經師巴洛・土登確扎仁波切，教授澈贊仁波切所有直貢傳承的護法修持。洛・本楚仁波切則授予其他各種修法[46]，包括由仁欽彭措在吉日央宗洞中取出的伏藏法《正法極深密意》。

一九五六年是藏曆猴年，對藏人來說具有特殊意義，因為傳說西藏人的祖先是猴子。猴年是蓮師的本命年，全國各地都會在猴年猴月（藏曆七月）祈求降神神諭。此外，直貢傳承最重要的傳法暨朝聖節日——著名的「殊勝直貢頗瓦法」（『直貢頗瓦欽莫』）[47]也會在這一年舉行。據說，在一三○八年猴年，直貢早期的法王多傑嘉波為德仲山谷開光並重新開放朝聖，同時下令在每年猴月初十慶祝蓮師生日這天，舉行與蓮師所修主尊普巴金剛[48]有關的金剛舞，進而開啟傳授與此金剛舞有關的特殊教法傳統。

兩個世紀後，偉大的仁欽彭措將寧瑪派法教融入直貢傳承法教中，並將猴年傳法地點改到其位於仲久寺的閉關處，也在原本猴年的傳法內容中，加入他在仲久寺取出的伏藏法。十七世紀，第一世澈贊仁波切和瓊贊仁波切將猴年傳法

46　本楚仁波切有一頭很長的頭髮，他通常把頭髮綁成髮髻盤在頭頂上。他先前的其中一位轉世，曾想在閉關後將頭髮剃掉，但卻噴出火花，完全無法理掉。從那時起，本楚仁波切就一直恭敬地蓄留著長髮。每當傳授法教時，他會放下長髮讓它保持鬆散。

47　頗瓦法（འཕོ་བ།）字義為「遷轉」。那洛六法之一，是一種在臨終時，將神識從身體遷轉至佛土的瑜伽修法。對於那些認為自己無法學習和掌握困難禪修技巧的人來說，此法有助於讓心識精要安然轉移至阿彌陀佛的極樂淨土。直貢傳承普遍修持的頗瓦法是根據一部名為《插草》的法本，內容摘自蓮花生大士的伏藏法，由尼達桑傑於十四世紀在藏南取出。根據某傳承說法，尼達桑傑是噶瑪林巴的父親，噶瑪林巴為著名的伏藏師，他取出了著名的《西藏度亡經》（བར་དོ་ཐོས་གྲོལ།，『巴多推卓』，字義為「中陰聽聞得度經」）。

48　普巴金剛（རྡོ་རྗེ་ཕུར་པ།，『多傑普巴』，梵：Vajra kilaya），男性忿怒禪修本尊。

的傳統固定下來，從此該傳統便延續至今。「仲久寺猴年傳法大會」成為一項重要的公眾節日，傳法內容不僅保留了仁欽彭措所創立的傳規，如今還包括了悉達惹吉尼（成就王后）瑜伽女宗派的長壽灌頂。法會的高潮與結行儀式乃在傳法期間最後一個滿月日傳授頗瓦法，因此這個節慶被稱為「殊勝直貢頗瓦法」。由於這一系列的講經說法和灌頂活動非常有名，以至於國內即使非常偏遠地區的朝聖者也會長途跋涉數月，來到仲久寺參加直貢頗瓦法會。

圖24：一九五六年，聚集在仲久寺參加直貢頗瓦大傳授法會的群眾

　　一九五六年的殊勝直貢頗瓦法會，在猴月初七至十五滿月日舉行。這是幾十年來最後一次在直貢地區舉行此慶典。當年十歲的澈贊仁波切必須親自主持長壽灌頂法會。為了做好準備，他提前在直貢宗進行兩周的閉關，隨後便和瓊贊仁波切花了幾天時間前往仲久寺。人們在德仲山谷裡的聖地以盛大儀式歡迎他們的到來。仲久寺為直貢的仁波切們和拉

章總管，在靠近仁欽彭措的舊關房旁準備了簡單的寮房，而羊日崗寺和直貢梯寺的僧人們則自初七那天起，在寺院外搭建起兩座大型帳篷作為臨時住所。直貢梯寺的帳篷稱為「藍天」，羊日崗寺的帳篷稱為「白雪山」。典故起源於一九三二年猴年，那年羊日崗寺和直貢梯寺起了嚴重的爭執，乃至威脅到傳承的分裂，為了防止爭端擴大，當時便將兩座寺院的僧人分開坐在不同帳篷裡，因而順利讓紛爭平息，隨後也開啟了這項傳統。

至於用來傳授灌頂的大帳篷（『旺古』，灌頂帳），則由第五世澈贊仁波切·突吉尼瑪（1828-1885）所創立，搭在仲久寺的前埕上，用來安設法王的法座以及轉世喇嘛、堪布和僧官的座位，其高度根據級別而遞減。山谷的入口特別經過修法予以結界，使得整個會場成為一座聖境。數百頂屬於世俗單位、牧民家庭、個人朝聖者的帳篷散落在山谷四周。儘管此時拉薩市的政治氛圍緊張，康區與安多也發生了暴動，但仍有數千人前來參與此盛會，其中也包括了澈贊仁波切的父母、哥哥晉美和遠從不丹前來的姑姑，都一同坐在帳篷裡仁波切的法座前。

十月初十，法王身穿鄔金國和薩霍爾國的法會服[49]，披著類似中國皇帝送給吉天頌恭的羊毛披肩，頭頂上安立著一頂以孔雀羽毛縫製的寶傘。在瓊贊仁波切給予大眾寂靜蓮師灌頂後，澈贊仁波切當時雖然年紀尚小，卻仍對大眾賜予了首場的長壽灌頂。

接下來的幾天，灌頂儀式由瓊贊仁波切、赤匝嘉樂、尼宗赤巴和直貢噶舉傳承位於拉達克的年輕法主東滇仁波切主持。下午，高階上師和堪布則傳授吉天頌恭的心訣及《正法一意》[50]，並為禪修經驗較為高階的僧人提供特別教授。當月十五日，十四歲的瓊贊仁波切給予大眾傳授頗瓦法。按

49　鄔金國是蓮花生大士降生的國度，薩霍爾國為早期密宗傳播的古印度王國，也是寂護大師的故鄉。

50　《正法一意》（དགོངས་གཅིག，『貢季』）。吉天頌恭的弟子兼那·喜饒迥涅（1187-1241）在領受其上師針對佛法哲理所給予的個人竅訣後，寫下此釋論集。被認為是直貢噶舉最深奧的哲學著作。

壇城之內

照直貢傳承慣例，只有具備歷史悠久轉世傳承的上師才能傳授頗瓦法。在傳法時，一股寧靜的定境瀰漫在領受傳法者的身上，法王在他們眼中已非世俗之身，而是一位聖者，他們遵從法王的指示，一字一句地凝神傾聽。有些人展現出傳法本身之相續精神力量的跡象，或突然昏厥，或因法喜而全身顫抖。法會結束，眾人四散各自返家，回到那受浩劫所踩躪的世俗人間中。

一九五六年，聚集在仲久寺參加直貢頗瓦大傳授法會的群眾

（六）
深淵中的西藏：叛亂與平叛

一九五六年，達賴喇嘛應印度政府和錫金王子頓珠南嘉之邀，前往印度參加釋迦牟尼佛誕辰兩千五百周年慶典活動，中華人民共和國擔心他可能會藉此尋求國外的庇護，進而逃脫他們的控制。他們建議達賴喇嘛派一名代表出席，但卻沒有預料到此舉卻引起西藏人民的憤怒，因而不得不讓步。十一月二十日，達賴喇嘛和噶廈成員離開首都拉薩。

達賴喇嘛即將出訪的消息讓許多富裕家庭驚覺到，藉口參加宗教慶典的朝聖之旅，可能是讓自己、家人和財產安全離開這個國家的最後機會。擦絨・敦都南傑決定利用這個機會將孩子帶往安全之地。一家人沿著新建的公路，開車三天就到了卓木，接著改以騎馬和騾子翻越山口，兩天後，他們跨越邊境進入錫金。

深淵中的西藏

圖25：澈贊仁波切（前右）和他的手足：（左起）諾金央吉、班久、晉美和南傑拉姆。這是在他的兄弟姐妹離開西藏前，他們最後一次合影，攝於一九五六年。

鏡頭回到印度，年輕、缺乏經驗的達賴喇嘛渴望尋求其他國家領導人的意見和建議，尤其是印度總理賈瓦哈拉爾‧尼赫魯。但中國派去一同參加慶祝活動的代表，不讓達賴喇嘛有機會私下與印度總理見面，適逢當時周恩來總理也正好訪問印度，便以中印緊繃的外交關係向尼赫魯施壓。尼赫魯邀請達賴喇嘛留在印度，直到西藏局勢穩定下來，但同時建議達賴喇嘛應該先返回西藏與中華人民共和國制定好協議。一九五七年一月底，周恩來總理在中國駐德里大使館會見達賴喇嘛，他向達賴喇嘛轉達毛澤東的口信，表示西藏改革可

以推遲五年,如果有必要,還可以再延長個五年,但如果叛亂持續發生,西藏的改革就勢必得強行推動。達賴喇嘛在噶倫堡的哥哥嘉樂頓珠和土登諾布,以及流亡海外的前政府官員魯康和夏格巴,都敦促他向印度尋求政治庇護,但他對此仍有遲疑。最後,在乃瓊和噶東神諭的建議下,他決定於三月初返回拉薩。

一九五七年八月,中國人確實在拉薩做出一些先前所承諾的改變,包括重組西藏自治區籌委會,讓委員會百分之九十的成員都是西藏人,並廢除包括建設處在內的多個部門;由於擦絨家大部分的家人都已移居西藏境外,所以在原來的建設處員工搬出莊園一樓後,擦絨莊園此時幾乎空無一人。

有一段時間,中國的新政策看來似乎真的能讓西藏局勢穩定下來,但他們卻對藏東採行了另一套標準。改革並沒有停止或推遲,只是力道減弱,如此並不能阻止逃離康區的難民潮,也不足以安撫那些磨拳霍霍、悍勇善武的康巴人。到了一九五七年秋天,他們的反抗行動已經遍地開花。西藏反抗軍襲擊了監督公路建設的中國官員,甚至也偷擊了中國人民解放軍的軍營。

一九五七年四月,擦絨‧敦都南傑的母親生了重病,他必須偕同妻子返回拉薩一趟。那年七月他的母親過世,澈贊仁波切當時人在羊日崗寺,僧人們擔心仁波切會因此陷入憂鬱,整整一個星期都沒有告訴他白瑪卓嘎去世的消息。當他們最後告訴仁波切時,他並沒有哭泣,而是責備侍者為什麼遲遲不說。他讓自己短暫默哀與靜思片刻後,便釋懷了。

澈贊仁波切的母親計劃十月份去大吉嶺和孩子們團聚,並利用寒假期間帶他們到印度的佛教聖地朝聖。為了想辦法讓仁波切也能到國外,他的父母請求寺院准許仁波切和他們一同前往朝聖,但卻被拒絕了。寺院法台解釋說,因為仁波切到了必須進行三個月閉關的時候,他的佛法修行不應該因

深淵中的西藏

為家庭朝聖之旅而中斷。此外，根據藏曆的算法，仁波切當年正值十三歲，是一個不宜遠行的「障礙年」。

擦絨·達桑占堆在妻子去世後，陷入了深深的悲慟之中。當年十二月，他的兒子敦都南傑勸他向政府告假。敦都南傑計劃流亡，也敦促其他親友一起逃離。他對妹妹和妹夫等人感到失望，認為他們對周遭實際發生的變化視而不見，寧可留下來等待情況有所改善。他的父親獲得請假許可，得以花幾個月的時間去印度朝聖，原本敦都南傑只能陪他到邊境，但最後他們都離開了國家。第二年春天，政府下令所有離開西藏而滯留印度的官員都必須返回國內，但鮮少有人服從。擦絨·敦都南傑和父親在一起，距離他的休假結束還有幾個月的時間。但是到了九月當休假結束時，儘管敦都南傑極力勸說老擦絨留下，他最終還是返回了拉薩。他說他屬於西藏，必須為達賴喇嘛和自己的國家服務。其餘家人則持續流亡在海外。

經歷過大大小小的軍事和政治風暴、不會被輕易嚇倒的前藏軍總司令擦絨·達桑占堆，對他在噶倫堡以及回國途中的所見所聞著實感到擔憂。他曾經試圖與十三世達賴喇嘛進行改革，這些改革原可避免此刻發生的危機，但卻遭到當時保守派僧侶和貴族的阻撓。如今，他真實、清晰地看見十三世達賴喇嘛在一九三三年圓寂前不久所寫下的、這段深具遠見卻不幸被忽視的預言：

> 在與敵人接壤的邊境上，不論有多小，都必須駐紮效率優秀、裝備精良的軍力。這個軍隊必須經過良好的戰事訓練，對任何敵人都具有一定的恫懾力……況且，當今正值五濁熾盛的年代，赤色思潮尤其猖獗……未來，在這片珍視入世與出世合一體制的土地上，這種體制一定會遭受內外勢力的對抗。這個時候，如果我們不能悍衛自己的國土，屆時連神聖的喇嘛上師，包括「吉祥父子」（達賴喇嘛和班禪喇嘛）

都將被消滅到連名字都看不見。轉世上師和寺院的財產，甚至連獻給佛事的供養金都將被沒收。我們承襲自古代三君的政治體系也將淪為空名；我朝官員的土地與財產都將被奪走，並被敵人像奴隸一樣對待。我的子民將承受恐懼與浩劫，日日夜夜都在悲慘中度過。這樣的時代必定會來到！[51]

康區形勢依然嚴峻，藏東人向外逃離的情況有增無減。到了一九五八年初，已經有超過一萬五千個康巴家庭搬到拉薩及周邊地區，還有更多人搬到藏南的洛卡（山南），來自理塘的康巴富商恩珠倉‧貢布扎西與幾個康巴族首領在洛卡結成聯盟。他們以故鄉的古地名創立了「曲四崗陸」（四水六崗）[52]游擊隊。「四水六崗」迅速召集了超過一萬五千名志願軍，他們個個滿腔熱血，卻缺乏足夠武器和彈藥。美國中央情報局提供了一些武器，但數量太少，速度也不夠快。

儘管裝備不足，貢布扎西的游擊隊還是創下了一些驚人成就。在拉薩以西的尼木地區，他們取得許多重大突破，導致解放軍傷亡多達七百多人。但儘管「四水六崗」成功奪下位於納木措湖附近的當雄解放軍彈藥庫，也贏得幾場小規模的衝突，藏人仍舊不敵西藏開闊的地形，中國飛機一下子就發現他們的蹤跡。

反抗軍在直貢梯寺附近搭建了一個帳篷營地，澈贊仁波切透過他的望遠鏡觀察到這個情況。由於解放軍在後頭緊追不捨，他們派了三名僧人到寺院尋找最佳逃生路線。當三名偵查僧人從寺院返回營地時，解放軍擊潰了營地，反抗軍彈藥用盡，只得四處逃竄。到了一九五八年九月，貢布扎西及

51　梅爾文‧戈爾茨坦《喇嘛王國的覆滅》（柏克萊：加州大學出版社，1989年），頁204。

52　四水六崗（ཆུ་བཞི་སྒང་དྲུག，『曲四崗陸』），康區古地名，四水為直曲（長江）、瑪曲（黃河）、嘉莫那曲（怒江）、達曲（瀾滄江）四條河流，六崗為達莫崗、察瓦崗、瑪康崗、繡波崗、瑪察崗、木雅熱崗這六座山脈。

其部下被迫返回康區,許多又飢又累的戰士最後叛逃加入敵營,反抗軍最終逐漸瓦解。

圖26:一九五六年,澈贊仁波切在直貢羊日崗寺

平叛行動持續向寧靜的直貢庇護所逼近。由於有許多康巴難民會經過直貢地區，中國軍隊便來到這裡追捕躲藏在此的叛亂分子。一天晚上，約莫午夜，有五名中國軍官和一名翻譯要求進入羊日崗寺。寺院不接待任何陌生人進入，指揮官一聽極為生氣，為了恐嚇僧侶，他命令部下發射信號槍，並立刻派一百名軍人將寺院外牆包圍起來，雖然隔天軍隊撤離了，但大家知道他們隨時都會回來。

　　與此同時，仁波切開始在尼瑪江熱佛學院進行佛法哲理的學習。這座建築物曾經是第五世澈贊仁波切・突吉尼瑪的夏宮，當他的下一任轉世喜威羅卓將其改建為佛學院時，便以五世澈贊仁波切之名將佛學院命名為「尼瑪」，又因佛學院周圍公園裡有美麗的柳樹（藏音『江熱』），因此全名為「尼瑪江熱佛學院」。喜威羅卓說服了康區的有名學者娘茹祖古・蔣揚旺嘉來此授課，使得佛學院的名聲大噪，直貢在學術上的成就也日益提升。佛學院將授課的基礎文本《藏文版十三部大論》(53)重新編輯，並印製新的文本。直貢僧團將尼瑪江熱佛學院的成就歸功於突吉尼瑪和喜威羅卓這兩位仁波切的加持。

　　仁波切結束了跟隨經師於私塾的學習，開始進入尼瑪江熱佛學院接受指導，老師由十到十五名祖古和一些獲選的僧人所組成。雖然仁波切比瓊贊仁波切小四歲，但他還是跟著瓊贊仁波切以及其他來自西藏各地的學生，在同一個班級裡學習。他們的老師博巴祖古・多昂丹巴（1907-1959）為他們講授《中觀》(54)哲理，他們從《佛子行三十七頌》、《

53　作者堪布・賢遍確吉囊瓦（1871-1927），又名嘉昆堪布・賢嘎，他在跟隨文・烏金・丹增諾布學習了十三年後，根據所領受的法教，針對印度的《十三部大論》原著撰寫了著名的「釋論」。這些哲理教科書與確吉囊瓦所寫的釋論，構成了西藏傳統高等佛學院學習的基本教科書。

54　《中觀》是中道的法教，為龍樹菩薩（二、三世紀）和聖天菩薩（三世紀）根據佛陀教義所闡述的大乘佛教哲學體系。主要提倡者有佛護（五世紀）、清辨（六世紀）、月稱、寂護和蓮花戒（八世紀），這些學者對作為藏傳佛教根基的中觀教義做出極大貢獻。

入菩薩行論》[55]等基礎經文開始學習，但沒過多久這樣的學習就戛然而止。

一九五八年秋天，一些直貢傳承的主要上師親自前往拉薩研判局勢。其中有一些人，包括卓尼‧昆秋桑天，和澈贊仁波切的貼身侍者梭本曲卓，都認為留在西藏已沒有任何意義，他們考慮將法王澈贊仁波切送往印度，直到國內政治局勢穩定下來。直貢拉卜楞寺的總管洽佐才培，似乎也同意他們的看法。他們將自己的想法告訴老擦絨，老擦絨立刻訂定澈贊仁波切的逃亡計劃，並派人將他的孫子接回拉薩。他想在寺院管理者改變主意前立即行動。但在仁波切前往拉薩途中，洽佐尋求會見擦絨。他說大體而言，他會聽從大地主的建議，接著又謹慎權衡自己的用字遣詞，表示尚未為立即離開做好準備。他會派人前往直貢，看顧一切事宜。擦絨並不確定他的意圖是要禮貌性地拖延離開的時程，又或者只是一位僧官未能體認局勢的緊迫性而採取的龜速做法。

當澈贊仁波切抵達拉薩時，他住在一位姑姑家裡，暫時遠離擦絨家的那番討論。一想到自己即將與身處印度的家人團聚，他便感到十分雀躍。卓尼和梭本還派了一名助手到直貢寺，收拾仁波切寢室中最重要的貴重物品和容易攜帶的物品，尤其是他旅行時一定要攜帶的殊勝嘎烏護身鍊。但助手並沒有回來。相反的，在一周後，整個直貢政教領袖、頭人都來到了擦絨莊園。包括直貢梯寺的管理階層、直貢拉章的前任卓尼、羊日崗寺的高僧、直貢地區的村長、部落頭人和高級官員，他們決心不管在任何情況下都不能讓傳承法王離開。他們辯說達賴喇嘛仍在西藏，其他寺院大拉章裡的人也都沒有逃亡，他們堅持要求允許他們將仁波切帶回直貢。

擦絨面對這種情況感到非常錯愕，於是傳喚直貢總管前來，總管一臉無辜，聲稱對直貢頭人來訪一無所悉，也很驚訝。擦絨不相信他，於是前總司令和直貢總管間的爭論持續

---

55 《入菩薩行論》（Bodhicharyavatara，བྱང་ཆུབ་སེམས་དཔའི་སྤྱོད་པ་ལ་འཇུག་པ།）由寂天菩薩（八世紀）撰寫，《佛子行三十七頌》（རྒྱལ་སྲས་ལག་ལེན་སོ་བདུན་མ།）則由無著賢菩薩（1295-1369）所作。這兩本著作都是藏傳佛教備受尊崇的經典。

了半天。擦絨說，考量到共產黨意欲徹底消除代表西藏傳統勢力與權威這兩大寶庫，即僧侶階級和貴族制度，這孩子面臨著雙重危險。激贊仁波切的祖父既憤怒又深感失望。佛法之道本來應該是消除心意中最糟糕之毒[56]———愚痴———的一條法道。但是，面對即將到來的災難，這些西藏宗教的代表身處於災難步步逼近的核心位置，卻顯得更加盲目、不知變通。寺院總管不肯讓步，甚至威脅要揭露擦絨的計劃，擦絨最終在怨恨和痛苦中屈服了。繼而在盛怒之下，他要總管將仁波切帶走並立即離開他的家，說他們很快就會知道自己的決定會讓他們付出什麼代價。

當擦絨讓孫子隨代表團返回寺院時，他將沮喪難過的心情掩藏起來。仁波切非常失望，但面對與家人的最後分離，他依然勇敢。從此，激贊仁波切將有十八年的時間無法見到家人。

---

[56] 三種心意之毒（དུག་གསུམ།）：貪或執著（འདོད་ཆགས།）、瞋或憤怒（ཞེ་སྡང་།）、癡或愚昧（གཏི་མུག）。

深淵中的西藏

圖27：一九五八年，澈贊仁波切在拉薩附近的田裡。這張照片是仁波切的父母在離開西藏前，其父親為他拍攝的最後一張照片

一九五九年二月八日，西藏人民慶祝藏曆豬年的到來。達賴喇嘛在哲蚌寺的格西辯經考試，原本預定在祈願大法會期間舉行，但大家擔心他會被邀請出席在北京舉行的全國人民代表大會，導致他無法參與當年的考試。與此同時，拉薩的民眾也人心惶惶，中國政府為了防止幾年前在祈願大法會期間發生的獨立示威活動再次發生，增加了派駐在拉薩市的解放軍部隊。中國軍方尤其擔心游擊隊會利用來參與祈願大法會的群眾發起抗爭行動。為了極力調解中國人和游擊隊間的衝突，此時形同虛設的西藏政府召開了國民大會，並任命擦絨・達桑占堆作為與中國人談判的主要代表，但在首輪談判進行前，叛亂就爆發了。

來自西藏之心

　　就在藏曆新年前夕，達賴喇嘛應邀出席觀看在解放軍司令部新建禮堂內舉行的文工團舞蹈表演。為了避免給人留下無禮的印象，達賴喇嘛接受了邀請，但直到三月七日才確定具體看戲日期為三天後，也就是三月十日。邀請他的東道主要求達賴喇嘛不得攜帶慣常的部長和政要隨行儀仗，也不能有貼身侍衛兵入營，他們承諾會確保他的安全。

　　達賴喇嘛的內官聽到這份如此倉促提出的不尋常邀請，感到十分震驚，尤其是不能攜帶貼身侍衛這件事，特別讓人擔心。幾天前，乃瓊神諭也曾警告達賴喇嘛不要出門。於是乎，達賴喇嘛即將被中國人綁架和軟禁的謠言如野火般燎原。

　　三月十日上午，數千名藏人聚集在羅布林卡宮前面，要求見到達賴喇嘛，在群情激昂的氣氛中，一些被認為和中國人通奸的藏人遭受圍毆。一小群人在通往宮殿的街道上設置崗哨，憤怒的民眾高舉反中國的口號進入拉薩市中心。兩天後，五十名自稱「人民議會」的西藏官員聚集在布達拉宮下方的雪村，支持起義行動。隔天，三月十三日，拉薩有史以來最大規模的示威抗議在雪村舉行。數千名藏人湧入空曠地區，為要求恢復西藏獨立的演說者歡呼。當中國政府開始從軍械庫分派武器出來時，局勢變得益發緊張。解放軍開火恫嚇群眾。乃瓊神諭告訴達賴喇嘛，留在宮殿裡不再安全，當天晚上，達賴喇嘛喬裝成俗人逃離西藏。一群經過精挑細選的康巴戰士幫助他逃離宮殿，繞過了憤怒的示威者和中國軍隊，護法似乎小心翼翼地守護著他們。

　　拉薩居民得知達賴喇嘛失蹤後悲痛不已，懷疑他被綁架了。人民解放軍向這座城市發動大規模的鎮壓行動，經過三天密集進攻後，中華人民共和國的國旗在布達拉宮的屋頂上飄揚起來。周恩來宣布起義行動讓《十七條協議》失效，從此中國不再受任何協議約束。群眾激憤的心情燃起，隨時準備赴湯蹈火。

深淵中的西藏

達賴喇嘛於三月三十日抵達印度，在接下來的幾周和幾個月裡，數千名西藏同胞，包括祖古、喇嘛和游擊隊紛紛追隨達賴喇嘛的腳步，放棄與中國龐大勢力對抗的希望。

達賴喇嘛、噶廈成員、其他宗教領袖與權貴人士的出走，使得國家權力中心呈現真空狀態，中國領導階層在無需擔心敵對勢力的情況下，順勢佔據了西藏政府。名義上西藏雖由西藏自治區籌備委員會管理，但實際權力則掌握在大規模鎮壓行動後所新成立的「中國人民解放軍軍事管制委員會」手中。

班禪喇嘛是西藏僅存的傳統政教合一主要領導人，佔領者將他培養成達賴喇嘛的接班人，任命他為西藏自治區籌備委員會主任委員，但民眾非常不信任他，認為他是中國的傀儡。

直到目前為止，中國人主要都是與西藏上層統治者進行對話，但現在他們試圖透過提升平民的地位來贏得群眾支持。改朝變節的西藏人被塑造成熱情參與改革的耀眼樣板，而那些反抗者，包括大量僧人和舊時代的貴族，則遭受迫害——他們被處以虐行、監禁或送往勞改營。

（七）
中國監控之下：批鬥與思想改造

　　一座高聳的古佛塔矗立在直貢哲寺附近的河岸邊，澈贊仁波切和朗色仁波切坐在一起，看著僧侶們在河裡清洗僧袍，赭紅色的僧袍在水中漂流，將河水染成鮮血般的河道。他們尚未見到任何人影，就聽到遠方傳來騎手的聲音。通常這些快馬信差會在馬韁繩上繫一個小鈴鐺，防止他們在漫長旅途中不慎睡著。這名信差遠在聲音可及之處，便勒馬向洽佐大喊：拉薩市已被中國人砲擊佔領且達賴喇嘛也已失蹤，隨後掉頭就走，前往更遠處傳達訊息。

　　僧人一臉茫然。他們只有偶爾才會見到人民解放軍，因為軍隊有時會經過直貢地區。除了拉薩地區和與反抗軍作戰的地方，西藏其他地方幾乎沒有太大影響。

　　寺院召開了會議，並在主殿進行食糰問卜，結果顯示應該留在西藏。寺院僧官們決定遷往直貢地區的行政中心——直貢宗，並派人去拉薩接回正在拉薩參加重要法會的瓊贊仁波切・確吉拿瓦。直貢宗三尊護法神殿裡，日夜不停地持誦著祈願文，一些僧人為了修持強大忿怒護法尊文殊閻魔敵而開始進行閉關。

圖28：直貢宗為管理直貢地區的行政中心和寺院，攝於一九四八年

　　幾天後，一群康巴戰士騎馬抵達直貢宗。他們的領袖普熱桑‧扎巴南傑是在康區領導大約二十四個部族的頭人，其家族世世代代出了許多氏族領袖、村長，以及其故鄉康區西北部許多直貢寺的法台。扎巴南傑就像許多藏東人一樣，常常與中國人進行貿易，因此對他們有些基本認識。他知道他們的意圖，也知道他們的實力。康巴人無法贏得這場戰役，但他不願向人民解放軍束手就擒，因此他帶領一隊忠貞戰士打下多場勝仗，直到解放軍出動大規模軍隊和空襲才迫使他們驅散。

　　康區人民對傳承法王的尊敬遠超過對達賴喇嘛的尊敬，扎巴南傑此刻只關心直貢法王的安危；他決心保護澈贊仁波切和瓊贊仁波切，避免他們落入中國人的手中。

扎巴南傑的軍隊縱使已精疲力盡、飢腸轆轆且負傷累累，但仍全員抵達直貢地區。他和兩位同僚先行進入寺院，來到澈贊仁波切的私人寢室向仁波切頂禮。他們在年少的直貢法王面前行大禮拜後，扎巴南傑向仁波切說明，中國人已經接管了這個國家，情況非常嚴峻、危險，因此他們來到這裡，打算護送他和瓊贊仁波切前往印度。澈贊仁波切平靜地聽著他說話，然後告訴扎巴南傑，請他和洽佐討論。

當然，洽佐並沒有打算讓法王離開。他不僅拒絕了老擦絨的同樣請求，也不會被揮舞著武器的康巴軍閥所恫嚇。他告訴他們，降神神諭建議仁波切留在西藏。於是，疲憊且對結果不滿意的康巴人只好先行離開。

根據一些後來逃到印度的倖存者描述，第二天他們再次試著與洽佐交談，這次陪同扎巴南傑一起商談的是他的兄弟扎巴確嘉和白瑪羅卓。他們表示已經不能再拖延了，因為中國軍隊很快就要追上來，但洽佐不為所動。他告訴他們，他的姪子與中國人關係很好，所以即使面對這種新的威脅，他也感到相對安全。康巴人一聽極為憤怒，揮舞著武器，大聲喊道，如果他的姪子與中國人合作，就該去死。姪子相當精明，先逃走了，懊惱的扎巴南傑用步槍指著總管的胸口，威脅著如果不讓法王走，就要當場殺死他。

仁波切在寺院屋頂透過望遠鏡，看見中國軍隊正往寺院方向逼進。身穿制服的男子騎在馬背上，後面跟著一隊步兵。漸漸地，他發現其中一位領頭的軍人正用望遠鏡觀察直貢宗。底下的房間裡傳來憤怒的聲音，仁波切派了貼身侍者下去查看發生了什麼事。洽佐辦公室裡的衝突現在來到最激烈的高峰，康巴人用槍將洽佐按在牆壁上。仁波切的侍者懇求他們釋放總管，並立即離開這裡。他們同意了，但希望在離開前能和澈贊仁波切再見一面。

仁波切給了他們每人一根「阿企針松」，這是一根開過

光的護身針，包裹在咒語和五色繫帶裡。他們在離開的時候，一名男子在門口轉過身，將他的步槍放在仁波切腳邊，做出誇張的懺悔姿勢。他說這支槍殺死許多野生動物，甚至殺死更多敵人；它是罪惡的工具，請求仁波切拿走這支槍，銷毀它，並為被它殺害的人祈福。澈贊仁波切拿起步槍，隨著康巴人往大門走去，在一處通往山谷的寬闊階梯前停下來，將步槍放在最高的台階上。對仁波切而言，這把槍看來已經很舊，也不再屬於有意願且有能力使用它的人，因而他儘管外行，這把槍卻意外地對他一點傷害力都沒有。仁波切拿起一塊他所能舉起最重的石頭，高舉過頭，用盡全力將它砸到步槍上。康巴人聽到撞擊聲，紛紛轉過身來；眾人如釋重負，雙手合十，縱身躍上馬匹，疾馳而去。仁波切飛快跑回屋頂，看著一大群康巴戰士騎著高貴戰馬，消失在雪絨山谷中。

多年後，他得知扎巴南傑和幾名部下成功逃亡，但包括其兄弟扎巴確嘉在內的許多人，卻在印度邊境與解放軍的最後一場戰役中不幸喪生。就在戰役的前一天晚上，法王向其他人展示他的保護針斷了。

仁波切在屋頂上看著中國軍隊騎著壯碩有力的馬匹逼近寺院。一名試圖逃跑的藏人被抓住、捆綁並帶走；他的西藏小馬根本無法與速度更快的中國駿馬匹敵。部隊越過橋梁，在寺院正下方的草場紮營。河的對岸，三名軍人下馬，架起三門大口徑火砲。

僧人們都很害怕，不知道解放軍是否要進攻直貢宗。洽佐下令將哈達綁在正門旁的棍子上，但中國軍人似乎沒有注意到這些。他們搭起野戰廚房，生火，煮起了午飯。洽佐和僧人們決定組成代表團與中國人交涉。他們按照傳統習俗，手持白哈達，按照級別來到軍營：首先是洽佐，然後是財務長、首席秘書、副秘書、物資小賣部長，最後是掌管寺院薪材的薪柴長。解放軍軍官要求代表團交出寺院內的所有武

器，包括每一把超過巴掌大的刀，並威脅代表團，如果被發現暗藏哪怕是一件武器，都將受到嚴厲處分。他們交出一支老步槍，以及掛在護法殿內牆上的許多劍、匕首和小刀。

當天，更多的軍隊抵達寺院，並在四周開闊的田野上搭建了許多帳篷。軍人們看來已經行軍很長一段時間；有的趴在背包上一動也不動，有的靠在村民家的牆上就睡著了，但他們沒有太多時間可以休息，因為指揮官隨即要他們去追趕康巴戰士。當地人說康巴人騎馬進入邏娑河谷（現拉薩河），但他們其實是朝反方向離開。對康巴人來說，幸運的是，解放軍指揮官相信當地人會幫助他，於是他的軍人便往錯誤的方向前去。

第二天，遠處傳來空襲警報，說明有戰機來了，大家都得立即離開建築物。澈贊仁波切將他所有珍貴的護身盒掛在脖子上，跑到寺院後面的山上，躲在一棵大桃樹後面，周圍都是驚慌失措的僧人。一架飛機接近寺院上空，繞了幾圈後，掉頭朝拉薩飛去。在它消失在盡頭前，他們聽見爆炸聲，並看見地平線上冒出火焰。後來他們被告知，這架戰機轟炸了一群逃亡的康巴人。

經過緊張卻平靜的一周後，又有一隊軍人來到直貢地區，並永久定居在寺院下面的宗雪村。解放軍徵收了當地最大的房子，將其變成地方指揮部。西藏已進入戒嚴狀態，中國軍隊將所有大寺院的僧官和洽佐關在一個房間軟禁，並開始一一清查寺院房產。仁波切的望遠鏡和七、八枚古老金銀官印都被沒收。為了搜查任何的可疑文件，寺院辦公室被翻箱倒櫃，並被貼上封條。然而，軍隊指揮官對兩位年紀尚輕的直貢法王非常尊重，兩次邀請他們一起用餐。儘管指揮官試圖讓兩位仁波切放輕鬆點，但他們還是害怕到不敢交談。飯後，他給受驚的年輕客人遞上香煙，他們拒絕了，但軍官笑著堅持，他們只好接受。

有一天，洽佐才培和一些大寺院的僧官，正要被轉移到位於直貢地區首府墨竹工卡鎮的監獄中。當村民們看見他們騎上馬時，紛紛上前將中國軍人團團包圍，懇求他們讓僧人留下來。軍人們雖然惱火，卻也沒有採取更強烈的手段，於是僧人們又被帶回寺院。

每天都有官員過來進行審問。膽怯的瓊贊仁波切經常逃跑並躲起來，因此軍人們變得更常去找澈贊仁波切加以拷問。有一次，部隊指揮官帶著另一名解放軍軍官和一名口譯員衝進仁波切房間。他坐下來，冷靜地環顧四周，吸了一口鼻煙，便傳喚寺院首席秘書和助手進來。當他們進到屋裡時，指揮官態度丕變，對著兩人破口大罵，指稱他們是煽動者，手裡晃動一捆說是具有顛覆國家意圖的信件。指揮官以中文叫罵，口譯員用藏語喊著：「這些信是不是你寫的？」見他們沒有反應，他跳了起來，用力跺腳，大聲嘶吼著，聲音響徹了整個寺院。澈贊仁波切從未見過如此令人恐懼的場面，軍官的大腿不斷抖動著，面部脹紅扭曲，表情殘暴冷酷，就像戴了惡魔的面具一樣。仁波切逃離房間，躲在露台牆後的角落裡。過了一會兒，當他聽到幾聲簡短的命令和許多下樓的腳步聲時，便小心翼翼地從藏身處爬出來，看見秘書們被綁起來，鎖在軍方佔領的一些房間裡。幾天後，他們被送往位於墨竹工卡附近的勞改營。

寺院被佔領一個月後，一群中國文工幹部和西藏支持者抵達寺院，開始進行「愛國主義再教育計劃」。所有僧人都必須反覆聽取演說，內容為告訴他們宗教都是用來欺騙和剝削民眾的手段，目的在壓迫平民，以確保特權階級的勢力。中國人在尼瑪江熱佛學院設立了地區行政機構，所有僧人都被聚集在那裡，而祖古、堪布和高階喇嘛上師則被聚集在直貢宗。他們都被迫聽取長達數小時而枯燥無味的統戰演說，並研讀共產主義文宣手冊。

每個出家人都被要求，需複述自己所吸收的內容，如果

教員們對所聽到的內容不滿意,被害者就必須忍受一連串嚴厲的斥責,包括批評其反對改革的思想、頑固落後的態度等等,並且積極灌輸其革命精神。當輪到澈贊仁波切回覆時,他嚇壞了,因為教員所說的一字一句對他來說都像是語無倫次的咆哮。他懇求里嘉仁波切幫他,但仁波切對教員所說的內容也知之甚少。當一名年輕的藏族婦女臉上帶著迷信的表情看著澈贊仁波切時,里嘉仁波切說:「他太年輕了,什麼都不懂。」藏族婦女看著受驚的男孩,原本想要做出鄙視的表情,但又作罷。她有些不知所措,但隨即轉向下一個接受詢問的僧人。仁波切鬆了口氣,直到他被告知第二天將接受訊問。他不知道該怎麼辦,內容太多了,他一個字也聽不懂。於是,他決定把其中一篇背下來,也迅速記住了內容,然而他暗自祈禱沒有人會問他內容的意思。輪到他的時候,他匆匆忙忙將自己準備好的內容從頭到尾背一遍,教員們似乎被他的行為給逗樂了,氣氛因而和緩一些,至少他們笑得很尷尬。從那時起,儘管澈贊仁波切還是得參加所有的集會,但再也沒有人問他任何事了。

　　再教育計劃持續了幾個月。雖然直貢宗裡沒有人被強迫脫下僧袍與女人發生關係——而這在其他寺院裡經常被強行實施——但許多出家人仍無法承受心理上的恐懼。他們知道自己會被關進勞改營或監獄,甚至被殺害。有些人投河自盡,有些人則設法逃走;接受思想改造的人越來越少。沒過多少時間,六十名囚犯只剩下一半。澈贊仁波切的玩伴朗色仁波切,試圖與他的親教師及另一名僧人一起逃離,他們白天躲起來,晚上才逃跑,但軍方巡邏隊發現他們的蹤跡並向他們開槍。朗色仁波切跌到山谷裡,摔斷了腿,他在被補後送往陸軍醫院接受治療。

　　一天下午,軍人們來到大殿,對剩下的囚犯進行清點。他們走時,向僧人們保證他們不會再回來,並禮貌地告別,但沒有人相信他們。資深的僧人們確信自己會被送進監獄,

於是收拾好少量行囊，穿上俗人衣服，準備離開。

　　當村民們聽說軍隊前來清點著不祥的名單時，他們成群結隊來到直貢宗，哀嚎哭泣，懇求佔領者不要帶走僧人和仁波切。中國軍人對這種自動自發的公民勇氣感到驚訝與困擾，承諾不會再打擾剩下的出家眾。但村民們不相信他們，當天晚上稍晚之時，他們檢查是否所有的僧人都還在那裡。一切似乎都很平靜，於是他們便各自返家。

　　當天晚上，澈贊仁波切從熟睡中醒來，發現諾布仁波切搖晃著他，大喊：「快醒醒！快點！軍人回來了。我們必須立即下去，不然他們就會對我們開槍！大家都已經下樓了，只剩你還在這兒！」仁波切在漆黑的夜色中，匆忙穿上他的僧袍，但是焦急中一時找不到腰帶，只得用一隻手抓著下擺。他用另一隻手扶著牆壁找到了門，跌跌撞撞地跑下了樓。他看到瓊贊・確吉拿瓦和其他仁波切及僧人站在大殿中央，像一群膽怯的羊兒擠在一起。所有人都穿著俗裝，有的肩上還綁著包袱。軍人包圍了他們。澈贊仁波切和諾布仁波切一到，軍人們就舉起了步槍，高喊著行軍的命令。大家由於內心太過害怕而身體僵硬，各個一動也不動，軍人們開始破口大罵，並用步槍揮打他們。後來，澈贊仁波切擠到最前面，開始朝士兵指示的方向走去。瓊贊仁波切跟在他後面，然後是其他人。澈贊仁波切以為他們即將被處決，心想不知道子彈穿過身體時是否會感到疼痛。他渾身顫抖，但還是繼續走下三層階梯，來到寺院的一樓。

　　寺院外面正下著猛烈的暴風雨，那天晚上的大自然也如人類一樣情緒激昂。雷聲交加，擊落的閃電映照著驚恐跪地的人，他們高舉雙臂保護自己免受怒目相視、面色陰沉的軍人所傷害。在另一道閃電中，澈贊仁波切看到洽佐才培和他的代理，雙手反綁在背後，頭部和手臂都有撕裂傷，蜷縮在牆前。仁波切還看到另外八個人站在牆前，全都雙手反綁被捆成一排。他們是直貢的官員。仁波切試圖在狂風暴雨中

拉緊自己的僧袍，分不清自己的身體是因為寒冷或害怕而顫抖。在另一道閃電的光影中，一名為中國軍隊翻譯的藏族口譯員看見了男孩，並試圖安慰他，低聲跟他說不會有事的，但仁波切不知道是否能相信他。

隨後，藏人翻譯了指揮官的簡短談話：「這十個無恥的傢伙將被關進牢房。其他人會被送去勞改營，為人民謀福利。如果他們能正確、適當地承認自己的錯誤，就能享有更好的條件，很快就可以回家，否則也會面臨和這幾個無可救藥者一樣的命運。」最後，藏語口譯員宣布：「兩位直貢祖古和諾布祖古已順利完成再教育計劃，可以回到自己的房間去。」

三人跑回建築物，激贊仁波切直衝五樓到達屋頂，試圖弄清楚下面的情況。在閃電中，他看見四周草原擠滿了準備向俘虜開槍的軍人，有些人看來是無助地在地上打滾。一聲尖銳的哨聲響起，軍隊集合，命令僧人們排成一列。在兩側都有軍人圍守的情況下，他們走下寬闊的台階，一路進入漆黑的山谷。那些試圖阻止此事的村民一覺醒來後，發現空蕩蕩的堡壘裡只剩下三名未成年的仁波切。

三個男孩相當無助。在這之前，他們的生活起居都是由侍者包辦，他們連飯菜都不知道怎麼烹煮。正當他們在討論該怎麼辦時，兩名格魯派僧人出現了——他們被派來照顧三位仁波切，但很顯然地也是為了監視他們。幸好在兩位僧人中，年紀較大的那位脾氣很好，和藹親切。他和激贊仁波切獨處時，還低聲告訴仁波切說自己是可以信任的，因為他和直貢果確仁波切有親戚關係。激贊仁波切聽到後稍感安心，但他對年紀較輕的那位僧人並沒有那麼大的信心。

他們的食物就只有青稞粉和「色瑪」（一種給馬和騾子吃的豌豆飼料）。有時村民會送來一些小肉乾條和馬鈴薯。男孩們在直貢宗裡沒什麼事可做，沒有人知道接下來會發生

什麼。仁波切們花了一些時間探索諾大的寺院建築群——其中一大部分他們以前都不能進入——而澈贊仁波切也很好奇，那間貼上新封條的房間裡藏了什麼。藏式的門都會立在高高的門檻上，而那些門檻只需要一些技巧和力氣就能移除，因此男孩們可從門下匍匐前進而不會破壞大門上的封條。但他們卻只發現一間空蕩蕩的房間；凡是有價值的東西都已被搬走，只剩下一些用來為佛像鍍金的金箔和水銀，留在一間被熏黑了的經堂裡。

在康區，人們對寺院的情感比以往更深，村民們將幾座直貢寺院內的法器、樂器等許多珍貴物品搬走，並藏匿在安全處。文革結束且管制較鬆後，人們便將這些對西藏宗教生活至關重要的物品從藏匿處帶回寺院。但直貢的情況並非如此，村民們以微薄的價格將文物賣給尼泊爾商人，什麼都沒有歸還給寺院。

諾布回到他的游牧家庭中。瓊贊仁波切陷入無精打采的憂鬱狀態，但精神飽滿的澈贊仁波切卻精力充沛，活力絲毫沒有減損。沒過多久，空蕩蕩的直貢宗就失去了神秘感，他想去更遠的地方探險。過去他一直被侍者和護衛嚴格監視，從不允許他接觸一般人或涉入他們的日常生活，如今，只有兩名格魯派僧人會跟在他後面。起初，當他到村子裡探險時，由於很多人都會盯著他看，所以感到相當害羞。村子裡仍有軍營駐紮，裡頭也有些軍人，使得氣氛多少有點緊張。許多藏人想要得到仁波切的加持，但又不敢接近他。不過，仁波切很快就習慣他們的行為，並享受著前所未有的自由。

每天，澈贊仁波切都會牽著騾子到下方的村子裡吃草，並騎上騾子到邐娑河的一條淺支流打水。冬天快來了，小溪上結了一層冰，他必須在冰上鑽個洞才能取水。然後，在兩頭騾子上綁好水桶，再牽著牠們上山。打水原本是一般僧人的工作——別說是仁波切了，更不可能是法王的工作——但他非常喜歡這個簡單的工作。他感覺自己多年來似乎被剝奪

了這些令人愉快的任務。

瓊贊仁波切從未離開過這座建築,有時他會在屋頂露台上看著他的朋友,沉浸在自己的思緒中。澈贊仁波切獨自一人四處探險,徹底探索周圍地區。住在附近的三戶人家,偷偷邀請他進到廚房,請他上座,為他斟茶。當他離開時,他們給了他一大塊肉乾,大到他幾乎無法扛走。

時不時的,會有一位身材高大的軍官拿著空氣槍來到寺院打鳥。仁波切幾乎完全不會中文,並且據他所知,他所知道的少數幾句話都是髒話。他想和軍官開個小玩笑,於是一臉嚴肅、語氣平和地用著內容也算惡劣的藏語回話,軍官以充滿鄙視和困惑的眼神看著他。仁波切熱愛生活中的每個變化,因此他甚至有點喜歡這個脾氣不好的易怒傢伙。有一次,仁波切想炫耀一下自己的敏捷身手,便爬上一扇高高的門框,但門框卻斷裂了,以致他跌到下面的石階上。還好他的傷勢不嚴重,但軍官用手勢斥責他,暗示他如果撞到了頭,就完蛋了。

有一天,赤匪嘉樂的一位信差來到直貢宗,要把仁波切帶到拉薩。直貢攝政基於其良好的人脈關係,獲得了收養這個男孩為養子的許可。仁波切簡直不敢相信自己的運氣,但同時也感到相當遺憾,因為瓊贊仁波切必須留下來。他沒有打包很多行李,赤匪甚至建議他暫時將精美的嘎烏護身盒留在他的侄子格勒那邊一段時間。仁波切直到很久以後才得知,直貢地區在他走後幾天便開始了恐怖統治,瓊贊仁波切被轉移到位於尼瑪江熱的軍隊司令部拘留。

（八）
紅旗下的學校生活

達賴喇嘛出走後不久，中華人民共和國為了提高全國的階級意識，開始實施整頓計劃。即使在偏遠的鄉下地區，人們也會被指控懷有反對革命的思想。那些從沒見過反抗份子、對發生在藏東和大城市事情一無所知的牧民，就因為他們為逃往印度的朝聖者提供了食物，也被指控為幫助和暗藏反抗分子。與此同時，在康區持續多年的破壞寺院行動，如今擴展到全國。藏人幹部經常與通敵者一起打劫寺院。無價的宗教文物被拿到國際藝術拍賣市場上，以強勢貨幣出售，價值較低的佛像被熔化，其餘大部分文物則被不加思索地大肆破壞。然而，這些政策並沒有如預期般地獲得藏人普遍的支持，反而加深了中國佔領者與藏人間的對立，形成一道無法彌補的裂痕。一九五九年，在一系列以徹底拔根與摧毀一切傳統秩序的密集行動後，藏人開始大規模逃亡。

全國各地的僧人被迫將時間花在群眾大會和公開的「批鬥會」上，而非用來學習宗教和修行。幾個月以來，寺院各處的擴音器裡播放著相同的統戰口號。當解放軍接管直貢梯寺和羊日崗寺時，一些原本來到寺院學習佛法的拉達克直貢寺僧人，儘管他們都是印度公民，卻不能離開這個國家；相反的，他們被指控為帝國主義勢力的特務，將他們像行跡敗露的間諜般關起來審訊。還好最終，在幾個月後，他們被逐出寺院並驅逐出境。在羊日崗寺，有十名拉達克僧人，其中包括東滇仁波切被關進監獄，最後被放在馬背上帶到拉薩，

接著驅逐出境。

其餘的僧人和當地居民，則被移往位於尼瑪江熱的人民解放軍地區指揮所，進行密集的政治教育和批鬥行動。首先，高階僧人和祖古必須詳細說明他們下屬平常為他們做的所有工作，證明一般僧人如何在僧侶階級制度中受到「剝削」。接著是到「人民法庭」進行可怕的批鬥會。在家俗人對著每位上師、祖古和貴族控訴其罪過，但這些控訴並非讓大家自由發聲，而是選定控訴者後，強迫他們先演練內容與動作。當然，群眾之中總是有人對被指控者懷有怨恨，共產黨這個意識形態之舉剛好為報復和清算舊帳提供了藉口。其他人則受到脅迫和恐嚇才參與批鬥的行列。瓊贊仁波切被帶到人民法庭，並被迫下跪低頭承認自己遭受指控的過失。群眾將他包圍，他的一名侍者默朗坐在前排。默朗被迫對他加以惡毒辱罵，將一頂十分愚蠢的尖頭帽戴在他頭上，並在上面寫下侮辱性的文字。群眾辱罵瓊贊仁波切是資本主義者和剝削者，向他吐口水、扔石頭，對他拳打腳踢。一些婦女脫下穿在裡面的襯裙，套在瓊贊仁波切的頭上。那些不夠用力批鬥的人則會被中國官員拉到一旁，斥責他們無藥可救，並被威脅要被送去再教育——或者被送往勞改營。

赤匝嘉樂已事先看清時代的跡象，知道如何與當權者達成協議。一九五六年，猴年大法會結束後，他離開了寺院，娶了年輕美麗的阿佳瓊英為妻，有人說她是直貢女護法阿企佛母・確吉卓瑪的化身。不幸的是，她不久就去世了。赤匝前往印度朝聖，並考慮留在那裡，但最後還是決定回到西藏。返途中，他在甘托克遇到了著名的寧瑪派大師頂果欽哲仁波切（1910-1991），便請求大師前來直貢為法王們傳授包含藏傳佛教八大實修傳承精要教導的《口訣藏》[57]灌頂。欽哲仁波切答應了，但不久後拉薩便爆發叛亂，欽哲仁波切與家人逃往不丹。西藏的宗教信仰到目前已經陷入絕境，共產黨官員以宗教委員會的高官作為交換，鼓勵赤匝嘉樂還

57　八大實修傳承（སྒྲུབ་བརྒྱུད་，『篤居給』）或在西藏盛行的八個佛教獨立教派：寧瑪、噶當、瑪爾巴噶舉、香巴噶舉、薩迦或道果、六支傳承或時輪金剛、息法或斷法、鄔金涅竹等派別。

俗。

激贊仁波切穿著在家人服裝回到他的故鄉城市，沒有隨行儀仗、也沒有侍者。這座城市和它的居民看起來都不一樣了。房子牆壁上留下機關槍掃射過的痕跡，人們臉上的神情因痛苦和恐懼而益顯緊張。仁波切得知他的家已被沒收，他的祖父也在獄中身亡。為了避免引起不必要的注意，不論是他或赤匝都沒有過問太多細節，因為深怕一不小心用錯字詞或問錯問題，就有可能引發舉報、公開譴責或騷擾。許多年前，擦絨·達桑占堆就曾將一個裝有鑽石碎片的小盒子拿給海因里希·哈勒看，表示萬一真的沒有辦法時就會吞下它們。他最後的死因，我們無法得知。仁波切並沒有沉淪在悲慘的處境中，他的想法是即使面對再大的困境，也要生存下來，不放棄尋找生活中樂觀的一面與快樂。他總是有一種特殊能力，能減少對自身痛苦的關注；當痛苦拂過心海時，他總是能夠認出它來，並讓它像過客一樣離開。

赤匝和激贊仁波切住在一間政府賓館裡，這裡過去曾是貴族帕拉家族的莊園。不久後，赤匝嘉樂被派去陪同解放軍遠征仍在反抗的康巴人，因為嘉樂既熟悉蠻荒路線，又深受鄉下村民的尊敬。後來一些藏人指責他是漢人的爪牙，但他只是配合，因為他知道如果拒絕合作的話，就會被送到鋪路工隊裡，或是被扔進黑牢中。

赤匝離開後，仁波切與赤匝的姪子格勒一起住在賓館裡幾個月。與其說他們住的地方是賓館，充其量只是委婉的說法，這棟建築物殘破不堪，窗戶破損，外牆也滿目瘡痍、佈滿彈孔。在他晦暗的房間裡，床單不僅發臭也沾滿了乾涸的血跡，仁波切寧可裹條毯子睡在地板上。儘管廚房髒汙不堪，裡面也幾乎沒有東西可以吃，但情況比他的房間好一些，所以他和格勒大部分時間都待在那裡。由於赤匝嘉樂一家並非拉薩本地人，沒有資格領取糧票，所以格勒幾乎無法取得食物。

來自西藏之心

毛主席希望中國能在一夕間變成強大的工業國家，一九五九年他發布了「大躍進」運動，迫使數百萬人（其中大部分是農民）進入工業公社。幾乎每個村莊都建立了微型土高爐，但這些以土法煉鋼所生產的鋼材毫無價值可言，許多工人因惡劣的勞動環境也生病了。在強召工人的政策下，導致農業人口變少，農業品的同期徵收額卻增加了四倍，為了向蘇聯出口肉類和穀物，以換取建造原子彈的金援。當這個國家正經歷有史以來因人為因素造成的最嚴重饑荒時，北京廣播電台卻向大眾宣說國家收成有所盈餘。在一九六一年到一九六二年間，或許估計數字會有些出入，但在中國大約有兩千萬到四千萬人死亡。

如今在西藏，所有的土地和牲口都改為公社化，產品分配改由國家控制，加上中國爆發的糧食危機，導致拉薩的糧食供應系統崩潰，類似的問題幾世紀以來從未出現在傳統體制中。在這座過去從未出現糧食短缺的繁華老京城中，手上若無珍貴的糧票，幾乎連一點糌粑粉都買不到。

澈贊仁波切每天都必須和鄰居的孩子一起，往北長途跋涉，到傑塘平原去撿拾軍田採收後不要的馬鈴薯。有時候，他們還可撿拾到由運送附近田地農作物的卡車上掉落的高麗菜。有一天，當他在藥王山上的桉樹林撿拾薪柴時，發現一些班禪喇嘛住所裡的僧人（班禪喇嘛在新的社會制度裡仍享有優渥的地位），這些僧人將乾掉的朵瑪（食子）扔給鳥兒吃，有時候也讓飢餓的孩子們吃一些。朵瑪並不好吃，而且要泡在茶裡才能食用，但它們的確是食物。

赤匝嘉樂回來後，他們搬進拉薩魯固附近的另一個臨時住所，赤匝嘉樂的女友在那裡有間房子。這是一棟簡陋的老房子，但比那間淒涼的賓館要好得多，但食物仍然非常匱乏。赤匝嘉樂基於自己的身分，必須招待許多訪客，而糌粑總是供不應求。儘管赤匝嘉樂負責的是宗教事務，但來訪者並未討論與佛法或寺院修行生活相關的事務。仁波切的印象

是，這個政府機構的真正作用，是把宗教從人們腦袋中剔除。

當赤匪不得不再次隨軍隊旅行時，仁波切搬到拉薩與嘎卓康賽家族住在一起。他們是努巴仁波切的父母，他在那裡過得相當愉快。努巴仁波切有三個兄弟，他們都喜歡踢足球。每天，他們都會和激贊仁波切的表弟晉美一起出發，前往廢棄的須彌寺大院子，仁波切在那裡首度領會到足球的奧秘。他在童年時期與哥哥、弟弟、表弟們隨便亂玩的遊戲，現在有了結構與規則。他對比賽充滿熱情，當大家都玩累要回家休息時，晉美留下來擔任守門員，激贊仁波切則毫無倦意地一直把球踢到牆壁上。

努巴仁波切就讀於附近的一所小學，那裡只教授基本的藏文字母。他曾帶激贊仁波切去學校幾次，但那裡教的東西，仁波切都已經會了。之後，所有的高階上師和祖古都被叫到「居美扎倉」（前下密院），接受與直貢類似的政治再教育計劃。他們收到許多小冊子和文章，並要求寫下自己的意見和看法。當然，他們必須提出正確的共產黨觀點，否則就會被找麻煩。像激贊仁波切這樣的年輕參與者，對佔領者的政策知之甚少，也不感興趣，他們更喜歡盯著窗外，看著熙熙攘攘的行人，羨慕那些走路上學的男孩、女孩們。激贊仁波切與他的朋友熱振仁波切和達扎仁波切——兩位先後圓寂之攝政王的轉世，以及策墨林仁波切，他們寧可去上學，也不要參加這種麻痺內心的再教育課程，男孩們詢問赤匪嘉樂，是否可以透過他的關係讓他們不要去上這些課程。

嘉樂不敢直接與中國當局接觸，但他建議孩子們寫一份入學請願書給學校，熱振的寫作能力最好，他按照朋友們嘴巴所講的，寫下一篇既內容善巧又阿諛奉承的文字，最後是這樣寫的：「我們這些署名者，因為年紀太輕而無法好好理解再教育計劃的真正意義。因此，我們懇切地提交這份入學請願書，以便讓我們能夠更有能力為自己、為政府和為人民

服務。」

　　這個策略奏效了,他們被允許上學,但朋友們各自被分發在城裡的三所學校。仁波切被分發到拉薩第二小學。他必須參加入學考試:有關數學和自然科學的考題他當然都不會。在寺院教育中,數學包含在曆算學中,而曆算學是一門複雜的計算科學,但這門學問與數學幾乎沒有共同之處。仁波切在一九六一年進入小學二年級就讀時,已經快要十五歲了,他是班上年齡最大的學生。於是,他當下決定要發憤圖強,以超前進度來念書。他永遠記得一位回族老師的建議,告訴學生們不要浪費光陰,要不斷地將時間用於學習,即使上廁所時也一樣。仁波切倚著燭光,專心一意地念書直到深夜。這些科目為他打開了全新視野:自然科學、歷史、地理、生物、藝術和音樂。所有的課程都是用藏文教授,老師十分嚴格,但不能體罰學生。在三年級學期結束前,仁波切是班上名列前茅的學生。他跳過四年級,並用半年的時間讀完五年級和六年級的教材,僅用三年時間就完成了小學六年的學習,並在一九六四年通過了中學入學考試。

　　此時,在拉薩西藏自治區人民大會堂裡召開了一場政治大會,所有的仁波切及貴族成員都必須出席。人民解放軍先前抓到強巴桑培和他兩個兒子這三個聲名狼藉的土匪。桑培與中國政府達成一項狡詐的交易,他必須來到拉薩講述自己的人生故事,證明共產主義是多麼仁慈和具有轉化力。桑培在大會中講述故事的時候經常離題,激讚仁波切卻意外地記得許多細節。這名改過自新的土匪來自那曲,從小就是偷竊慣犯。十三歲時,他作為土匪頭帶領第一次的埋伏打劫,隨後便出售奪取來的財物而賺了許多錢。一九五九年,他加入反抗軍隊伍,與解放軍發生多次小規模衝突,造成數百名中國士兵死亡。在最後一場戰役中,當軍隊包圍他們時,他的軍隊躲在山上。在唯有他和兩個兒子倖存而所有人都被殺害時,中國人向他喊話,說他已被包圍,如果此時棄械投降,

紅旗下的學校生活

不僅可以饒他一命，還會賜給他一些土地和牲口。桑培不相信他們，但他的處境非常絕望，山上沒有水源，他們只能靠宰殺岩羊，喝取羊血來止渴。他的右手臂受傷了無法活動，只能用不習慣的左手射擊，左眼瞄準。為了確保他的右眼不會誤導射擊，還用鞋帶綁成遮眼罩。當他的兩支步槍最後只剩下兩顆子彈時，他和兒子們自首了，同時納悶軍人們是否欺騙他，若果如此，他打算用最後兩顆子彈殺了指揮官。然而，他們信守諾言，放了他，並給他牲口和土地。

當他結束了誇張的演講後，一名男子站了起來，他是藏人，也是共產黨員，但他不在發言者名單上。他走上講台，向與會者介紹自己，並嚴詞辱罵強巴桑培，指責他進行統戰，散佈解放軍的謊言，試圖將自己塑造成民族英雄。兩名警衛將這位不請自來的演講者從台上拖下來，一名身穿藍色中山裝、頭戴紅色軍帽的幹部宣布下一個演講開始。仁波切對中國佔領者想盡辦法說服西藏人相信其政策的作為感到稱奇，但更令他感到不可思議的是，他們竟然天真地相信這種演講，除了他們自己之外還能說服任何人。

一九六一年二月，激贊仁波切和赤匝嘉樂一起回到直貢地區。這是他將瓊贊仁波切獨自留在那裡後第一次返回。寺院空無一人，而且靠近寺院也非明智之舉。他們前往羊日崗寺附近的小村莊烏榮，與赤匝家人一起慶祝新年。現場有藏戲和舞蹈表演，但氣氛卻相當緊張，因為當地政府官員也來了。沒有人知道誰值得信賴，誰又會向共產黨政府官員打小報告，使得原本態度輕鬆、自在、快樂的村民變得竊竊私語，交換著窘迫的眼神。由於害怕被貼上「無藥可救」或者更糟糕的標籤，沒有人敢接近赤匝和直貢法王，領受他們的加持。

在激贊仁波切的第二學年期間，他抽出時間陪著赤匝嘉樂到藏北的游牧區。赤匝嘉樂由於與新政府合作，因此財產沒有被沒收，依然獲准得以收取擁有數千隻牲口領地的所

得。每年他都會前往佃農那裡收租。仁波切十分期待探索未知的土地，而嘉樂則須仰賴他的數學能力來記帳。他們一行四人出發了，包括：赤匝嘉樂、他的侄子格勒、澈贊仁波切和一名助手。他們以游牧的方式，騎著馬，帶了六頭馱著食物和裝備的氂牛一同前行。他們每天黎明前啟程，中午時分便紮營，嘉樂到溪流取水，仁波切則負責卸下行李和照料氂牛，格勒則以傳統的方式燒乾牛糞生火，四人在吃一點糌粑和肉乾後即就寢。

這行人經過了直貢梯寺，幾天後到達吉曲上游的水源地巴嘎，一些游牧家庭在那裡紮營。牧民邀請貴賓進入他們的帳篷，對他們行大禮拜，並獻上一塊酥油和一種名為「油」的奶渣[58]作為迎賓禮。赤匝等人被安排坐在屬於上賓座位的火爐左側。牧民先為他們遞上酸奶，按照傳統，倒酸奶的時候必須從碗裡滿溢出來。而青稞粉對牧民來說不易取得，因此他們沒有很多糌粑，所以用大量的乳酪來彌補。

他們離開時，牧民再次獻上「油」。牧民贈送赤匝一匹他特別喜歡的棕色馬，格勒和澈贊仁波切則將牧民用來作為租金的乾酪打包起來。乾酪被壓成塊狀，塞入氂牛腸中密封保存，以便長期食用。當時政府允許牧民保留三分之一的酥油和牛奶收成給自己，另外三分之一付給地主，剩下的則用來餵養幼小牲畜。

旅人們繼續前行，周圍崇山峻嶺的景色轉變成一望無際、連綿天際的大草原。他們每天早上，明明都可望見目的地就在遠方，但每每經過漫長一日的連續騎行，卻感覺一點進展也沒有。旅程的前幾週陰雨綿綿，使得許多地方形成潮濕泥濘的沼澤地，對於習慣行走在高原硬地的人來說特別危險。

---

58 『油』（월지）是一種以酥油揉製而成的軟乳酪，曬乾後會變硬。游牧民族會用牛奶製成許多產品。用布將奶水過濾出奶渣片後，將乳清擠出，剩餘的奶渣在陽光下曝曬，形成堅硬的乾酪，這樣能讓保存期變長，作為冬季和旅途中的食物。剩下的乳清在煮沸後，凝結成厚厚的一團，婦女們會將其擦在臉上當作乳霜來抵禦寒冷天氣。

他們的目的地是果碓仁波切游牧家族的營地，而他的家族是該地區最富裕的一個。前世瓊贊仁波切・確吉羅卓認證果碓・昆秋涅頓為祖古，並在他完成格魯派哲蚌寺的學業後，將他帶到羊日崗寺。一九一七年，前世澈贊仁波切喜威羅卓任命他為羊日崗寺的堪布，果碓仁波切為羊日崗寺制定了嚴格的規章和結夏安居的齋戒制度。由於果碓仁波切和他的家人持續不斷地對寺院和鄰近貧困家庭慷慨布施，所以羊日崗的僧人非常尊敬他們，澈贊仁波切也非常期盼見到這個直貢人每當提到便充滿崇敬之情的著名家庭[59]。

　　果碓家族的營地坐落在一片赤地上，四周環繞著綠草如茵的牧場。黑色帳篷群佇立在一片一望無際的白色羊群海中，就像一座島嶼拔地而起。澈贊仁波切以前曾經在仲久寺猴年大法會期間和接待達賴喇嘛時見過大型的帳篷群落，但他從未見過規模如此龐大的帳篷群。果碓家族真的非常富有。眼前數千隻羊群都只是精選供以食用的公羊，母羊群則在其他地方放牧。此外，兩千頭氂牛犢和一千多匹白馬也在其他地方放牧。他們的牲口多到無法一一清點。營地裡總共有十八頂帳篷，每一頂外面都有一隻兇猛的藏獒看守。到了晚上，所有的狗都被放出來保護營地，牠們在客人帳篷四周嗅來嗅去，咬嚙帳篷木釘，還會拉扯繩索。牠們甚至把格勒的毯子從床上拉下來，在上面扭打起來。仁波切那天晚上幾乎沒睡，雖然他很喜歡動物，但對於可以離開那兒，他還是感到高興。

　　這次旅程中，澈贊仁波切了解到與他在中部西藏成長環境截然不同的生活方式：不同的家庭、不同的食物、不同的穿著和不同的習俗。仁波切對游牧民族語言的豐富度尤其著迷，許多事物都有不同名稱，這些在他所說的西藏方言中都沒有對應的詞彙。其中尤其讓他感到訝異的是，游牧民族與

59　果碓仁波切贊助了重新製作《甘珠爾》（總集佛陀「文字法教」的經典）的木刻印刷。這項工作前後花了十五年的時間才完成。他原本打算將這些經書帶到羊日崗寺，但政府要求將經書留在布達拉宮下方的雪村。如今這些經書被稱為「雪版」，許多歷史學家誤以為那些經書是受十三世達賴喇嘛委託製作的。

城市人不一樣，他們從不使用粗俗的髒話，也從不開玩笑或取笑他人。他們的內斂為他們帶來一種高貴的氣質，這是他在拉薩和寺院生活中所見到充斥欺騙與背叛的複雜世界中相當缺乏的。

連綿不絕的陰雨，讓一行人的回程變得更加挑戰。滿載重物的牲口在泥沼中掙扎前行，赤匝嘉樂無法一次帶走所有收取的東西，因為那得耗費三十頭氂牛的商隊才載運得完，因此他安排稍後再送回。他們全身濕透，連續好幾天在雨中騎行，穿越濕漉漉的沼澤地，連生火溫熱食物或煮茶都沒有辦法。格勒在他的「曲巴」（在家人穿的傳統藏袍）腰間反摺處，像對待寶物般藏著一塊氂牛糞餅，現在牛糞對他們是最珍貴的東西，這讓仁波切覺得好笑不已。最後雨終於停了，格勒細心呵護的牛糞餅，最終讓他們得以生火享用一杯熱茶。

再往前，他們還得渡過水面高漲的麥地藏布河。當他們接近洪水氾濫的河流時，仁波切騎乘的小公馬變得非常不安和緊張。由於河水漫過岸邊，他們等待了幾個小時才渡河，當一行人被河水分開時，仁波切騎乘的馬因過於激動而不受控制，向前衝進深水中。嚮導激昂的指揮聲消失在咆哮的江水聲中，馬兒在強大的水流中奮力掙扎。當他們快到遙遠的對岸時，馬的身體突然被河水淹沒，只要踏錯一步，就會徹底失去立足點。那時河床已經被洪水掏得很深，馬兒們試著跳上河岸卻失敗，再次跌落水中，並順著急流往下衝去。驚慌失措的馬嘗試第二次跳躍，又再次失敗。激贊仁波切想要自行跳到河岸上，正當他把靴子從馬鐙上拉出來時，那匹公馬嘗試最後一次絕望的跳躍。總算，馬兒終於上岸了，騎手和馬兒雙雙精疲力竭，渾身發抖。但這匹馬找到唯一可以離開深水的地方，使其他的馬得以跟隨牠的腳步上岸。回程途中，下雨依然持續不斷，大地也依然泥濘難行，這讓他們感到煩悶，但至少途中沒有其他意外發生，使得每個人都鬆了

紅旗下的學校生活

一口氣。

一九六二年五月，班禪喇嘛強烈抨擊了中華人民共和國在西藏施行的政策，此舉讓西藏人和中國人都大吃一驚，儘管多數西藏人直到很久以後才明白（如果有的話）他的勇敢之舉。在公開場合中，班禪喇嘛似乎支持中國的政策，而他透過政府管道為捍衛西藏利益所做的努力，也絕大部分不為他的同胞所知。

由中華人民共和國所提攜的班禪喇嘛，提出這份徹底且詳細的批評，震驚了共產黨。雖然毛澤東和黨的新領導階層才剛實施鼓勵建言的新政策，但他們萬萬沒有想到會出現這麼一份嚴詞批評的文件，被稱作《七萬言書》[60]。此建言書說明了中華人民共和國對西藏管理不善，推行毀滅性政策的悲慘記錄。一位從未被懷疑會持有這種觀點、更不用說有勇氣說出這些觀點的人，清晰、公正地闡述了中國在西藏的管理情形。這是到目前為止，對中國西藏政策最犀利、最詳盡的抨擊，其中包括對開放宗教自由的強烈呼籲。毛澤東非常憤怒，稱這份請願書是「指向中國共產黨的毒箭」。

表面上看來，有一段時間，中國面對如此大規模的抨擊似乎無動於衷，但實際上，當時黨的領導階層正忙於彌補「大躍進」運動所造成的嚴重經濟衰退。一九六二年十月中印邊界發生衝突，解放軍迅速重創印軍，大大地提振國內的民族士氣和愛國熱情。在這之後，印度便開始關注西藏流亡社區，支持中央情報局培訓和援助西藏自由鬥士的秘密計劃，並允許達賴喇嘛在達蘭薩拉建立流亡政府。

與此同時，澈贊仁波切正尋找適合自己的運動來發揮他的體能、敏捷度和爆發力。他獲選進入一支十八歲以下的運動隊，代表拉薩參加與日喀則和昌都這兩個大城市的比賽。他在短跑、鉛球、鐵餅、標槍、跳高、跳遠等多項田徑運

---

[60] 三十五年來，中共未對外公開此《七萬言書》的內容，直到一九九六年，西藏資訊網（Tibet Information Network）取得了中文版，並在兩年後發表了英文翻譯。

動中表現都非常出色，最後獲得二十幾個獎項，甚至拿到全國第三名，並創下了西藏擲鐵餅記錄。他收到一張帶有毛澤東肖像和中國印璽的證書，這是一張很有用的憑證，證明自己是相信愛國革命教育具有優勢的人，且理當受到尊重與配合。此外，這張憑證也是面對攻擊宗教和貴族代表時的護身符，其重要性在班禪喇嘛逐漸失寵後越趨重要。在另一次針對共產黨和政府的肅清行動中，毛澤東下令消滅一切反動勢力，班禪喇嘛現在被貼上「走資派」的標籤，並且首次未被邀請參加於一九六三年夏天舉辦的中國國慶。最後，在清除班禪喇嘛最重要的支持者後，他被指控為阻礙社會主義改革行動者，並逐漸被架空。

　　澈贊仁波切受到宗教事務委員會的徵召，參加一場與其他祖古和喇嘛的會議，為一九六四年的祈願大法會做準備。此時的情勢非常緊張，因為西藏宗教領袖如今成為焦點，而果確仁波切曾告誡過他這一點。果確仁波切剛從北京的「中央民日洛扎」（中央少數民族學院）完成學業回來。他和赤匝嘉樂都是中國人民政治協商會議西藏委員會的成員，果確為仁波切和赤匝嘉樂安排了一個住處，與他們夫妻一同住在提供西藏委員會官員居住的公寓裡。

　　有一個星期天，赤匝陪同中國軍方出門，果確正在一樓的公用電話講電話，他用中文講了好幾個小時。掛斷後，果確把澈贊仁波切拉到一邊，告訴他自己要離開拉薩去探望家人，並且力勸他不要參加任何宗教事務委員會的活動。他告誡說：「想盡辦法讓他們把你踢除而不用參與相關活動。如果他們叫你去，你一定要拒絕。讓自己看起來比實際年齡小，然後繼續上學！記住我的話！」然後他堅持要求仁波切不要告訴任何人他們的談話，尤其是赤匝。

　　澈贊仁波切信任他。果確熟悉中國政治，並且對於近期針對宗教代表所發布的更嚴厲新政策也非常了解。他想要保護仁波切避免被捲入恫嚇、暴力與誅除的風暴中，雖然仁波

切對這個警告的具體內容一無所知，但他深信果確的建議不應該受到忽視。

果確將一把官方發給他的老式英國步槍揹在肩上，帶著妻小離開了。澈贊仁波切並不知曉，他們實際上是在逃亡，卻在邊境被攔住了。果確的妻子出身貧困家庭，因此在共產黨統治下享有較高地位，幾個月後就被釋放了。仁波切後來曾看見她帶著年幼的孩子在拉薩街頭販賣火柴。由於意識到若被人看見與她說話，可能會被視為「反叛分子」，他便迅速躲進一條小巷中。

仁波切內心謹記著果確的警告，帶著沉重的心情，參加了規定中部西藏所有祖古和宗教領袖都必須參加的祈願大法會會議。會議由坐在中間的格魯派措康喇嘛主持；他旁邊坐著一位中國軍官，然後是一位翻譯。仁波切既沒遵守要求穿著僧袍的規定，也沒按照座位順序入座。他在靠近門邊的位置坐下，無精打采地盯著天花板。官員看不慣他無法無天的行為，怒氣沖沖地往他的方向瞪著，並向翻譯嘀咕了幾句。翻譯問仁波切既然赤匝嘉樂收了政府的錢，說會妥善照顧他，為什麼還穿這麼破舊的衣服。事實上，仁波切那時從未穿過新衣服；衣服如果破了，他都是用補的。他挑釁地回答說，自己是遵守政府最近所推行的「提高生產力、減少開支」運動原則，他不想浪費任何東西。赤匝嘉樂盡力提供了衣食，但他自己也必須牢記政策活動。當翻譯說出他的答覆時，大廳裡一片寂靜，其他祖古對他的無禮回應都面面相覷、不知所措。後來，他被下令必須在參加祈願大法會時剃光頭並穿上僧袍——中國人稱之為「喇嘛服」。澈贊仁波切依然十分固執地答覆道，既然共產黨說宗教自由，且又受憲法保障，所以參不參加祈願法會是他的自由。中國官員氣得滿臉通紅，嘴裡咕噥著幾句話，便逕自開始會議。

中國政府最關心的似乎是控制，就像毛澤東所形容的那樣，共產黨將宗教視為「毒藥」。但與其完全消滅宗教，他

們更打算將宗教形塑成空洞的民俗文化，或者利用它來為其政治目的效力。

會議一結束，其他人都匆匆離去，只有激贊仁波切逗留在門口。中國官員走到他身邊，用手指敲了敲仁波切的頭，有點惱火，但更訝異於他竟如此大膽。他咕噥了一句「頑皮的孩子」之類的話，就笑著離開房間。這次事件後，當局不再要求激贊仁波切參與宗教事務委員會的活動，因為他顯然已經非常成功地完成了再教育，並且早把共產主義價值觀內化了。

班禪喇嘛的命運早在他重提請願書的抨擊前，就已經註定了，這一次是發生在祈願大法會期間對一大群拉薩聽眾演說的場合。演說結束時，他將達賴喇嘛形容為自己「今生與來世的皈依處」。不久之後，一九六四年九月，在西藏自治區籌備委員會第七次擴大會議期間，他受到了審判，指控他密謀反革命行動，並分別在拉薩和日喀則設立了公開大字報，將他被指控的罪行證據一一公告周知，他甚至被指控在他的寺院後方建造一個秘密兵工廠。學童、工人組織、居委會成員都被帶去參觀那些指控海報。群眾可能不會被這種大字報所說服，但他們卻獲得一條潛在訊息——那就是：恩惠與特權來得快，去得也快。

班禪喇嘛在狠毒的批鬥中受盡折磨，但他堅決不承認自己的罪行。他被關進監獄，直到一九七七年才被釋放。

一九六四年，仁波切進入西藏唯一的中學——布達拉宮後面的傑惹林卡中學（拉薩中學）。這所中學是中國在西藏推行教育政策的示範學校。精心挑選的教師多數是漢人，僅有少數非常優秀的藏人教師，其中包括於一九五八年出版一本至今仍受高度評價的《藏文同音字典》作者澤旺朗嘉。

班級裡有男生也有女生，但彼此間很少交談，藏人和漢

人也受到嚴格區隔,這使得藏人和漢人間根本無法建立起友誼。他們被分配在不同班級、不同宿舍、不同廚房,甚至連吃的食物也是不同的。漢人學生吃的食物主要是白米飯和麵食,藏人則主要吃糌粑。學生們每月會配額一次定量的肉以及一些蔬菜,作為每週六園藝工作的補償。食物的分量經常沒辦法吃飽,尤其是像澈贊仁波切這樣的運動愛好者,需要高熱量的飲食。但他們的確喝了很好的茶。解放軍在搜查布達拉宮的貴重物品時,發現大量在他們眼裡毫無價值、不能飲用的茶磚,其中一些茶磚被送往學校,讓學生們得以享用最上等的紅茶。 。

宿舍很簡單,一間小房間裡擠了十五到二十名男孩,他們的日常生活受到嚴格管控。每天清晨,一陣刺耳的鈴聲響起,學生們必須趕緊著裝,到操場做早操。之後,用水桶裡冰冷的水洗澡。吃飯和上課的時間都很緊迫,學生們總是受到嚴密的監視和管教。每週都會進行一次全校五百名學生的大型集會,在台上對個別學生或整個班級進行表揚或批評。凡是被指控行為不當的人,都必須在大會面前站著,發自內心低頭聆聽別人講述自己的錯誤,然後懺悔。

仁波切開心地發現在他第一學年的課程裡,首次出現了密集的中文課。學生們被要求在很短的時間內學會三千個漢字,一年之後他們的漢語說寫能力比先前上常規中文課程的班級還要好。他們的老師莫漢*對仁波切考試總能獲得九十八、九十九分感到驚訝,仁波切則將此歸因於他對學習語言的極大興趣。

一九六四年初,西藏人民被要求提高其階級覺悟。在中國,這項運動的目的主要在於肅清共產黨機構,但在西藏,傳統領導階層成為目標,使得舊時期的社會階級完全反轉,但民眾的階級劃分仍然不變。過去的農奴和貧困家庭出身的孩子現在成為特權人士,尤其是如果他們加入只對其開放的共青團,則地位更高。其他學生每個月必須支付十五元的食

宿費用，但他們完全免費，畢業後也可以在共產黨和地方行政部門獲得最好的職位。他們成為新興的菁英階級。

反轉的階級制度有時會變得相當奇怪且讓人困惑。有一次，赤匝嘉樂給了澈贊仁波切一些錢，他將其藏在枕頭下，但隔天早上，當他做完早操回來宿舍時，錢就不見了。由於他沒有錢付食宿費，只好向班導報告此事。全班召開了一次會議，並且迅速發現，偷錢的是那天早上假裝生病躺在床上的男孩。他當著全班同學的面，承認了自己的罪行，多數學生都認為事情已經解決。但老師用共產主義的激辯法讓局面反轉，把受害者變成了加害者，然後讓學生們探討結論為何。許多人認為責任一半是仁波切的，一半是小偷的，有些人則傾向於是小偷的責任，還有些人認為全部都是仁波切的責任。老師巧妙地引導討論，到最後變成仁波切是唯一真正有罪的一方：首先是他把錢帶到學校因而造成了偷竊行為。真正的問題出在，仁波切受資本主義上層階級心態所影響的這個「事實」。因此，應該公開認錯的不是小偷，而是仁波切，他必須在老師和同學面前承認這個結論是唯一正確的。

到目前為止，仁波切已經非常熟悉這類的誹謗遊戲，他負責任地站起來，臉上帶著最深切的懺悔表情，承認這一切都是因為他的錯誤而發生的。然而驀地之間，一名女學生站出來為他辯護，表示不論在任何情況下，偷竊都是不對的行為，應該受到譴責。儘管老師似乎贏得這場口水仗，但她的英勇之舉還是獲得學生們的驚詫與敬佩。當仁波切的支持者想要再次討論時，老師直接忽視她的抗議，並突然要求澈贊仁波切結束會議，認為既然事情已經解決，就無須再爭論了。

儘管社會上情勢相當緊張，但仁波切的中學時光卻很充實。他有幾個要好的朋友，由於為人穩重且勤奮，多數的老師也都對他十分器重，他也相當樂衷於運動方面的表現。一九六五年，他代表學校足球隊參加慶祝西藏自治區所舉辦的

大型比賽。

那年七月，拉薩市的商店裡開始擺滿多年未見的食品和商品，整個拉薩市被妝點得光彩繽紛，好讓首次訪問這座城市的外國記者留下深刻印象。慶祝活動的繁複準備工作，持續進行了好幾天。一九六五年八月二十九日，來自北京的重要政治領導人在街頭遊行，接受人民的歡迎，身穿藍色工裝的藏人盡責地在街道兩旁歡呼。九月一日，西藏自治區第一屆人民代表大會在新落成而隸屬布達拉宮的工人文化宮召開，阿沛被任命為西藏自治區人民委員會的首任主席。阿沛在為共產黨服務多年以來，於藏人眼中毫無政治誠信可言，但他的任命是為了證明國家政治也有藏人積極參與。

圖29：一九六五年，澈贊仁波切（前排最左邊）與代表西藏自治區的拉薩中學足球隊合影

來自西藏之心

　　對仁波切來說,最重要的事件是在新體育場舉行的盛大足球比賽,這座體育場是囚犯建造的。首先,共有四支代表隊參賽,一支來自解放軍,一支來自築路工人,一支來自拉薩市政府,另一支代表西藏自治區。獲勝隊伍隨後將與西藏唯一的職業隊進行表演賽。澈贊仁波切和他的幾位同學,以及幾位新聞界的人士,都參加了代表西藏自治區的這一隊。

　　解放軍隊伍有六個月的訓練時間,加上擁有最好的糧食和訓練設施,反觀仁波切和他的隊友只能利用三個月沒有上課的期間練習,訓練設施也很簡陋。但儘管如此,他們不僅進入了決賽,還擊敗了中國解放軍隊,這讓西藏觀眾興奮不已。他們最後贏得能與職業隊交手的榮譽。決賽進行時,看台上擠滿了人,一同觀賞這場非比尋常的比賽,澈贊仁波切在延長賽時踢進精彩的一球,為他的球隊贏得了勝利。仁波切回憶道,這是他一生中最好的一場比賽;後來,他贏得了「黃金腳」這個綽號。

直貢梯寺。攝於一九四八年　　直貢梯寺。攝於一九八三年

（九）
殘酷劇場：拉薩文化大革命

一九六六年五月二十九日，北京清華附中的一群學生創立了第一個紅衛兵組織。他們是毛主席的狂熱擁護者，誓言效忠追隨他的路線。隨著年輕一輩在日益強大的洗腦教育下長大，類似的團體也在全國各地的學校和大學中出現。他們所受的教育強調要崇拜與服從權力，而非培養思辨能力，如今他們已準備好大展身手，讓自己變得更有影響力。儘管學生的行動亂無章法，但卻是一股不可忽視的力量，多數當權者都不知如何處理他們。

劉少奇主席（1898-1969）試圖鎮壓混亂且不可預測的學生團體，卻沒有任何效果，反觀毛澤東卻抓住利用年輕人龐大力量的機會，實現自身目的。他積極拉攏激進青年，譴責劉少奇阻擋學生的革命熱情。在八月一日召開的第八屆十一中全會[61]上，毛澤東獲得重新掌權。幾天後，他發表了一篇具決定性的文章，名為《砲打司令部》。八月八日，中全會通過了《關於文化大革命的十六條決定》，一場反對黨內大佬「走資本主義路線」的運動於焉正式展開。林彪成為中共第二號人物。

毛澤東巧妙且成功地將政治角力舞台，從檯面下的黨路線之爭，變成誰擁有比較多的群眾支持，而這方面他本無任何優勢。一九六六年八月，一百萬年輕人在天安門廣場熱情為毛澤東歡呼，多數年輕人似乎並非真的為支持他的思想而來，而是為了感受並展示年輕人自己的力量前來。學校、大

61　中國共產黨中央委員會每屆任期所召開的全體會議，是以連續編號來註記。一九五六年至一九六九年期間，第八屆中央委員會總共召開了十二次全體會議。

學、企業和工廠都停擺了，好讓學生們可以前往中國各地與其他紅衛兵串連、交流。在一個數世紀以來一直尊崇孝順父母、長幼有序的國家裡，毛澤東贊同推翻傳統價值觀：他允許他的青年支持者，甚至鼓勵他們反抗，尤其是打倒傳統、父母和上級，並明確允許暴力行為——於是，文化大革命就此展開。

紅衛兵在國內造成人心惶惶，所到之處留下血跡斑斑。他們不是闖入民房抄家，強迫人民承認「資產階級」的錯誤，就是在街頭毆打、羞辱、逮捕人們。紅衛兵創造了比以往更極端的批鬥方式，不論在身體或精神上的凌虐，都比過往還要殘暴。一群年輕人在街頭四處殘忍地折磨、肢解或處決人們的景象，成了紅衛兵的日常。

早在一九六六年二月，西藏就可以嗅到文化大革命的煙硝，而當年也因此首次停辦祈願大法會。一九六六年五月，共產黨在拉薩成立了文化革命委員會，命王其梅為主任，其曾在一九五一年解放軍攻打藏東期間與阿沛進行談判。革委會針對舊思想、舊文化、舊風俗、舊習慣而推動了「破四舊」運動，但此時紅衛兵發起的激進行動並沒有立即波及西藏。七月份，西藏自治區共產黨仍發出傳統夏季野餐邀請，這個習俗是從舊西藏政府延續下來的，其中也宴請了贊同共產黨路線的前西藏貴族。然而不消多時，這些貴族成員就被視為階級敵人和反革命分子。

一九六六年八月《十六條決定》頒布後，西藏文化大革命焦點從打擊舊有價值觀轉向地方共產黨菁英。八月二十四日，拉薩中學和師範學校成立紅衛兵組織。有些人懷疑地方的黨領導階層之所以自行設立紅衛兵團，目的是在於希望將漢人紅衛兵拒之門外，從而避免自己成為攻擊目標。但還是有一小群來自北京大學和清華大學的中國學生滲透到拉薩中學裡，召開秘密會議，成立了西藏第一個激進的中國式紅衛兵組織，招募高級官員或貧困家庭的子女為成員。在前往公

共集會的路上,可以看到他們手持自製長矛,臂上繫著紅色臂章,大搖大擺地走在路上。這個公共集會每個人都要參加,其中也包括了澈贊仁波切和他的西藏朋友。

有一段時間,地方黨的領導階層成功將文化大革命塑造成「破四舊」運動。所有與宗教相關的東西都從公共生活中消失了;達賴喇嘛的前夏宮羅布林卡宮被更名為「人民公園」,仁波切學校裡一名年輕紅衛兵原本的名字為「根延‧群培」(弘法居士),也被改名為「毛衛鏢*」(毛的捍衛者)。婦女和女孩不能留長髮,紅衛兵會強行剪掉她們的頭髮。

更嚴重的是史無前例的砸廟浪潮,幾乎所有的歷史建物、古蹟,以及任何還未遭到破壞的寺院都無一倖免。截至一九六五年為止,西藏百分之八十的寺院都已遭到破壞,剩下未受破壞的寺院如今則將被摧毀。

紅衛兵要求所有學校都得參與砸拉薩大昭寺的行動,並把所有人帶隊到寺院。仁波切和他的同伴退到隊伍最後面,但他們看到漢人紅衛兵和擋在大昭寺門口的文化廳代表起了衝突。官員們雖然能夠阻止寺院被毀,卻無法阻止暴徒對其進行掠奪。紅衛兵強行進入寺院,開始洗劫聖物,並大肆抨擊「迷信」行為。許多孩子衝進來加入他們,拆除佛龕,用繩子將神聖的佛像拖行穿越骯髒的街道。仁波切和他的朋友偷偷跑到附近一位同學的家中,從屋頂上觀看底下發生的事情。街上群情激奮的孩子們可能只是享受藉由破壞來發洩過剩的精力,但一些投機的大人們卻趁勢將無價的聖寶偷走,轉賣給尼泊爾商人。

仁波切認為,一直以來大昭寺就像在藏地上演出《人間喜劇》的寫實劇場:它是穿著皮革圍裙之朝聖者的懺悔終點,他們用身體丈量出朝聖路,在塵土飛揚中一路以磕長頭的方式來到此;它是名門巨賈較勁財富的浮華世界;它是神

職菁英舌燦蓮花的演講台；是鐵棒喇嘛的審判法庭；是短命酥油花獸的露天博物館；它是騙子、扒手逛大街的地方。在這個充滿戲劇性與傳奇故事的地方，如今成為藏人悲壯歷史的背板。該處被認為是這個國家的祖先——辛摩羅剎女的心臟，西藏的國土恰好是羅剎女的身體。藏王松贊干布將大昭寺像一把巨大普巴杵般刺進她的心臟，普巴杵是在法會中用來驅除邪惡力量的匕首。對仁波切來說，羅剎女似乎正在甦醒。曾經用來鎮住她的神聖寺院正被摧毀。她的心臟再次淌血，在仁波切國家的正中心淌血，在人們的心中淌血——就像中了邪惡的毒藥般。

　　紅衛兵闖入富人家中，將一切他們認為屬於資本主義的東西沒收。政府特地找了一個大型倉庫，專門用來容納這些從寺院和私人住宅沒收來的佛像和古物，但凡有價值的物品，都會進到國際藝術品及古物拍賣市場，最終成為西方主要公眾組織和私人的收藏品。每個人都被迫交出自己的貴重物品，但他們只會沒收涉嫌支持叛亂分子或反對共產主義者的物品，其他人則至少會獲得一些補償，儘管金額相當微薄。珍貴的物品被送到倉庫後，隨意稱重之後就扔到一旁，而它的主人只能拿到一筆象徵性的金錢，因為任何累積私人財富的行為都是有罪的。

　　不消多時，倉庫裡的文物便堆起一座大山，其中包括從周圍寺院收刮來的一些巨大佛像。最大的一尊佛像根本放不進去，只能堆在倉庫旁邊。由於倉庫四周都是濕地，佛像開始逐漸沉入地下。幾個月後，激贊仁波切只能從遠處認出一些人物的頭部和肩膀，就像悼念垂死文化的紀念碑一樣。後來，這塊濕地的水被抽乾並在上面建起了房屋。

　　沒有人敢再收藏宗教物品，赤匝嘉樂將一箱裝有金剛杵、精美舍利盒、珍貴佛像和一些佛經的箱子扔進了吉曲，他將自己僅存的法寶託付給河水，而非交給瘋狂的破壞者。赤匝嘉樂也無法倖免地，成為眾多遭受公開羞辱的喇嘛和祖

古之一。他被帶到拉薩大昭寺周邊的著名八廓街,在嘲笑的人群前遊街示眾,頭上戴著一頂白紙折成且具侮辱性質的尖頭帽,上面寫著「我是牛鬼蛇神」。

澈贊仁波切為了避免與赤匝嘉樂和其他祖古同行而受到攻擊,所以搬進了傑惹林卡中學的破舊宿舍,這所中學基本上已經停擺,老師都躲了起來,學生們則全被帶到街頭進行文革。剛開始,共產黨打倒的對象僅限舊貴族和寺院代表,但現在,連黨的忠實僕人也被帶到街上遊行示眾,任憑精心設計的「憤怒群眾」糟蹋。共產黨打著施行毛主義社會改革的幌子,實際目標則是徹底消滅西藏人的身份認同。

八廓街變成了殘酷劇場。仁波切盡量迴避,擔心自己被捲入這一連串無政府狀態的事件中。祖古和貴族被迫穿著奇裝異服,脖子上掛著木牌,上面條列他們被控訴的惡行,或者脅迫他們擊鼓,戴上象徵他們「罪行」的帽子,接受眾人的辱罵。仁波切在學校裡,被指控為階級敵人——喇嘛和貴族。他被命令要認罪並懺悔,但他回答說,他沒有什麼可懺悔的,因為他沒有犯任何罪行,如果指控他的人可以具體提出他犯了什麼罪,大可說出來。這些指控只不過是不具實質意義的意識形態口號,他們一遍又一遍地說著,每隔幾天就要開一次課堂法庭,這樣的情況持續了幾個月,但都沒有人敢對仁波切進行人身攻擊。儘管如此,他還是必須非常小心,因為告密者和眼線無所不在。他的一位老師只不過主持了傳統的新年慶祝會,就遭到批鬥,並被帶到大規模的批鬥會中,不斷盤問他拜訪了什麼人、討論了什麼事。

主要街道的牆壁上貼滿了提醒人們無產階級文化大革命「鬥、批、改」這三項任務的手寫大字報。每天都有新的指示和標語貼出,使得眾人對文革方向的了解,混亂多於清晰。紅衛兵對《十六條》背後的政治大道理並不感興趣,他們只要記住那些聽起來崇高偉大的口號,講一些阿諛奉承的話,然後以勇氣和決心付諸行動就足夠了。正因為大家實在

搞不懂「文化大革命」的實際目的為何，於是王其梅認為有必要為大家說明清楚。他召集了一次大會，包括仁波切和他學校裡的朋友，以及所有其他學生、記者、演員和共青團成員，都參加了大會。在這段期間，大家都必須每天追蹤政策調整，以免與不斷轉變的權力風向產生衝突。

共青團領袖旺都*坐在王其梅旁邊的講台上，當他一結束講話，旺都就站起來指責他是「走資派」。大家於是開始同聲譴責。王其梅用拳頭捶打桌子，大聲為自己辯護；演員們說他為西藏的和平解放做出許多貢獻，是毛主席的忠實擁護者；記者和學生們則指責他為自己謀取特權，是個自得意滿的反革命份子。衝突迅速演變成尖銳的爭辯，並在混亂中草草結束。激贊仁波切並未意識到，此刻的他正處於西藏歷史上的一個重要時刻，這一刻將對隨後的局勢產生決定性的影響。旺都在軍隊保安官的保護下離開會場，但現場的爭論依然激烈，並分裂成兩派人馬。多數學生屬於反對王其梅的陣營，他們迅速組成一個名為「堅洛」（造反派）的組織，而仁波切發現自己不由自主地捲入了這個派系。

到目前為止，西藏的紅衛兵大多由狂熱的西藏青年所組成，他們強烈主張徹底打倒舊社會，推動社會革新，是毛澤東的忠實擁護者。但事實上他們是將多年來遭受佔領者羞辱的怨恨與敵意，和毛澤東思想結合在一起，藉機攻擊拉薩中國當局。

一九六六年十一月，首批漢人紅衛兵從北京抵達西藏，擴大支持王其梅和旺都兩大派系間的衝突，雙方的鬥爭起初主要侷限在拉薩街頭張貼互相指控的大字報。有時，一方的大字報膠水還沒乾，就被另一方貼上了另一張大字報。紅衛兵派激贊仁波切和他學校裡的朋友出門幫忙跑腿、傳遞信息、抄寫敵營宣傳文字等。有一次，仁波切的一個同學，他是紅衛兵的擁護者，要求仁波切出門的時候帶梯子去，把大字報貼得高一些，這樣就不容易被蓋過去。由於獨自一人前

往緊張的拉薩街頭並不安全，於是仁波切回答說：「何不我們一起去？」他的同學憤怒地回擊，於是兩個血氣方剛的男孩最後扭打在一起，還得出動其他同學把他們兩個拉開才行。最後，大家都不再上拉薩街頭了，整座城市也隨之關閉。空蕩蕩的街道幾乎看不到一個人影，甚至在這詭異的寂靜中，連一條狗也看不到。

一九六六年底，群眾對毛澤東的個人崇拜愈演愈烈。每個藏人家中的佛龕上，原本擺放佛教本尊的地方，如今換成毛澤東的肖像，相框四周圍繞著觀世音菩薩心咒「嗡嘛呢唄咪吽」[62]，並燃起閃爍的酥油燈。這種崇拜不僅可被接受，而且是被要求的。

為了將文化大革命的熱度傳播到全國各地，毛澤東指示紅衛兵四處走訪與其他學生串連。他還邀請學生前往北京與他見面，仁波切的學校裡也有四名學生被挑中一同前往。澈贊仁波切和他的許多中學同學，總共二十多人，決定也從拉薩徒步前往北京。仁波切對這個計劃充滿熱情，因為這不僅能幫助他逃離拉薩日益恐怖的環境，還可以親身參與一場充滿挑戰的長征之旅來測試自己的體魄。這些年輕人向地方政府提出他們的計劃，並獲得了三個月的糧票。仁波切的同學桑天是團員裡唯一的紅衛兵成員，也是這一團的領袖，而他的叔叔是共產黨員。他身上帶了一封官方信函，說明他們的意圖並請求提供協助。

他們在十二月的某一天出發，由於身上背負了很重的食物和衣物，他們只走了二十公里。隔天，他們將部分行李減輕後，一天就走了四十公里。他們到了墨竹工卡後，沿著公路往東來到日多鄉，在那裡休息了幾天，把走得又酸又痛的雙腿泡在附近的溫泉裡。如果從這裡沿著一條狹窄小路往前走，然後再穿越三座高山隘口，就會抵達拉姆拉措湖，也就是赤匝嘉樂看見仁波切出生地淨相的神諭湖。一些學生的腳上起了大水泡，需要在沿途的村子裡停下來接受治療，但沒

62　觀世音菩薩（ཐུགས་རྗེ་གཟིགས།，『間仁系』，梵：Avalokiteshvara），懷有大悲心的菩薩。

有人想要放棄。途中時不時有卡車停下，每當司機問他們要去哪裡時，學生們回答：「去北京！」時，對方總是抱以難以置信的笑聲。

當這群旅人翻越高海拔的貢布巴拉積雪山口時，天氣雖然晴空萬里，陽光普照，卻不足以讓他們感到溫暖。下山後，他們經過澈贊仁波切小時候曾經接待過達賴喇嘛的地方。當時那個營地對他來說就像一片遼闊無比的田野，但此刻對於一個二十歲的年輕人來說，這裡卻顯得又小又窄，彷彿整個世界都縮水了。這不禁讓他體會到人們的心識如何根據自己身體的大小來建構整個真實世界，而這個真實世界的廣度全憑自心的寬廣或狹隘程度而定。

他的朋友攔下一輛卡車，載他們到工布鎮。感謝南方的潮濕空氣，使這裡的氣候暖和一些。他們繼續前進，在嘎讓度過一夜後，身上的推薦信讓他們得以乘坐軍用卡車直接前往八一鎮。這個城鎮之前原本只是一座幾戶人家的小村莊，但在一九五一年人民解放軍搬來這裡後，開始造橋鋪路，發展了許多建設與計劃，並以中國人民解放軍建軍日期更名為八一鎮（八月一日），如今已發展成一個工商重鎮，擁有一間西藏最大的軍醫院，以及一些讓人聞風喪膽的勞改營。桑天跟卡車司機胡謅說他們都是紅衛兵，讓他們獲得認可，當天晚上得以睡在軍車停靠站，還享受了一頓美味晚餐，不用耗費珍貴的糧票。

一名解放軍軍官詢問來自拉薩的年輕人，是否可以表演一些歌唱舞蹈，來幫醫院裡的傷兵加油打氣。學生們完全沒有準備，但有些女孩會唱歌跳舞，有些男孩會演奏現場有的樂器。仁波切則負責吹奏藏語稱作「鈴布」的笛子。大廳裡擠滿了傷兵，大家歡聲雷動，要求加演。但學生們已經把所有會彈奏的曲目都拿出來了，只好重頭開始再把所有歌曲表演一遍，讓觀眾們開心不已。

第二天，部隊將軍邀請大家到他寬敞的房子作客並聽取一場演說。他讚揚他們的奉獻精神和同志情誼，說年輕人能追隨毛澤東的思想，幫助國家發展是多麼美好的一件事情。澈贊仁波切發現他非常善於贏得年輕客人的青睞，透過講述一些在森林中有關土匪和野生動物的刺激故事，便可獲得他們的信賴與欽佩。在他演說完畢後，他給了他們一些建議，說道：「在中國，一切都是紅色的，連原本代表通行的交通號誌都從綠色改成紅色的。加入紅衛兵是個很好的決定，但切忌凡事不要過頭。」

隨後，他們參觀了鄰近城市娘池（林芝市）的一家紡織廠，工廠裡有上海來的全新機器，生產用來出口的羊毛毯。這間工廠是當時西藏最現代化的一間企業，而它就像所有重要的生產基地一樣，全都由解放軍所控制，不過並沒有讓這群年輕人曉得這一點。當時澈贊仁波切並不知道，在同個時間，瓊贊仁波切正在工布地區的某個地方為一家木材加工廠砍伐樹木。那些在樹林和工廠裡工作的工人，都是在非人道環境下工作的勞改營囚犯。根本無法得知有多少人死於勞改營，許多人就這樣平白無故地消失了，連一點記錄都沒有。有一次，瓊贊仁波切的頭被掉落的樹枝擊中，受傷非常嚴重，並被送往學生們表演節目的那一家醫院。他的獄友們相信，他之所以能夠活下來，是靠著他的神通力和祖古身分的保護。

仁波切和其他四個體能較好的人，提前到色基姆*山口探查一條可以翻越山口的捷徑，因為如果按照正常山路行走的話，大概要好幾天才能翻過這座山。先發部隊凌晨三點開始登山，濃密的森林生長在沼澤地上，他們得穿越腐木、溪流、傾倒的樹木以及陡峭的懸崖。四周都是茂密、高聳入雲的參天古樹，以至於天亮了也看不清太陽從哪裡升起。他們越往前走，腳下的土地就越硬，氣溫也變得冷冽刺骨，雪地上還出現了令人不安的熊腳印。到了接近中午時分，他們

一行人有三個人明顯落後了，於是仁波切和另一人繼續往前走，並在隔天比其他人提早幾個小時抵達山口。大家都精疲力盡，開始覺得這趟旅程非常艱辛。

接下來的旅程，他們幾乎全都坐在卡車上穿越美麗的朗曲河谷，山谷裡開滿了杜鵑花和映山紅。他們在荒涼的白瑪待了幾天，這個地方到處都是紅土，毫無農作物生長，之後便繼續前往康區。首府昌都市坐落在湍急的雜曲河和昂曲河（湄公河上游）江水匯流處，四周有三百六十度的群山環抱，這樣的地貌美得令人窒息，但城市本身卻醜陋陰沉、毫無特色。學生們於一九六七年一月抵達昌都市，投宿在一所公家旅社中。這座城市不斷有年輕人來來去去，有些正要前往北京，有些則剛從北京回來。仁波切和他的朋友們也想繼續上路，但他們需要交通工具，所以他們自稱是紅衛兵，肩負參加愛國鬥爭的使命。三個禮拜後，政府發給他們一輛卡車使用。有些女孩決定留在昌都，其他大約二十個人則前往中國四川省的省會成都。

他們一行人原本打算繼續前往北京，但身上帶有官方推薦信的桑天決定走到成都就不走了，因為他愛上了一個住在昌都的女孩，一心只想趕快回昌都。但他們還是在成都待了一會兒。那是個骯髒的地方，天空經常灰矇無光，整座城市到處都是燃燒劣質燃料所產生的惡臭濃煙。街道上擠滿了人，每個人都在趕路。擴音器不停地大聲放送，到處都看得見紅衛兵四處抄家，往窗外丟棄所謂的「資產階級的垃圾」──古董家具、瓷器、繪畫、西洋樂器、古老佛像，以及在大街上欺負老人。他們把一盞沉重的水晶吊燈掛在一個人的脖子上，然後把他踢進水溝裡。這就是全面展開的文化大革命。

這群西藏青年最近看了一部有關革命烈士與國民黨打仗的中國統戰片，影片描述一些勇敢軍人在敵人陣營裡打贏了幾場游擊戰的故事。如今，在這座充斥暴戾、陌生醜陋的城

市裡，仁波切和他的朋友也把自己想像成使命必達的英勇戰士，決定不說中文，要像軍隊一樣同進同出。城市裡的廣場正進行一場大型集會，仁波切和他的同伴決定突破人群直接走過去。他們利用豐富的藏文語彙，講一些逗兇鬥狠的粗話來嚇唬中國人，比如：「閃邊點，不然我們就把你的肋骨從右邊換到左邊！」中國人聽不懂這些身材壯碩、孔武自信的西藏青年嘴裡在說什麼，但他們覺得非常嚇人，於是紛紛讓路。人群退到兩邊，讓他們走過去，中間凡是遇到不讓路的人都會被推開，或是被拔刀恐嚇。

但後來他們遇到一群年輕漢人，取笑他們說西藏落後還未開化，西藏人沒見過世面。有一名軍官兇狠地問他們是否聽說過毛澤東，但他們不肯回答。等到另一名漢人學生問他們是否喜歡毛澤東時，桑天突然大喊道：「當然！我們非常敬愛他，所以才會成為紅衛兵！」然後他開始歌頌西藏，讚歎這片土地擁有豐富資源，種種黃金寶物，還有許多美若天仙的女孩兒。桑天深知如何引起中國學生的注意，並向那位驕傲的軍官保證，如果對方隔天去他們的旅社找他的話，肯定會為他介紹一位非常漂亮的西藏女孩。第二天早上，當這位軍官帶著幾名同志到他們住的地方時，桑天開始用紅衛兵幹部慣用的激進法批鬥他，對他大聲朗誦毛語錄，說他有資本主義心態，滿腦子資產階級想法和女孩。這名年輕漢人軍官在桑天的長篇大論下崩潰了，只得低下頭，順從地承認自己的行為是錯誤的。

整整三個星期，這幾個西藏人在這座呈現無政府狀態的超現實世界城市中自得其樂。他們之中有些人仍想要去北京。雖然他們已經拿到了回拉薩的巴士票，但他們認為或許可以跟那些預定要去北京、但也想去西藏的中國學生交換車票。不過此時成都市的局勢已變得非常緊張，解放軍不得不介入以避免情勢完全失控。大街上到處都有人被逮捕，而仁波切和他的同伴也被中央政府下命，坐上回家的巴士。

來自西藏之心

　　返回拉薩的旅程花了兩週的時間。途中，澈贊仁波切感覺這場惡夢更加真實了。只要有人的地方，就有更多的軍人。由於軍隊把通往某些城市的主要幹道封鎖住了，巴士經常得停下來，或繞行路況極差的遠路。軍人無所不在，他們在路邊恐嚇群眾、大聲斥喝，或在路上行軍、逮捕民眾，被抓走的人實在太多了，多到難以想像，要到哪裡找那麼多的監獄和營地來容納這些人。

1. 攝於一九四八年的羊日崗寺。　2. 羊日崗寺軍部隊攝於一九八三年

（十）
理智之死：紅衛兵，造總與大聯指

　　當這群學生在旅行的同時，西藏局勢也變得越來越嚴峻。先前批鬥王其梅的派系裡，有些激進成員對中共高層以犧牲基層幹部的方式來安撫青年紅衛兵感到不滿。他們點名總司令張國華是頭號修正主義者，儼然在西藏當土皇帝。張國華曾在一九五〇年，率領中國人民解放軍攻打西藏，後來被任命為中國共產黨西藏自治區委員會第一書記。一九六六年十二月二十二日，約莫有六十個團體聚集在一起，其中多數來自中國紅衛兵，他們自稱為「堅洛」（造反派），成立了「拉薩革命造反總部」（中國簡稱「造總」）。許多共產黨基層幹部都支持堅洛派，因為堅洛派能為他們提供一舉推翻上級且躍身領導階級的機會。一九六七年初，反對造反派的另一組人馬成立了「拉薩無產階級大聯合革命總指揮部」（中國簡稱「大聯指」），他們稱自己為「涅得」（大聯合）。涅得成員主要是紅衛兵當中比較保守者，同時也獲得占主導地位之黨內高層幹部和多數人民解放軍的支持。由此，西藏共產黨高級領導幹部與基層幹部就此徹底決裂。

　　在拉薩，多數人都屬於堅洛派，而涅得派支持者則多在農村地區（除了尼木以外）。一九六七年一月，拉薩的暴力衝突衍生為激烈的武裝衝突。堅洛派的支持者衝進政府辦公室，翻箱倒櫃，把領導帶走，最後還要求徹查王其梅，因為他的家人在北京被紅衛兵揭發為地主階級，並受到批鬥。因為王其梅的階級背景，堅洛派希望將他開除黨籍，他們原本想從漢地偷偷叫來更多支持者，但卻失敗了，因為涅得控制

143

了邊界，阻止紅衛兵進入西藏。與此同時，中國各地也爆發了激烈衝突，一九六七年一月下旬，毛澤東下令軍隊解散所有「反革命組織」。解放軍將此命令解讀為清除堅洛派，於是二月十日，總共有十三名堅洛領導人被捕。

這就是澈贊仁波切和同伴回到拉薩後所面臨的處境。當他們從混亂的成都回到拉薩時，發現拉薩也是無政府狀態。作為中學生，他們自動成為堅洛派的一員。這段時間仁波切不敢上街。大多數有家可歸的學生們都回到自己家中，只有仁波切和一些朋友留在學校裡，仁波切則煮飯給他們吃。由於無事可做，他便到潮濕發霉的學校圖書館裡看書。他先翻到一本厚厚的書，裡頭記載了中共代表大會的所有決議文。後來他發現一本關於達賴喇嘛的中文傳記，於是從頭到尾地仔細閱讀了一遍。作者在書中大量描寫了拉薩的貴族家庭，其中就包括擦絨和車仁家族，由於他們家中擺放著西方家具——尤其是擦絨家族——家裡經常有西方訪客，因此被視為「洋派」。書中甚至提到他父母房間裡與傳統木製嵌板截然不同的華麗棕色壁紙。姑姑的平康家族則被認為更「漢化」，因為他們家中都是中式家具——但這並沒有阻止紅衛兵去平康府抄家，還將阿羅漢泥像扔出窗外。

當仁波切躲在相對安全的學校裡時，雖然北京共產黨政府下令停止對堅洛派的掃蕩行動，解放軍仍然在三月組織了一場大規模的遊行，慶祝「擊潰」堅洛派。紅衛兵在列隊遊行後被送回中國。當地的黨高層整肅了許多同情造反派的幹部，對堅洛的領袖也進行了嚴厲的批鬥。

但到了四月份，軍事委員會發布一條命令，要求解放軍不得參與政治工作，於是堅洛又開始動員起來。他們成立了一個支系，叫做「造反總部臨時指揮所」。

張國華被調到四川後，周仁山出任西藏黨委代理第一書記，第一批紅衛兵於五月份開始從中國進入西藏，以完成無

產階級文化大革命。地區黨委承認「涅得」和「堅洛」兩個派系都屬於「革命群眾運動」，基本上思想正確。新任西藏軍區代理司令員曾雍雅與西藏武裝力量最高政委任榮之間的權力鬥爭，使得軍隊內部也出現了分化。當張國華出乎意料地與堅洛同一陣線時，曾雍雅也與堅洛結盟，計劃推翻王其梅，並為堅洛成員「平反」。另一邊，任榮則宣布支持涅得派。

儘管如今雙方人馬都獲得了黨中央的支持，但兩個派系仍持續爭取群眾的支持。新的角力主要透過廣播進行，而非在拉薩大街的牆面上比拚。堅洛派以大昭寺（祖拉康）為據點，在寺內設立一個廣播站，並在屋頂上安裝擴音喇叭，專業播音員每天從早到晚播放口號。寺院裡大部分的房間都被鎖上並貼上封條，只有播音員能夠在前達賴喇嘛的觀見廳內安裝他們的技術設備。激贊仁波切和中學裡的學生都被徵召來保護廣播站，並從軍事師範學校招募來守衛人員。大昭寺成了他們的新家，日日夜夜都在廟裡度過。大約五十名守衛遷移至三樓的一個大廳，隔壁就是擺放廣播設備的房間，所有人擠在一個大廳裡，沒有乾淨衣服，也沒有清洗設施，房間裡臭氣熏天。仁波切經常得爬進一個大箱子裡睡覺，以躲避難聞的氣味。而他在箱子裡，必須弓著身子睡覺。

涅得派的廣播站在拉薩市較東邊的地方，那裡也是成天充斥著高音廣播、激昂尖銳的宣傳聲。無論人們身在城市何處，持續不斷的刺耳噪音都無法讓人心平氣和。由於堅洛派只有一台笨重老舊的揚聲器，急需增加設備來提升效果。有一天，三名年輕的漢人學生從城東一所涅得派嚴格控管的學校，來到大昭寺。仁波切偶然與他們搭訕，對方表示他們是該校中唯一支持堅洛的人，所以想提供一些情報：涅得派正準備搬遷廣播站，設備目前在一所只有十八名自己人看守的學校裡，。

仁波切和同伴開始討論奪取敵營揚聲器的計劃，他們最

後採取了仁波切的建議：也就是在凌晨三點鐘，當大家都熟睡時潛入敵營，並在每個睡著的人身邊安排一位強壯的康巴同志，手持棍棒、長矛或短刀，負責在敵人醒來時制伏對方，其他人則掩護他們離開。每個角落都有一名偵查員負責示警，仁波切本人則負責帶走機器。

他們決定當晚就行動。凌晨兩點便抵達目的地附近。漢人男孩向他們提供的所有細節都是準確的，仁波切一夥人在學校的大院子裡分派負責偵查的人。因為主要建築物裡還亮著燈，於是他們在暗中等待以伺機行動。一名年長的漢人男子打開門，倒掉碗裡的水；而睡前洗腳是漢人的習俗，所以仁波切一夥人猜測他應該是屋子裡最後一個入睡的人。不久後，燈也真的熄滅了。過了一會兒，他們一個接著一個，迅速安靜地跑過院子，卻發現大門上鎖了，於是他們嘗試打開窗戶，直到發現有一扇窗是開著的。康巴人立刻走到熟睡的涅得人旁邊就定位，仁波切動手拆除揚聲器，而他最要好的朋友之一，一個叫羅卓的康巴硬漢則站在他身後掩護他。揚聲器上面連著許多電線，每次移動都會發出噪音。一個睡在旁邊的人這時翻過身來，羅卓立刻跳到他身邊，準備在他醒來時用棒子把他敲昏，還好他沒有醒來。仁波切終於拆下所有電線，他和羅卓兩人扛著揚聲器，穿過一整排熟睡而毫無戒心的人，又穿過整座城市，回到了堅洛大本營。

他們現在有了第二台揚聲器，卻沒有多餘的擴音喇叭。仁波切和朋友決定去偷取涅得的喇叭，這些喇叭裝在一棟原本是戲院和集會所的屋頂上。由於這個行動看起來相對單純，所以他們決定獨自進行，而沒有事先與其他堅洛成員討論。利用集會所後側的鐵柵欄輕易就可以爬上屋頂，但真正危險的是在如何靠近並離開集會所，因為整個區域都在涅得的控制下，而涅得的總部就在附近。

他們決定像以前一樣當晚就行動。他們一行總共有二十三人，有幾個人被選為偵查員，五個人則負責把擴音喇叭從

理智之死

屋頂上折下來,其中還有一個男孩負責舉著涅得的旗子走在他們前面——如果被盤查,就說他們是涅得的人,正前往總部的路上。其他人則一個接著一個,每人間隔二十公尺左右跟在他身後,以免被認作是彼此同夥的。仁波切負責壓後。途中偶爾經過的涅得警衛並沒有找他們麻煩,儘管有些人用彈弓對壓後的人丟石頭,但還好他們沒有追上來。然而,這批堅洛人知道,在拿到擴音喇叭後,不能按照原路返回。於是,當第一批人爬上屋頂時,後面的人決定跑個幾百公尺,回到堅洛總部討來救兵。起初,領導們對他們單槍匹馬的行動感到憤怒,但隨即決定提供協助。當馳援部隊抵達時,第一批進攻的人已經拿下擴音器,並在涅得有時間組織追兵前,大隊人馬迅速將設備帶走。

涅得不久便展開報復行動。一九六七年七月十四日晚上,一列卡車車隊在塵土飛揚中駛向大昭寺,車子從四面八方將大昭寺團團包圍。涅得動員周圍村莊的支持者準備砸爛大昭寺的廣播站。這次的突襲並非完全出乎預料,因為在過去幾天情勢不斷升溫,發生了許多零星衝突。堅洛派最強的人守在屋頂,踢落進攻者的梯子,其他人則連忙堵住大昭寺內所有的門和通道。通往三樓區域有兩個入口,一個就在樓梯上,防守者將所有的家具、木鑲板、書桌、長凳以及房間裡種種物品通通扔下樓梯堵住入口。當仁波切正忙著保護第二個入口時,他聽到外面的進攻者正在敲門。他的同伴將一個裝飾用的長條門楣和木板卡在門後,並用自己的身體擋住大門。涅得成員裡有一組消防隊員在障礙物上砍出一個洞,並將長矛從縫隙中插入,仁波切的一位朋友因而失去一隻眼睛。堅洛人徹夜不眠地護衛他們的住所,但是當殺蟲劑從門縫噴灑進來時,一些防守者紛紛感到頭暈,有些人因抽搐而直不起身,最後不得不撤退。

與此同時,對街的一棟房屋上裝起了大型探照燈,將防衛在大昭寺屋頂上的人照得一清二楚。數百顆石頭一舉向他

們砸過來，迫使他們立刻尋找掩護，消防隊員這時趁機架設梯子，制伏了屋頂上的堅洛人。當仁波切的小隊正努力防堵入口，保護自己免受毒氣攻擊時，他們的對手突破了屋頂防線，開始從後面毆打他們。現在他們無處可逃了……。在夾雜了灰塵、髒污、汗水的黑暗中，情況不僅亂成一團，能見度也很低。有些機警的防守者搶在機器落入敵人手中前，先行將其破壞。仁波切的一位朋友建議他們從窗戶跳出去，但這種逃走方式似乎比留下觀望還要危險。他的朋友衝到窗戶邊直接從三樓跳下去。堅洛在寡不敵眾的情況下，承認敗仗並被趕出大昭寺，一路上還不時被地上支離破碎的物品，以及因痛苦而捲曲在地的傷兵絆倒。每個人都灰頭土臉、渾身是血，街上還有成千上萬的人等著要毆打他們。有一些從清華大學來的漢人紅衛兵和堅守大昭寺的人站在同一陣線，街上的暴民將矛頭指向他們，狠狠地痛毆他們。

　　有一位和仁波切一起踢過足球的年輕回族人認出了仁波切，責罵他：「你這個喇嘛在這裡做什麼？為什麼捲入這樣的事情？」仁波切回答：「我來保護我們的設備。」回族人打了他一巴掌，把他推到圍觀人群中。幸運的是，激贊仁波切從未受傷，即使在最激烈的打鬥時，他也從沒掛彩，而且他好像擁有特異功能似的，對皮肉傷幾乎感覺不到疼痛。

　　仁波切和同學被趕上一輛巴士，開往涅得總部。這些年輕人感覺自己十分強大且無所畏懼，更重要的是，他們氣憤填膺。他們曾閃過一絲念頭要拿下司機和三名壓車的涅得守衛，但仍敵不過街上滿滿的人群。當他們下車並被帶入涅得大樓時，四周不斷有石頭丟過來，一個站在大樓門口的高個兒漢人男子，在他們經過時狠狠地踹了他們每人一腳。

　　涅得大樓裡擠滿了人。漢人紅衛兵被塞進一個小房間，仁波切在外面可以聽到裡頭傳來的毆打聲和慘叫聲。拉薩中學的學生小心翼翼地聚集在一起避免分散，因為凡是落單的，都會被帶走並被痛打。黎明時分，涅得在院子裡召開了

理智之死

一次集會。王其梅出現了，一名顯然支持堅洛的軍官被帶到一個小平台上，雙臂被扭在身後，頭向後仰，被迫接受批鬥，仁波切和其他堅洛俘虜則透過窗子觀看並為他大聲加油。不久後，仁波切等人獲釋了。清晨的陽光照在他們腫脹的臉龐、血跡乾涸和滿是瘀青的身體上。他們渾身塵土、蓬頭垢面，傷痕累累，誰也認不出誰是誰，不過幸好他們都還活著。仁波切掉了一隻鞋子，身上都是泥巴，但除此之外一切都很好。

不久後，包括拉薩中學學生在內的數千名堅洛支持者，聚集在他們偷走喇叭的那間戲院裡。戲院外來了幾輛卡車，一組特別好鬥的堅洛成員跳上卡車。他們是「拉薩市發展工人」，一群在街頭逞兇鬥狠的年輕人，男孩、女孩都有，其中包括有許多「喇嘛局巴」（密院高僧），這些僧人曾在色拉寺和哲蚌寺的高等佛學院裡念書。仁波切的朋友羅卓非常興奮，想要加入他們，於是他們雙雙跳上一輛卡車。有一輛堅洛的卡車在拉薩城北被扣押，而他們的同志則在一間位於扎基的大型汽車零件工廠等待救援。

工廠前面是一個廣場，有一排房子和商店，還有一個足球場。當堅洛的卡車抵達時，他們可以看到有一列大約二十輛卡車的軍用車隊正從遠處駛來。在文化大革命這段期間，解放軍被下令不能參與衝突，軍人只能徒手阻止武力衝突，防止派系間的敵對升溫。解放軍的卡車還很遠，如果堅洛人動作快一點，就能成功解救朋友。數百名喇嘛局巴手持自製長矛守在後方防衛，其餘堅洛成員則拿著彈弓跑過足球場；女孩們沿途收集石塊，為男孩們提供彈藥。有一些涅得人出現，開始向他們丟擲石塊，但負責領頭的羅卓和仁波切則要同伴等靠近一點時再反擊。他們在人數上遠超過對手，所以他們直接朝涅得走去，直到非常接近時才一口氣擲出一連串的石塊。遭受攻擊的涅得成員四處逃竄，堅洛人緊追在後，喇嘛局巴則在他們身後逼進。

來自西藏之心

當進攻者來到廣場時，一些涅得派的漢人站在一間商店屋頂上的瞭望台對他們投擲石塊，因為大多數堅洛人都是不會說漢語的藏人，所以由仁波切對他們喊話：「投降，你們被包圍了！」但他們不予理會，繼續向進攻者丟石頭。廣場上到處都是碎石，剛好成為堅洛派的彈藥。當數百顆石頭齊聲往屋頂砸過去時，有些涅得成員受傷倒地，其餘防守的人則嚇得趕快爬下來。同時間，許多堅洛人破門進入工廠，釋放他們的同志，並把漢人紅衛兵關進起來。解放軍趕到現場時，除了將受傷的人救走，這件事情就這麼不了了之。

類似的彈弓巷戰持續了大約五個月之久，拉薩中學的學生被召集來保衛堅洛派的次數也越來越多。他們到校舍前面的渠道旁撿拾石頭，另一側則有人從布達拉宮那邊不斷向他們丟石頭。仁波切撿了一支長矛帶在身邊，有一次他擊出的長矛正好打到對手的矛尖，一時火星四濺，但幾乎同時，一塊石頭也擊中他的矛尖。在那電光石火發生的瞬間，不禁讓他想起許久以前在一個幾乎被遺忘的世界中所學習到的東西。

一九六七年五月到當年年底，堅洛和涅得之間發生了多次武力衝突，當時全國各地都陷入一片混亂，因為紅衛兵被允許撤換黨幹部並由他們接管職務。一九六七年秋天，局勢變得愈發不可控制，毛澤東宣布希望可以在年底前結束文化大革命。但他所激發出來的瘋狂卻不是這麼容易一聲令下就能停止的，他根本無法阻止這股浪潮。九月十八日，周恩來、陳伯達這幾位黨領導人發布命令，要求終止西藏派系鬥爭，然而到了十月，堅洛和涅得之間的衝突卻越演越烈。

那時候，大部分年輕人腦子裡只有革命，沒有人幫忙學校裡年紀大的馬佚收成學校的田地，因此馬佚們便向仁波切求助。他們都認識仁波切，也是朋友，因為仁波切之前曾兩次因為階級背景而被徵召到田裡勞動。

理智之死

　　這項求助對仁波切來說，可真是個好機緣，因為這時兩隊陣營間的衝突不只是長矛和彈弓之戰，而已經演變成自動武器的衝突。他說服兩位朋友和他一起去，於是他們離開這座日益凶險的死亡戰城。學校的農田位於拉薩和墨竹工卡間的吉曲河畔，一個叫拉木（章多）的地方。拉木那裡沒有宿舍，所以他們只能在地上挖一些坑洞睡在裡面。他們在坑洞裡鋪上乾草、毯子和夾克，然後在上面用木頭搭起一個架子，蓋上一塊布，再蓋上一塊可以阻擋雨水的粗厚防水布。

　　收成工作沒有太難。他們有六頭騾子幫忙，而且累了就能停下來休息，完全沒有人監督他們。拉木位於偏僻的鄉間，周圍沒有任何城鎮。在潺潺流水的陪伴下，很容易讓人忘卻城裡發生的屠殺。他們在那裡生火煮飯，在恬靜的鄉間裡酣然入睡。

　　整個收成工作前後花了三個月的時間，當他們回到城裡時，最激烈的武鬥已經過去了，拉薩城看起來就像一個被烽火肆虐過的城鎮。雙方都死傷慘重。解放軍透過戲院為涅得暗度陳倉，提供他們包括機關槍、手榴彈等武器。軍人們在電影結束後，刻意將武器留在漆黑的戲院裡「忘了」帶走，隨後再由涅得的人進來把武器撿走。解放軍有時也會脫下軍裝偷偷訓練紅衛兵，或是直接與涅得派站在同一陣線打仗。

　　縱使北京已經下令軍隊必須在文革中保持中立，但解放軍內部的確分為兩派，這也是戰火持續在西藏延燒的主要原因。拉薩市軍團支持涅得派，而駐紮在拉薩郊外的邊防隊第十一旅則支持堅洛。由於邊境防衛隊直接受北京中央政府指揮，因此軍權較大，根本瞧不起拉薩軍團的同袍。一九六八年六月，在堅洛派重返大昭寺據點後，寺院再度遭受突擊，這次是解放軍直接用步槍攻堅，造成了血腥屠殺，許多人因而死亡或受到重傷，歷史上稱這個事件為「六七大屠殺」。

　　澈贊仁波切從鄉下回來後，搬回拉薩中學住，為留在學

校裡的同學烹調，大家都帶了一些食物來，讓他可以為醫院裡受傷的同袍好好做一頓飯。但煮好之後，仁波切得親自將飯菜送去給他們，這也讓他差點送命。涅得派和一些軍人手持機關槍防守在布達拉宮的城牆上，向任何不小心闖入空地的人開槍。仁波切要去醫院，就得經過布達拉宮的後方，還好他動作迅速也夠幸運，終於抵達醫院。病房裡擠滿了傷兵。藥品短缺，許多人痛苦不堪。他學校裡的同志，有些人受了重傷，見到他都很高興，終於能好好吃上一頓。其中有個學生膽子特別小，從來沒有離開過校舍，總是找藉口待在裡面。直到他終於敢去堅洛總部時，戰友們便調侃他：「恭喜你，成功了！」但在他返回學校的路上，可就沒那麼幸運了，他被從布達拉宮射出來的子彈擊中。

　　仁波切在醫院各個角落都待了一會兒，講故事給他們聽，幫大家提振精神，也保證會再帶食物來給大家吃。回程時，他順道去了總部，然後和幾個同袍一起返校。途中，一陣子彈嗖地飛了過來，他們紛紛躲到樹後，從一棵樹衝向另一棵樹。一名小男孩突然停下來，在猛烈的槍林彈雨中往反方向跑去，緊跟其後的仁波切也被迫止步。他聽到一聲刺耳的呼嘯聲，一顆子彈從他耳邊飛過，還差點擊中他的頭部。儘管對千鈞一髮的情況仍驚魂未定，但他終於抵達學校安全的圍牆內。

　　即使發生了這件事，也沒有阻止他送飯去醫院。有一次在途中，他遇到一群攜帶土製手榴彈和兩支空氣步槍的堅洛人。仁波切和他們不期而遇時，正好有一輛運載磚頭的軍車駛進杳無人煙的大街，於是他們決定劫持這輛卡車，以免在經過布達拉宮時遭受射擊。他們站在緩緩駛來的車輛前，手持步槍指向卡車，手榴彈也準備隨時拔銷。卡車停了下來，他們爬到裝載的磚塊上，希望那些看守在布達拉宮上的偵查員，會認為他們是要去上班的築路工人。但他們不確定司機是否會聽從他們的指示而帶他們去醫院，還是會掉頭開往城

理智之死

裡涅得派控制的地方，於是他們其中一人在關鍵的轉彎處前二十公尺處用力敲打車窗。司機嚇了一跳，緊急踩剎車，卡車在半路發出尖銳聲響而停住。布達拉宮上的狙擊手被噪音驚動，立刻以軍隊配發的衝鋒槍開火。

有些人不管三七二十一急忙從磚塊上跳下來。這可沒那麼容易，因為磚塊堆得很高，堅洛人爭相往下跳。仁波切前面有兩個人擋著，後面還有人推他，子彈則在他們耳邊呼嘯而過。冷不防地，有人從後面將仁波切猛力推下去，而就在他前一秒站立的地方，磚塊被炸得灰飛碎裂。他跳進路邊的溝渠裡，看著眼前的人四處逃竄，有的跌倒又爬起來，有的尋找掩護試圖躲過槍林彈雨。仁波切一直躲在他的藏身處，直到四周再度恢復寂靜。狙擊手顯然認為所有人都逃走了，因為當他跑向醫院時，並沒有人向他開槍。這次堅洛派很幸運——沒有人被擊中，在醫院入口處等待他們的醫務人員，只需要治療一些擦傷和瘀傷。

一九六八年初，中國大部分地區的派系鬥爭多已平息，但西藏的衝突仍持續進行。解放軍增派兩師的兵力到西藏控制暴動，軍隊接管了學校。學生現在接受的是準軍事訓練，而非學校科目。拉薩中學的學生像新兵一樣接受訓練，每個教室、宿舍都有解放軍駐紮。高年級學生和紅衛兵接受近距離的刺槍術訓練，仁波切和同學則接受行軍和立正訓練。

有一次，全體學生被召集去見證一次處決。處決前會先向群眾宣告犯罪者（一名藏人和一名漢人）的罪行。這名藏人原本是僧人，被指控為帝國主義的間諜首領，漢人男子則被指控走私手錶。他們被帶到大昭寺前遊街示眾，藏人嘴裡不斷唸著達賴喇嘛的名字。武警殘忍地抓起藏人的頭往石牆上砸，鮮血從他臉上流下來，沿著手指滴落。仁波切和朋友們難過地鑽進人群中，朝學校走去。就在他們快到學校前，看見一輛卡車旁擠了一小群人，於是過去看看發生什麼事。他們擠到前面時，驚恐地發現剛剛那兩個被判死刑的人，被

帶到距離學校僅一箭之遙的地方，等待處決。兩名男子被人從卡車上拖到牆邊立即槍決。人群開始往前推擠，站在最前面的仁波切拼命地閃過屍體，才不至於被推倒在屍體上。經過這次經歷，他陷入了憂鬱，好幾天都吃不下東西。

一九六八年九月五日，西藏革命委員會成立，西藏是中國轄下地區最後一個設立革命委員會的地方。革命委員會是集管理軍隊、地方幹部和生產隊於一身的組織，原本的黨幹部和軍隊司令官都被打倒了。王其梅被貶，周仁山自殺。革命委員會成立後，原本應該正式結束堅洛和涅得間的武鬥，兩造間的怨恨情緒卻日益高升。

一九六八年十月，毛澤東終於推倒他的對手劉少奇，將其開除共產黨黨籍。一九六九年春，毛澤東裁減解放軍的軍備並解散了紅衛兵。狂熱的年輕學子曾解救毛澤東免於失勢，現在卻成了他的負擔。他們要被分散，下放到農村裡，透過體力勞動徹底淨化他們的舊思維。中國在歷經多年的激烈派系鬥爭後，許多田地和牲畜都荒廢無人看管，農業生產跌到最低點。相較於文化革命，學生和紅衛兵此刻去當農業生產者會更有用。他們被送到偏鄉去淨化、更新思想，但城裡的年輕人瞧不起渾身泥巴的農民和貧困的生活環境，認為自己不應該被流放。許多人無法適應陌生環境、惡劣生活條件和極其艱苦的工作內容。

仁波切和幾個同學好運十足，他們被送到拉薩以西約三十分鐘車程的堆龍集體勞改營。仁波切最要好的幾個朋友因為擔心他們這些「中學喇嘛」會因階級背景而遭受不良對待，因此希望大家可以被派到同一個地方。他們成功了，六個年輕人被分配到堆龍區、由四個村子和周遭小公社所組成的的通嘎人民公社，在那裡開始生產隊的工作。

仁波切和一個同學被分配到人民公社的生產隊，另外四個人被分配到另外兩個公社中。公社領導是一名黨高級幹

部，每個工作組由一個村長帶領。仁波切和同伴住在一棟簡陋樓房中，共用一個小房間。每人只得到一個杯子和一個煮鍋，僅此而已。除了當地政府外，在這個新環境中沒有人知道他是直貢法王。每天早上，天還沒亮就要起床，打掃馬廄，餵養牲畜，然後去田裡工作，直到晚上。他要步行二十分鐘到溪邊取水，把水裝在一個桶子綁在背上。此外，還時不時要參加公社會議。村民們害怕遭到舉報，因此普遍不信任幹部和所有外地來的人，但他們覺得和仁波切相處既自在又安然。他十分友善也經常幫助村民，一開始就獲得農民和村長的喜愛，大家都信任他，也很自然地尊敬他。

當村長的妻子快要臨盆時，仁波切才來通嘎幾個月。村長請仁波切陪他們一起去拉薩，因為他的妻子年紀不小，生產也有風險。他們到達拉薩後，村長打電話給一位在報社工作的朋友，詢問他是否認識什麼好醫生。那位記者隨即幫他打了電話，也給了他醫生的名字，並為當天沒有其他時間而致歉，因為阿尼‧赤列曲珍那天要被帶到拉薩槍決。所有與她一起以游擊戰對抗中國統治的叛軍，都遭到逮捕，將於隔天在拉薩、洛卡、那曲和昌都同時處決。而身為記者，他必須前往洛卡拍攝行刑過程。

赤列曲珍是一位具有神話色彩的傳奇人物。雖然她是一名尼師（阿尼），但在一九六九年六月，她和一群追隨者在尼木殺害了十四名解放軍宣傳隊幹部和軍人，並以極為殘忍的方式處決了受害者；他們活活燒死一些漢人，還截掉一些人的胳臂或大腿。

共產黨起初將赤列曲珍一幫人的行為，看成是文革時期造反派為了推倒黨內領導層的「正常」激進行為。然而事實上，該組織的真正動機完全不同。在官方批准的文化大革命藉口下，赤列曲珍的反叛是針對廣大佔領者而來，她所進行的是民族起義。她在很短時間內召集了數百名支持者，迅速拿下十八個地區，隨著起義在各地獲得熱烈響應，她在人民

間的支持度不斷增加。

　　這些西藏民族起義者開始四處打擊中國幹部及支持他們的西藏人。他們在昌都，包圍了一名在地方政府工作、之前曾與仁波切一起在拉薩中學念書的藏族學生。兇狠的起義者將所有地方官員殺死，並將這名藏人圍堵在藏身的儲藏室中。這名藏人在無路可逃的情況下，唸誦著觀世音菩薩的六字大明咒，游擊隊員才饒他一命。（不過，當解放軍來了後，逼問為何只剩他一人沒死時，他則面臨更多的挑戰。）

　　當中國人終於明白赤列曲珍引發之烈焰風暴的真正目的時，為時已晚。阿尼・赤列曲珍已成為傳奇人物，有傳聞說她被當地的護法附身，因此擁有神通力。人們相信她刀槍不入，還說她被關進監獄後又以神通逃脫的故事。最後，政府派出大量軍隊到尼木和其他地區鎮壓叛亂，赤列曲珍逃到山裡繼續游擊戰，但最終她和十五名追隨者還是被捕了。此時西藏反叛的規模，幾乎就像一九五九年時的全國起義，多數拉薩人聽到她被捕的消息都感到十分震驚——他們曾如此絕望地相信有個無法被擊敗的救世主。

　　第二天，澈贊仁波切騎著從親戚那裡借來的自行車到了體育場。擴音器一邊大聲播放赤列曲珍及其同僚所犯的惡行，中國人民解放軍一邊向群眾展示最新武器：全新的機關槍，以及一門以巨大輪子承載、砲身長到無法想像的長砲，緩緩地經過瞠目結舌的人群面前。仁波切十分納悶中國人如何將這種怪東西送到西藏，而沒有引起藏人的注意與騷動。中共所欲傳達的訊息相當明確：即使你擁有神通，面對這樣的軍火庫也無能為力。接著，十六名受到綑綁的犯人在敞篷卡車上被送進體育場，車隊經過仁波切的坐位，所以他可以清楚看到他們的臉。赤列曲珍直視前方，表情堅定而無所畏懼。她讓他想起共產主義宣傳海報上的女主角，她們傲然堅毅的姿勢，剛毅不搖，由內而外散發著光芒。仁波切附近有三名年長的藏族婦女朝她吐口水，對她投擲垃圾，但赤列曲

理智之死

珍不為所動。

　　隨後，叛亂分子被載到城外，位於哲蚌寺墓地下方的一片空地。當仁波切騎自行車抵達時，他的視線被滿載群眾的卡車擋住了，其中有一輛卡車上載了一台起重機，上面只有一人坐著。仁波切爬上去跟他坐在一起，這裡的視線高過一切，高過一大群民眾，也高過更多攜帶重型火砲的解放軍軍人。高射砲指向天空，彷彿要攻擊天空一樣。在仁波切看來，過度展示威脅性的武器和戲劇性的軍隊表演相當荒謬，就像電影宣傳的背景和演員一樣。接著，囚犯們從卡車上被扔下來，再用腳踢，讓他們重新站起來，命令他們開始跑步。行刑隊一列展開，一名士兵下達命令後便集體開槍。人群蜂擁而上，查看死者情況，軍隊顯然失去控制。攝影師們突破混亂的人群，為十六具屍體拍照，然後就地埋葬，沒有做任何法事。仁波切雙膝顫抖地爬下起重機，這時有兩名軍人將一名光頭年輕人拖到一輛汽車上，粗暴地將他扔到後座，便開車走了。這個畫面將他從痛苦的氛圍中拉回來，提醒他必須時時保持謹慎，於是他匆忙離開殘忍恐怖的現場。當他回到通嘎的房間時，終於鬆了口氣。

仁波切年輕力壯，承擔了最粗重的工作。春耕結束後，他與三個人民公社的年輕人去為農民收集薪柴。附近沒有什麼地方可以收集薪柴，要花十四個小時才能到達砍伐木材的地方。他們很早就出發，打算把工作集中在一天之內完成，而這種事情通常需要兩天的時間。每個人牽著五頭驢子，在他們出門的時候至少可以騎在驢子上。

　　最為壯碩的驢子往往既不聽話又很固執，所以他的同伴只騎那些比較弱小的，而仁波切不想欺負弱小的牲畜。他把一隻手牢牢綁在馬鞍上，騎上一隻力氣大而脾氣差的驢子，牠時不時亂踢、爆衝，直到把騎在上面的人甩下來為止。但

仁波切總是重新上馬,把手綁得更緊、更牢,堅持只騎最狂野的騾子。

四名年輕人在黃昏後抵達目的地。隔天一早,他們將牲口留在營地吃草,背著又長又重的繩索,爬上陡峭的山坡。在一塊坡度不太陡的空地上,按照特定工序將繩子鋪在地上,用大鐮刀砍斷柳枝,再把柳枝捆成粗厚、緊實的圓柱,用力將它們從斜坡上推下來。凡是卡在灌木叢中的柳枝捆,都必須把它們拿出來重新推下山。仁波切的同伴很有經驗,能以驚人的速度砍斷樹枝,而他無法跟上他們的速度。約莫三、四個小時後,他的同伴就已經把所有的樹枝紮成一捆一捆的,推了下山。在樹枝滾下山的期間,他們早早收集乾柴,坐在那裡生火煮茶。仁波切總是得花更多的時間,當他終於把最後一隻騾的薪材給綁好時,其他夥伴的騾子早就走到山下營地了。當他回到營地時,同伴們通常也吃完午飯了。他們休息完後,重新把薪材綁在騾子上,步行到一個村莊,在那裡過夜。由於他們工作的速度很快,所以他們隔天可以休息一整天。騾子吃了一整天的草,仁波切和同伴們則利用時間休息,準備迎接後面辛苦的回程,因為他們接下來的路途就得全程步行了。

有一年夏天,他們前往噶瑪噶舉祖庭楚布寺正上方的山上採集木材,仁波切很好奇這座寺院現在變成什麼樣子。他爬到山頂的一處,以便看見坐落在磽瘠山壁前一簇綠色草叢中的寺院,或者說是寺院遺跡。儘管距離遙遠,仁波切仍能辨識出寺院內牆壁上的紅、黃色壁畫。支撐屋頂的木桁和樑柱大多都已被拆走,導致許多牆壁坍塌。在牽騾子出門的時候,仁波切偶爾會遇到一些工人,他們把楚布寺的橫樑拆下來運到縣府,準備蓋新的房子。十個人一組,每個人扛著一根巨大的木樑,一邊走路,一邊唱歌來減輕負擔。

有一次,仁波切住在甘丹寺附近的一間房子裡。這間房子的所有木材——包括橫樑、柱子、門板和木飾板——都來

理智之死

自寺院,當地居民已將該寺的木材全部拆下來為自己蓋房子。這件事的真正悲慘之處在於,儘管只有少數人真的放膽這麼做,但藏人本身也在毀滅者之列中。在某些情況下,中國的統戰手法巧妙地以驚人的效率發揮了作用。因為如果不這樣做的話,則會被迫接受不人道的審判——或者更糟糕的是,用嚴厲酷刑或勞改營來威脅他們。

往昔在西藏大寺院裡所教導的究竟真理,正是佛教的這個準則:萬事萬物皆依因緣而起,並在無盡的改變過程中變化且衰微。有一些古老寺院已經存在好幾個世紀了,大眾也預期它們可再延續好幾個世紀,然而如今,它們先是經歷入侵者的洗劫一空,奪取所有值錢的物品,其後又遭狂熱群眾及文化大革命的西藏幫兇踩躪殆盡。於廣大的寺院屬地裡(有些屬地範圍廣及整個城市),多數建築物都已空置廢棄且無人維護,最終變成斷垣殘壁。這些搖搖欲墜的建築,不再是進行法會和收藏神聖古物的寶庫,而是變成大量的建築材料。許多人認為應該在這些木材尚未毀壞前趕快拿走,加以利用。西藏人將寺院橫樑拆走後,整座建築物便開始慢慢崩塌。佛法修持儀軌裡經常指涉到萬法如何遵循生起、消融的基本過程,例如為了法會精心製作的彩色沙壇城,最後也在法會結束時,由密宗上師將之一掃而空。

因此,隨著時間的推移,凡是有人居住的地方,寺院都會完全從地表消失,取而代之的是其他建築物。直貢地區新建設的城鎮,建立在直貢尼瑪江熱佛學院的廢墟上,過去的羊日崗寺變成一座中國軍營。然而,寺院裡有一部分圍牆倖免於難,因為傳說它是直貢護法阿企佛母的住所,拆除工人在拆除寺院過程中發生了不明原因的死亡。

澈贊仁波切是一位深具魅力、體格強壯的年輕人。在進行公社會議的時候,女孩們特別喜歡坐在他附近,有意無意地

看向他，並與他交談。他彬彬有禮，愛開玩笑，但就僅只於此。同一時間，他的室友結婚了，仁波切只好搬到更小、更破舊的住所。那是一間年久失修的儲藏室，只有兩扇很小的窗戶在房子最上方，房子裡已經住了兩戶人家。房子後面有一座小山丘，在他房間的正下方是一個圓形屋頂的羊圈。仁波切將通往屋內的房門給封上，並將其中一扇窗戶擴大成為通往外面的大門，這樣他就可以從羊圈的屋頂進出，不必經過那兩戶人家的房間。

為了在他那間陋室裡做飯，他在牆的最上面開一個洞作為煙囪口。仁波切用磚塊蓋了一個三口灶；中間的大灶口，用來放大鍋子，兩邊延伸出去各開一個口，用來放比較小的鍋子。當他需要工作檯來準備飯菜時，就在灶上面放一塊石板，並找一個舊鐵柵欄來放他的餐具。仁波切現在的餐具有兩個鍋子、兩個保溫瓶和兩個搪瓷杯，勺子則用錫罐釘在木頭上來充當，他也向距離公社有兩天路程的牧民那裡，買了乾氂牛糞當作燃料，並將一年份的氂牛糞堆在門後的牆角上。他的家具有一張小桌子、一個用來裝衣服的壞掉木箱和一張床，這張床實際上只有床框，腐爛的床板還破了一個洞。仁波切在洞裡裝滿了扁石、破布和舊鞋，並用赤匝仁波切送他的氂牛毛床墊鋪在最上面。

房子的牆壁斑駁老舊，內部潮濕、不堪一擊，屋子裡充滿了奇特的昆蟲，但這一切都沒有讓仁波切感到困擾。一個冷颼颼的冬夜，他結束一天辛苦的工作回到家中，生火，披上棉襖，靠在寒氣逼人的牆壁上休息。然後他注意到一個冷冰冰的東西爬進他的衣服，順著脖子爬到上臂。他慢慢脫下外套，發現自己的前臂上趴著一隻黑色大蠍子。最讓仁波切驚訝的是，蠍子竟是如此冰冷，但他依然保持淡定，知道自己絕對不能碰觸牠或驚動牠。他饒富著興致，靜靜觀察蠍子的奇異長相，直到這隻八腳生物爬到他的手上時，再把牠甩開。動物立刻又回到他的旁邊，但仁波切保持從容，提醒自

己這是一間老房子,不可能驅逐那些到裡面遮風避雨的動物。牠們會來來去去。

澈贊仁波切的居所經歷了許多轉變,先是住在他父母宏偉的莊園裡,四周圍繞著忠實的僕人;接著住在他寺院的寢宮裡,身旁有急著要照顧他的侍者,並與世俗隔絕;到了跟在赤匪仁波切身邊時,則過著城市牧民般的生活;再來是拉薩中學的宿舍;如今是農業公社裡一棟搖搖欲墜的建築物裡,一間簡陋而單獨的房間。然而,每當他想起這一切時,他覺得自己一生都像個游牧民族,因為即使在直貢,他也每隔幾個月就更換一次住所,經常出門朝聖或拜訪其他寺院。從這個角度而言,真正的游牧民族似乎比他更安定,他們只換地方居住,卻沒有更換不同的家。

拉薩西部正在建設一系列小型的水力發電廠,其中一個發電廠位在堆龍地區。為了挖築運河,政府呼籲地方幹部和公務人員「自願」服務,雖然是自願,但任何逃避責任的人都將失去自己的工作,而且這項服務沒有報酬,單純作為對國家的服務。仁波切的姑丈平康·次仁頓珠,也在來到通嘎幫忙挖築運河的人當中。當平康看到姪子寒傖的住所時,他強忍著淚水,訝異他的侄子竟然能生活在如此汙穢的環境中。他悲傷地搖搖頭,但在看見仁波切泰然自若的微笑時,他說:「密勒日巴住的山洞並不舒適,在我看來你正按照那樣的方式生活。」仁波切不太明白他的意思,因為他根本沒聽說過西藏傳奇佛教瑜伽士密勒日巴的故事。這個名字只讓他稍稍想起很久以前在直貢的童年時光。

當消滅「阿布拉」(黑唇鼠兔或高原鼠兔)的命令下達後,公社裡組織了大規模的撲殺行動。中國人將這些動物視為疾病帶原者,並誤將土壤惡化的情況歸咎於牠們。高原上到處都是阿布拉,牠們為了挖巢穴在地表造成無數的洞穴,對牧民的馬匹非常不利。所有工人被命令要沿著河岸排成一條長長的人龍,延伸到一座山坡上,然後將罐子裡由青稞

混和毒藥的粉末倒入每個洞穴中。但仁波切的罐子裡只有青稞，他成功地不讓人添加任何毒藥。

仁波切沒有時間修行，也沒有任何法本或法器。儘管他不認為西藏人會重獲宗教自由，也不認為他會回到寺院生活，但他經常進行茶供、持誦咒語，並開始回憶那些他所熟記的神聖經文。有一年夏天，澈贊仁波切的姑姑和表弟晉美來探望他，為了打聽他的下落，沒有多加思索地就在村子裡要尋找直貢祖古。年輕人不知道他們在說什麼，但年長的村民們得知直貢法王就住在他們村裡時，眼睛都發光了。他們想知道仁波切在哪裡，是否能見到他。

冬天，仁波切用馬車運載大量的乾草到拉薩，換成人類的糞便運回農場。在拉薩的廣場裡有大茅房供十幾個家庭共用。藏民通常會把爐灰撒到糞池中，以中和臭味並吸收水分，但現在幾乎沒有爐灰，糞池變得很膠稠。仁波切必須爬到坑裡，把糞便鏟進大袋子裡，再把它們搬到馬車上。他將糞便運回公社，村民們再將自家茅房的糞便倒入其中，讓混合的糞便發酵幾週的時間，仁波切再爬上冒著熱氣的巨大糞堆，用鏟子或耙子翻攪。春季時分，他則將肥料馱在驢身上，撒在田裡。

經過幾年粗重的勞動，他的體態開始發生變化，青春似乎漸漸離他而去。在當足球員的那段黃金歲月中，他曾經非常快速、靈活、敏捷，但如今他不再像以前那樣靈活了，平衡感也變差了。仁波切的肌肉變得很僵硬，主要因為背負重物，尤其是用來製作糌粑的木材。

那是一種特殊的帶刺木材，專門用來烘炒青稞粉，燃燒時會產生非常高溫的火焰，但非常難以取得。在堆龍四周，這種木材只生長在北邊羊八井附近的一座山上，而且那兒每到下午都會刮起危險的強風。帶刺的木材由兩人一組進行採伐，仁波切會和公社裡最強壯的人一起出發，凌晨三點沿著

理智之死

一條陡峭的小路上山。兩人戴著厚厚的手套,以防被荊棘刺傷,他們將長的樹枝切成小段,並以特殊的方式捆紮起來,好讓在下山的時候保持平衡。這些捆綁好的樹枝不能用滾的方式推下山,免得引發山崩而危及在山下工作的人,必須扛在肩上,小心翼翼地穿越陡峭的懸崖和一長條佈滿石頭和礫石的小徑。搬運這些重物穿越陡峭的山坡,對仁波切的膝蓋尤其不利。

有一次,仁波切遲了些時間,午後的強風便開始刮起。他把所有樹枝捆成一個重達八十到九十公斤的包袱,扛在背上,開始下山。每次絆倒或失去平衡,再重新將包袱扛到背上時,他都會十分痛苦,還有好幾次,連人帶物地滑倒,掉進荊棘叢中。到了山下,他全身酸痛,幾乎無法前行。隔天,他費盡力氣才終於回到家,而他的膝關節在接下來的十年裡,為他帶來了許多麻煩。

直貢宗寺院,攝於一九四八年

直貢宗寺院,攝於一九八三年

（十一）
獨自逃亡

雖然仁波切領到的工資還算足以餬口，但他幾乎沒有什麼積蓄。然而也有一些藏人善於經商，衍生出一套地下經濟，專門與那些工資高、有閒錢的漢人幹部做生意，私底下賣給他們在中國買不到的商品。冬天的時候，公社裡的工作較少，仁波切來到拉薩，和表姊妹次仁確尊及其丈夫噶瑪格勒住了幾星期。噶瑪格勒的頭腦靈活，認識許多商人，也經營過各種生意。他的老同學有個漢人朋友想買手錶，因此他問仁波切願不願意賣掉他的手錶。這支手錶是仁波切小的時候，父親給他的，也是他離開直貢寺後，唯一帶走的貴重私人物品。仁波切很有技巧地跟對方討價還價，賣到一個不錯的現金價，加上一整年的酥油和燃料配給。之後，他將賺得的錢，向噶瑪格勒在做生意的朋友買到一支全新的瑞士手錶，還剩下不少盈餘。接著，他又將這支新手錶賣給在政府擔任高官的姑丈雪康・尼瑪，從此做起收入不錯的鐘錶小生意。

幾年後，他所有的朋友都被分配到不錯的工作，但高階僧人和貴族子弟卻沒辦法獲得工資更高的工作，只能繼續在農田、山上和城裡的公廁做苦工。要不然，就只能選擇同屬於苦差事的築路工作。仁波切清楚意識到，他的生命將如此白白浪費。於是，他開始小心謹慎、不動聲色地擬定逃亡計劃。這計畫最大的障礙是取得資訊，因為在這片佈滿眼線的土地上，實在很難判斷哪些人值得信任，有些人甚至單純只是想利用機會討好政府。但如果沒有準確的資訊，任何逃跑

獨自逃亡

都注定會失敗。

一九七三年，澈贊仁波切被轉移到堆龍以南的曲水，即吉曲和雅魯藏布江（布拉馬普特拉河）的交匯處。他的工作主要是為地方政府翻譯，並管理一群來建築運河的工人。這份薪水跟在農業公社的所得一樣微薄，工作內容也沒有輕鬆到哪裡去。他和運河工人一起住在營地裡，如果沒有很多翻譯工作要做，就要去幫忙挖溝渠。

仁波切在縣辦的一間簡陋辦公室裡，翻譯報告、申請書和工作單位的開會文件。他的辦公桌上充斥著帶有政治色彩的文字。例如，毛澤東對鄧小平（1904-1997）鉅細靡遺的批判，以及鄧小平後來被迫自我檢討與道歉的文件。另外還有一份文件，記載著赤列曲珍的尼木起義，以及後續引發國內其他地區的起義事件。仁波切由此得知，如果軍隊的鎮壓行動再晚個幾天，包括拉薩在內的西藏各地幾乎肯定會爆發獨立戰爭。澈贊仁波切透過這個工作，得以深入了解共產黨的內部權力結構、控制機制和鎮壓手段。

在這個大縣裡，農民居住在山谷，牧民則居住在地勢較高的地方。仁波切被指派陪同一名在曲水負責設立公社的部門領導，也是個漢人官員，前往偏遠地區擔任翻譯和廚師。由於政府希望提高現有居民的生產力，許多牧民將因而被迫進入公社改為定居生活。

他第一次出公差時，被派往高山上的察巴朗，檢視游牧公社的實施狀況。仁波切在那裡，看到了被迫過著定居生活的游牧民族。他們和先前他陪同赤匝嘉樂前往直貢地區北部和羌塘所遇到的牧民非常不同。在公社裡，仁波切發現了那些男女，個個表情漠然、無精打采，目光死氣沉沉地盯著遠方，彷彿這世界上再也沒有什麼值得關注的東西。中國於一九六○年開始實施土地改革，將原先屬於西藏舊政府、寺院和逃亡貴族的土地，分配給窮人和前農奴。轉讓過程還舉辦

了隆重儀式，讓農民相信所收到的土地及牲畜，是中國共產黨送給他們的禮物。十年後，在他們所養的牲畜繁衍且數量成長後，他們的「恩人」共產黨突然出現，奪走一切。所有的牲口都被集中送往公社，每戶人家只允許飼養兩隻牲畜，甚至連他們煮飯用的鍋具，如今都屬於公社，而非自家裡的。

現在，政府開始擔心，住在公社裡的牧民由於那些牲畜已不屬於他們，於是不再給予照顧，或是直接宰殺，而後者是違反規定的。仁波切被派去調查，發現情況確實如此。被棄置的犛牛、犏牛（犛牛和黃牛的雜交種）和綿羊就像沒人養的一樣，在營地四周遊蕩。一位鬱鬱寡歡的老牧民承認，他的確殺了一頭犛牛，仁波切則對此秘而不宣。

仁波切不喜歡自己的角色，因為他必須向牧民們解釋政府冗長的命令。牧民對於強行破壞他們傳統的生活方式感到無法適應，他們不明白為什麼他們必須放棄原本在國家經濟結構裡一直運作良好的制度，而且這個制度也讓他們過得很好。儘管生活極具挑戰，但他們是快樂的。無論政府派什麼人向他們解釋這個政策，他們想不透，也永遠不會理解。

當仁波切充分了解到他在西藏的未來幾乎黯淡無光時，他加速了逃亡的準備。他把自己的想法告訴他在堆龍可信賴的少數朋友之一，有一段時間他們曾考慮一起逃走，但最後仁波切建議彼此分開，比較不會引人注意。他們從來沒有討論過嚴密的計劃，只是偶爾提到自己模糊的想法。在曲水，他沒有人可以信賴。雖然現在他去拉薩的次數越來越少，但這是他唯一可以收集資訊的機會。文化大革命初期，解放軍在邊境增派兵力，當時的線民比比皆是，但現在情況稍微緩和些。有些家庭被允許接待從尼泊爾來訪的親戚，因此，開始會有些尼泊爾商人來到拉薩。仁波切在表姊的家裡便遇到了這些人，而他們家經常有許多人出入。表姊夫噶瑪格勒的人脈很廣，仁波切因而能與尼泊爾商人見面、交談，並善巧

獨自逃亡

謹慎地朝著他的目標前進。他會與對方談論商人最感興趣的話題——現在市場需要什麼商品、市場價格、進貨價格、東西好不好賣等等——然後再決定能否把話題安全地引導到別的地方。他知道有個尼泊爾商人英語很好，就把話題拉到語言和語意上，透過跟他解釋藏文的概念和對應的漢字，無傷大雅地從他身上學到一些有用的英語會話。

他最後向一個商人吐露了心聲，但仍沒有對親戚提及任何有關逃亡的事，因為他不想給他們帶來麻煩。他發現，小時候他走去大吉嶺的路線太危險了，沿途及印度和不丹邊境都佈滿許多軍事基地。由於中國與尼泊爾的關係良好，現在也允許進行有限的雙邊跨境貿易，因此最好的路線是經過尼泊爾。商人建議他可以試試看尼泊爾東部的坤布崎山口（囊帕拉山口），那是住在邊境村子裡的商人要到西藏黑市出售貨品所走的路線。但這條路既不安全也不容易，因為它得經過一個被八千公尺高山包圍的高海拔山口，還要穿越冰原與冰川，如果不熟悉路況的話，就會危及性命。之後，仁波切開始在不會引起他人注意的情況下，尋找該地區的地圖。他確實找到了一些，但持有這些地圖非常不宜，所以他徹底研究並熟記了路徑和地形。他的線人則告訴他解放軍在沿途駐紮的位置。

仁波切知道自己必須隨身攜帶一些好拿著又好轉賣的東西。商人告訴他，麝香在尼泊爾的售價很高。麝香是從麝香鹿睪丸提取出來的腺體，可以用來製作昂貴的香水。在遠東地區，也會用於傳統醫學；在東南亞，麝香比黃金還要貴重。游牧民族知道如何捕獲稀有的雄性麝，而曲水沒人認識外國商人，於是仁波切用賣手錶所攢下來的微薄積蓄，向牧民購買了五粒珍貴的麝香腺體。

仁波切的一位朋友是卡車司機，偶爾會來拜訪住在曲水的家人，順道看看仁波切。一九七五年四月，卡車司機無意中提到將前往聶拉木，為五一慶祝活動運送貨物。仁波切立

即發現這是自己的機會。聶拉木位於西藏的最南端，靠近尼泊爾邊境，沿途會經過定日，是前往坤布崎山口的起點。仁波切捏造說自己有個遠親住在定日，想去探望他。他的朋友說他可以搭便車，還說仁波切可以冒充他的助手。澈贊仁波切接受了，於是約定四月二十八日到曲水接他。

仁波切不知道離開這個國家的路程要花多少時間，他想確保在自己越過邊境前沒有人會開始尋找他。他給曲水的上級寫了一封信，說自己生病了，醫生建議他必須立刻休息一段時間；只要病好了，他就會馬上回去工作。他的休假獲得了批准，沒有任何詢問。

他只帶了幾件衣服、一點食物、一個裝有熱茶的保溫瓶、一把小刀和五粒麝香。他天一亮就出門了，就像平日上班一樣，前往主要街道約定的碰面地點等待。卡車準時出現，他們開往日喀則並在那裡過夜。第二天晚上，他們到達定日，那是一個坐落於蒼涼蕭瑟的平原上、有幾間低矮房屋聚集的小鎮。因為當地的土壤潮濕，鹽分極高，因此只有河邊零零散散分布幾塊耕地。司機讓他在一座小橋下車，並約定好幾天後回程在那裡碰面，接他一起回去。如果仁波切夠幸運，並且他的朋友即使等不到他也不會懷疑，單純認為他們只是錯過彼此而已，那麼，仁波切就必須在這幾天之內越過邊境進入尼泊爾。

仁波切迅速躲進公共廁所，換上看起來像是當地人的衣服。他身上沒有帶任何證件，免得他的身份證會暴露他遠離工作崗位的事實，並且立刻就會被人猜到自己是要逃跑。如果遭到盤問，他就會說要去探望住在附近的父母。

遇到不對的人，比迷路更危險；這個地區不僅有大量的警察和解放軍駐防，定日和靠近邊境的村落也佈滿眼線。然而，這條路卻是正確的，它筆直向南延伸，一路穿越枯槁、冰封的高原，遠方盡頭有閃爍發光的珠穆朗瑪峰山尖。此

獨自逃亡

外,他也認得出那座造型奇特的山——卓奧友峰,根據他的尼泊爾軍師所說的,看見這座山就表示方向對了。仁波切要等到天色漆黑才行動,以免在毫無樹木的平原上被發現。

滿月過後不到四天,夜色尚未完全黑下來。他的腳程很快,迅速避開幾個村落。夜幕降臨,他完全感受不到鄉間氣溫急速下降的天寒地凍,也感覺不到四肢傳來的疼痛,儘管他的四肢仍因在山裡過度勞動而僵硬難行。然而,腳下的每一步都讓他離祖國更遠,離自己真正的使命更近。直貢法王持誦著觀音和蓮師心咒,他的身體似乎毫無重量,滿溢著青春的柔韌,就像那時在足球場上衝鋒陷陣般,或者在長征中國之旅時信步走下陡峭山坡時所感受的輕鬆與喜悅。

夜半時分,他來到位於長瑪附近的解放軍基地。遠方的建築物只剩下黑色剪影,唯有警衛室的窗戶透出一縷蒼白燈光。儘管如此,仁波切還是選擇繞道前行。當他接近由巨大冰川形成的冰磧高原時,地貌變得截然不同。途中他必須涉過一條冷冽刺骨的融冰小溪。他脫掉鞋子,捲起褲管,從比較淺的地方過溪。休息一會兒後,繼續前行,隱約看見一小條向右拐的岔路。尼泊爾商人告訴他,那是一條非常難走的小路,會通往絨轄溝,然後可以到達拉契雪山,密勒日巴曾在那裡閉關,吉天頌恭也送了數千名瑜伽修行者到那裡閉關。但仁波切此刻要走的路,是繼續筆直,往著冰川前行。

黎明時分,他發現自己已經爬到很高的地方,但在無邊無際的雪原襯托下,他仍然十分明顯,很容易成為邊境巡防隊的目標。上山的小徑越來越陡,仁波切發現自己無法像昨天晚上那樣快速前進。當吉達冰川的第一個外圍山尖出現在面前時,他看見前面很遠的小徑上有兩個人正在爬山;他分不清那兩人是巡邏的中國軍人、西藏牧民,還是尼泊爾商人。他盡可能隱藏身分,一邊打量對方,一邊快馬加鞭,謹慎地接近他們。他們是藏人,其中一個上了年紀,另一個比較年輕的人,似乎對這個地區相當了解。老人和他的兒子打

算去拜訪住在邊境外的親戚,同時把他們揹在沉重背包裡的羊毛毯賣掉。仁波切知道他們的身分後如釋重負,立刻加入他們的行列,他們倆默默地接受這位裝備簡陋的同伴,沒有行李,還穿著一雙完全不合腳的鞋子。

　　前面的路變得越來越難走,他們必許踩在厚厚的積雪層中躕躕前行,小心翼翼地在冰雪覆蓋的陡坡上前進。白茫茫的冰雪上看不見任何路徑,對一個不熟悉這片土地的人來說,能遇見這兩個人真是難以置信的好運。仁波切在出發前就知道這次逃亡不會容易,但此刻他充分了解到,如果沒有外部援助,他極有可能在無情的山脈中迷失方向。到了冰川後,結凍的深邃裂隙讓每一步都得更加謹慎。他在拉薩的情報提供者就曾警告過他,坤布崎山口是古代犛牛商隊所走的商道,但即使他們有熟悉路線的嚮導帶著,許多商人仍然提前死在冰川裂隙中。仁波切的同伴從陡峭的懸崖底下拉出一條事先藏在那裡的長木板,用繩子把自己——包括漱贊仁波切——綁成一列,再把木板跨在第一個冰川裂隙上,彼此以繩子拉好,一起走過這搖搖晃晃的臨時便橋,之後再非常小心地將木板拉過來,放在下一個裂隙上。期間也必須注意不能失手讓木板掉入深淵,否則他們將被困在這一大片茫茫的冰川裂隙中。

　　而這段穿越嚴酷惡地的跋涉,似乎永無止境。隨後又刮起一陣冰鬚裂膚的寒風,使得雪粒吹進他們的肺部,讓情況更加棘手。幾個小時後,他們終於到達了海拔五千七百一十六公尺的隘口,當風吹散眼前雪白晶透的雲霧時,仁波切勉強從外形認出被層層冰雪覆蓋的瑪尼石堆和經幡。他沒有回頭,也沒有冒出翻越山口時所習慣喊的「諸神勝利!」(譯註:嘰嘰唆唆　拉嘉洛)。在西藏,似乎不管什麼古老神祇都已遠離。幸運的是,他們下山時,風已經停了,穩定的天氣讓他們下山的速度快多了。他們從囊帕冰河下山到尼泊爾的坤布區,這是個充滿傳奇色彩的地區,也是傳說中喜馬拉

獨自逃亡

雅雪人和雪巴人的故鄉。雪巴人稱這裡為「白域・喀巴隆」,意即「隱秘聖谷」,據說此處曾受到蓮花生大士的加持。當地有一些聖湖及聖山,包括一處長壽聖泉。

那天晚上,他們住在名為盧那(Lunak)小聚落的一個牧民帳篷裡,吃了一頓簡單的飯。仁波切把剩下的微薄食物給了他的同伴後,就陷入沉睡。隔天早上,他獨自出發,因為他想盡快離開邊境地區。

(許久之後,當流亡的直貢喇嘛們聽說他逃亡的過程時,都一致確信他的兩個同伴是度母或直貢護法阿企佛母的顯現,而且也確信他們之後會像幻身一樣消失無蹤。仁波切對此說法微笑以對,但幾乎可以確定的是,如果沒有這兩個男人的幫助,他的逃亡肯定會失敗。至於人們認為這是單純好運還是來自聖者的幫助,則完全取決於個人觀點及認知的清淨性。)

仁波切沿著一條冰川溪流前往地勢較低的地區,在那兒碰到了第一個村莊,他不打算進到村子裡,因為他認為那裡到處都是邊防軍人。在一間小屋前,他看到一些尼泊爾警察正在打牌,但他們完全不理會他。

他偶爾也會遇到一些藏人,但在眼線和間諜之中生活了這麼久,他並不打算向任何人吐露心聲。他獨自一人繼續前行,一路沉默不語,直到來到湯坡崎谷,聽到有位雪巴人在說藏語,而他看起來似乎值得信賴,便與他交談。由於仁波切急需獲得尼泊爾盧比和不太顯眼的衣服,便以遠低於實際價值的金額,把他的麝香賣給這個雪巴人。他買了當地人穿的褲子和一把普通黑傘。之後,他繼續走過許多村莊,途中凡是在路邊的小客棧吃飯,就只能端看老闆的誠信,因為他單純掏出錢,收下任何找給他的零錢後就走人。

澈贊仁波切穿過風景秀麗的科西河谷,為了盡量減少開口提問,導致他在可通往許多商道的喀日廊拉

171

（Kharikhola）十字路口走錯方向，變成往南而走遠了。幾天後，他不得不折返，朝著努塔拉（Nunthala）的小路走。若不是為了以最快的速度、最不引人注意的方式到達目的地（縱使他對這個目的地幾乎一無所知，只知道是個可以讓他自由過日之處），他可能會好整以暇地享受穿梭在陡峭草徑的樂趣，並在天空好心收起雲霧時，欣賞氣勢磅礡的群峰景致，興致盎然地去研究覆蓋在樹幹上的厚厚地衣和青苔，徜徉在有如被施了魔法般的杜鵑花森林，就像現在的他一樣，喜歡研究每一朵沒看過的花和草。

在翻過拉姆朱拉山口後，他離開了信仰佛教的索盧坤布縣，繼續前往吉日廓拉山谷（Jiri Khola）的吉日，從這裡開始有汽車行駛的公路，他可以坐在路邊一間茶店裡，等待開往加德滿都的巴士。儘管巴士並不怎麼舒適，但經過長時間的步行，還總是擔心會引人注意而被要求出示證件，現在的他，終於可以放鬆一點。仁波切坐在巴士後面靠窗的座位上。耀眼燦爛的翠綠色風景，無限綿延至雲端，有如播放幻燈片般，一幕幕從他眼前跳過。其中有一刻，窗外彷彿出現了影子般的軍人，就像他剛從成都回到拉薩時所看到的人民解放軍一樣，全副武裝地向手無寸鐵的平民推進，殘酷無情地驅離他們⋯⋯但此刻的窗外只有枝繁葉茂的山坡，不斷消失在碎石路揚起的沙塵中。軍人是疊加上去的影像，就像睡夢中的透明幻像一樣。仁波切開始打盹，還做了一場跟他一起逃出西藏的噩夢。

加德滿都市塵土飛揚，繁忙且喧鬧。仁波切在巴士站附近一家簡陋旅館找到一個房間。他還在猶豫是否要去街上。不過因為街上有許多藏人商舖，他不至於太顯眼，因此他小心翼翼地出門探索。有一次，他認出一位曾在拉薩賣茶的回族婦女。他和朋友經常在踢完足球後去她的店裡喝茶。當年她窮困潦倒，衣衫襤褸，現在豐滿許多，並且打扮得非常漂亮。他感覺對方好像也認出他來，但兩人卻擦肩而過，沒有

獨自逃亡

打招呼。還有一次，一個年輕人盯著他看，好像認識他一樣。仁波切繼續從他身邊經過，但偷偷回頭看他，發現那個男人也在打量他，於是他迅速躲進一條小巷，然後又躲進另一條小巷——因為他已經熟悉這個地方——所以那個人無法繼續跟蹤。後來仁波切發現對方是為中國人工作的線民，每當發現可疑的難民，就會立即通報。

仁波切現在要運用他在策畫逃亡時所用的方法，結束躲躲藏藏的生活。他不敢直接去找尼泊爾政府，擔心他們會將自己交給中華人民共和國。仁波切漸漸結識了一位開店的年輕藏人老闆，他似乎見識很廣，也值得信賴。有一天，當他們單獨在店裡時，仁波切坦言自己是擦絨家的兒子，從西藏逃出來的。他向店主打聽是否知道家人的下落。先前他在拉薩時，聽一個尼泊爾商人說，他的父母在加德滿都經營往來噶倫堡的巴士路線。藏人告訴他，他們幾年前的確是在做這個生意，但他們已經移民到美國去了，不過或許還有個兄弟目前還住在達蘭薩拉。當仁波切詢問達蘭薩拉在哪裡時，他的新朋友告訴他，那是達賴喇嘛的住所，也是西藏流亡政府的所在地。他建議此時瞠目結舌的仁波切，前往加德滿都的西藏政府辦事處詢問，並為他寫下地址和繪製一張地圖。在西藏，仁波切對達賴喇嘛所領導的流亡政府一無所悉，更不用說它在加德滿都還設有辦事處。

仁波切在五月中旬來到西藏辦事處，持著懷疑態度的代表們聆聽了他的故事。他的報告對他們來說幾乎難以置信；他們不明白他是如何翻越坤布崎山口的，因為過去藉此路線逃離的難民，都是了解地形和天候的當地居民，而且只有少數人能成功翻越。況且，很久都沒聽到從藏中來的人成功越過邊境。此外，他們也不太相信他是擦絨家的兒子，那個已經失蹤十五年、甚至一度被宣告死亡的直貢法王。儘管如此，他們還是為他找到住所，安排與當時正在加德滿都訪問的達賴喇嘛政府內政部長旺秋多傑會面。

仁波切依稀記得他童年時期西藏舊政府的傳統，他原以為會看見一個穿著錦緞、戴著長耳環，髮髻上插著一個嘎烏盒的部長來迎接他，但令他驚訝的是，眼前是一位身穿西服、蓄留短髮的年長紳士。這位內政部長來到加德滿都，對仁波切而言是另一則幸運的事，因為他與仁波切的父親、兄弟和姐姐都很熟，在與仁波切交談後，他確信仁波切並非冒名的頂替者。他告訴仁波切，他的姐姐南傑拉姆嫁給達賴喇嘛的哥哥洛桑三旦（1932-1985），自己與她很熟。仁波切的哥哥晉美目前住在達蘭薩拉。他們一致同意，最好不要將他的行踪或他進入印度的意圖告知西藏流亡政府的成員或尼泊爾政府。由於美國中央情報局支持位於木斯塘的西藏游擊隊基地，使得流亡政府和尼泊爾之間的關係變得相當緊張。部長說，他對運送人員穿越邊境很有經驗，這件事包在他身上。

有一天，加德滿都西藏特工的一名僱員陪同仁波切到一家餐館，向他介紹一位看起來像外國人的長髮男人，對方說會帶仁波切去見他在達蘭薩拉的哥哥，但並未解釋細節。隔天早上，仁波切在巴士站和他的對口碰面，對方手上拿著從邊境出發到印度的火車三等座票。三等車廂坐起來不怎麼舒適，特工送給仁波切一張床單作為離別禮物，讓他坐在上面，避免直接碰觸骯髒的椅子。

一九七五年六月初的那天，仁波切和他那位沒有名字的同伴在一個極炎熱的天氣下，乘坐一輛極破爛的巴士，經過極惡劣的道路來到邊境。那輛巴士拋錨了兩次，一次是在晚上，花了好幾個小時才修好。修車時所點的燈吸引來一大群巨大且令人不快的昆蟲，附近還有一些動物發出令人難以置信的聲音。仁波切好奇地問他同伴，這聲音是不是驢子的叫聲，他的同伴說那是附近湖裡的青蛙在叫。實在很難想像，那麼小的青蛙居然能發出這麼大的聲音。

第二天，他們抵達邊境小鎮比爾甘傑。他的同伴看起來

獨自逃亡

有點忐忑不安,並將他為流亡政府所準備的文件和信件塞到仁波切袋子裡,說他可能會被搜身。他們手上各拿一個新的保溫瓶,因為他假裝是賣保溫瓶的,而海關只允許每人攜帶一個保溫瓶。他向仁波切強調,不論如何都不要開口說話,由他負責講話就好。但仁波切看到他的同伴如此焦躁,不確定這是否是個好主意,但看來這也比嘗試用藏語或漢語與邊防人員交談要好。

他們爬上一輛人力車,準備前往印度邊境城鎮拉克紹爾。他們在一長串的車隊中等待,當前面的車輛都經過徹底檢查時,已經是上午十點鐘。輪到他們的時候,他的同伴下車,走向警衛,奇怪的是,警衛卻仍坐在警衛室旁,繼續玩牌。

他的同伴回來時,臉上滿是困惑。對方什麼都沒檢查,只是詢問旅行者從哪裡來,然後就說可以走了。對他而言,這種怪事似乎比面對檢查更令他不安。過去從來沒有發生過不需要搜身、甚至連證件都不用出示的情況。他們的運氣好到令人難以置信。那個人滿臉疑惑地看著仁波切,而仁波切只是從容地坐在人力車破裂的塑膠板凳上,以溫暖的微笑回應他的目光。

由於距離火車到站還有一段時間,他們便在拉克紹爾火車站稍事休息。仁波切將布袋枕在頭下小憩,但大半輩子都在高原生活的他,炎熱、潮濕的環境令他感到不舒服。之後,火車車廂裡的環境讓情況更是糟糕,他們坐在硬木長凳上,火車每停靠一站,車廂就變得益加擁擠。車廂內黏稠的空氣,使得原本就很難聞的氣味變成難以忍受的騷臭。仁波切非常痛苦,但他強忍著,因為火車每十五分鐘就會停下來,有些乘客要下車,更多人則要上車,車廂內會發生一陣混亂的推擠、互撞和大聲喊叫。仁波切的座位在第一節車廂裡,當他試著打開窗戶讓羶臭和熱氣散出去時,發現外面的空氣並沒有比較涼爽,還讓引擎排出的柴油熱煙跟著一起吹

了進來。無奈之下，他只好再度把窗戶關上。直貢仁波切只靠一件單薄衣衫就穿越高山雪線上的冰凍河川，但他無法忍受悶熱、惡臭，以及令人窒息的空氣。他滿身大汗且口渴莫名。

　　仁波切的同伴十分機警，當警察上車檢查幾名乘客時，他趕緊要仁波切躲到車站的廁所裡。在這段休息時間裡，仁波切打開水龍頭，大口喝水，但他的同伴面有難色地告訴他，那個水又髒又有污染，他不應該那麼做。儘管仁波切已經灌飽了好幾次，幸好他沒有生病。後來，他的嚮導在火車站幫他買了乾淨的水。

這輛火車走了一條迂迴的路線，它先往東行，到位於大吉嶺附近的卡蒂哈爾，然後再往西行返回勒克瑙，他們在那裡下車，並在車站附近一家簡單旅館裡住了一晚。隔天，他們繼續坐火車前往帕坦科特，最後從那邊搭巴士前往達蘭薩拉。

（十二）
隨著自由而來的承擔

澈贊仁波切於一九七五年六月六日抵達達蘭薩拉。在高海拔地區，他的身體感覺好多了，雖然這裡的海拔還是沒有西藏高。藏區代本，平措扎西前來迎接仁波切。很久以前他的摩托車曾在接待達賴喇嘛的宴會上為牧民帶來不少歡樂。平措現在是流亡政府的安全部部長。仁波切本來要被安置在西藏兒童村裡一間小房子裡，凡是剛來到達蘭薩拉的人都會先帶到這裡。但是當達賴喇嘛的母親嘉雍欽莫（國母）和她的女兒傑尊白瑪聽說他抵達時，便邀請他共進午餐，並在她們家度過他在達蘭薩拉的第一個晚上。

「傑尊」用來尊稱德高望重的老師，或受人敬重的尼師。他姨婆車仁家中曾住有一名老尼叫傑尊姑秀，因此仁波切猜想自己會住在一位光頭老婦人家中。當他走到屋前敲門時，原本以為來應門的是一位矮小、滿臉皺紋的老尼，結果卻出現一位漂亮、優雅的年輕女士向他打招呼，介紹自己是傑尊白瑪。仁波切對於人類多麼容易受心識所欺騙，感到既驚訝又好笑。另一位戴著眼鏡的端莊女士出現在他身後，問道：「你不認識我了嗎？」他記得。那是達賴喇嘛的母親嘉雍欽莫。她打量仁波切神秘的同伴，說他的臉不像藏人，想知道他是誰。仁波切無名的同伴向大家告辭，沒有透露自己的身份就離開了。

午餐時上了多道佳餚。仁波切已經很多年沒有吃過這麼美味的飯菜了，他很高興能吃到印度咖哩，配上羊肉、扁豆

和馬鈴薯,並且生平第一次嚐到芒果的滋味。仁波切在嘉雍欽莫家作客了幾晚後,他的哥哥晉美回到了達蘭薩拉,原本他聽說仁波切會經過德里,就去那裡接他。晉美畢業於印第安納大學,曾在紐約一家銀行工作一段時間,現在與妻子央宗·卓瑪頓珠一起搬到達蘭薩拉。央宗·卓瑪頓珠是達賴喇嘛的哥哥,嘉樂頓珠的女兒。哥哥晉美現在擔任西藏醫學院院長,與嘉雍欽莫同住在一棟房子裡。當仁波切時隔十八年後首次擁抱哥哥時,感覺就像陌生人般。他們上次見面時,兩人都還是小孩子,但即使是當時,他們相聚的時間也不多。當他們的父母在美國聽到這位兒子從西藏逃出來時,簡直不敢相信,並懷疑是騙局,一直到晉美親眼證實並打了一通電報回去,他們才確定自己失散已久的兒子真的回來了。於是,敦都南傑立即訂了飛往德里的機票。

　　晉美向仁波切述說這幾年來家中發生的事。雙親逃亡後先是住在噶倫堡,父親曾為達賴喇嘛的流亡政府工作,分別待過德里、加爾各答、穆索里和達蘭薩拉。他與夏格巴·旺秋德丹(1907-1989)一起建立了中央社會福利委員會,幫助藏人融入在印度流亡的生活。擦絨·敦都南傑和嘉樂頓珠負責變賣西藏政府存放在錫金的黃金白銀及寶物珍品等儲備金,並將所得投入印度股票市場。一九六二年中印戰爭引發股市崩盤,西藏政府損失了一大筆原本用來支援流亡藏人的緊急資金。變賣錫金儲備金的部分收益,也被用於在比哈爾邦建造一家鋼管製造廠,廠長是嘉樂頓珠,但擦絨才是實際負責工廠運作的地下廠長,因為嘉樂頓珠大部分時間都花在由美國中央情報局所支助、位於木斯塘的西藏反抗軍基地。

　　擦絨很想要卸下這份重擔,但政府執意希望他能留下。他的個性溫和謙讓,與印度商界擅長的強硬刁鑽手段格格不入。股票市場的虧損讓他很難獲得信貸,工廠的盈餘只夠讓他支付工人薪水,他自己則以無薪工作苦撐了好幾年,一家大小靠出售妻子的珠寶過日子。擦絨除了養活自己孩子外,

隨著自由而來的承擔

還要負責支付兩個西藏孤兒的教育費用。在工作與生活兩頭燒的情況之下，敦都南傑與妻子倆人疲憊不堪，先是妻子生病，接著是他本人，直到他最後因嚴重胃功能失調，必須從公職退休。印度沒有醫生可以治療他的疾病，所以他搬到瑞士和女兒南傑拉姆與女婿洛桑三旦居住在一起，但那裡的治療依然無效。最後，一九七〇年，在醫生的建議下，他和妻子移居到美國接受進一步治療，最初是與嫁給夏格巴・旺秋德丹之子夏格巴・次仁旺傑的二女兒諾金，一起住在紐約。

達賴喇嘛尊者希望親自接見澈贊仁波切，而他們聊了很長一段時間。達賴喇嘛想知道他在中國的生活，受了哪些苦，被強迫做了哪些勞動工作，也想看看他的雙手，上面佈滿了長期粗活的痕跡。他還想知道他是否會寫中文。達賴喇嘛評估所有的選項，並對一切可能性都保持開放的態度。仁波切可以選擇過在家人的生活，也可以接續帶領直貢傳承的工作，或者成為流亡政府非常重要的一員。達賴喇嘛建議他先去美國與家人團聚。如此的距離，有助於他更超然地決定未來方向。他讚賞仁波切的機敏智慧，以及他回答問題時的迅速與全面，因此在臨別時，他也建議仁波切應該承擔起直貢傳承法座持有者的責任，但還不急著開始進行。達賴喇嘛看得出來，佛法清淨無染的精神在他身上依然鮮明而強烈。為了象徵噶舉傳承中佛陀身與意的化現，達賴喇嘛送給他一尊密勒日巴像，以及一本他極力推薦的岡波巴名著《解脫莊嚴寶論》。

圖30：一九七五年澈贊仁波切在逃離西藏後，
於達蘭薩拉拍攝的護照照片

　　仁波切才剛經歷這麼多巨大的轉變，需要一些時間評估自己的處境與各種可能性，並不希望立即做決定。目前他唯一確定的是，他想去美國看望家人。其他事情，都等適切時機到來再說。

　　一九五九年逃亡的直貢上師中，已有一些在流亡地點建立了特定的宗教規模。翁楚仁波切在印度北部拉瓦爾薩爾鎮附近的措佩瑪，建立了一座小寺院，安陽仁波切則正在南印度的西藏屯墾區拜拉庫比，建造另一座寺院。仁波切小時候在直貢寺認識的朗欽加布仁波切已經還俗，成為西藏流亡政府內政部的秘書長。直貢傳承中一些有影響力的人多散居在印度各地，並沒有一個中心組織。許多追隨者甚至不知道要

隨著自由而來的承擔

去哪裡尋找直貢傳承的仁波切。

拉達克仍保存著完整的直貢傳統，東滇仁波切負責管理三座主要寺院和大約五十座小寺院。他們資金匱乏，彼此不甚和睦，只有少數僧侶和祖古持有必備的傳承，還記得一些傳統，試著保存古老的傳規、慶典、金剛舞、音樂曲調、經論研究以及深奧的禪定修持。但即使是土生土長的印度人，要去拉達克也得突破層層官方關卡，況且，身在印度的藏人與拉達克人之間也極少交流。普遍而言，直貢傳承遭受極大的破壞，昔日的輝煌與重要性不復存在。此時不僅沒有大型佛學院，具有學識的上師也越來越少，甚至傳統的法會儀軌、慶典也逐漸消失。直貢傳統岌岌可危，許多祖古和喇嘛紛紛轉向其他宗派，主要是噶瑪噶舉派和寧瑪派，它們的學術傳統與儀式傳規在這次的流離失所中，受到的波及較小。儘管如此，仍有虔誠的弟子、僧俗民眾，聽到法王抵達自由世界後，感到雀躍不已。

其中尤其是當仁波切還在直貢時，曾試圖幫助仁波切逃脫的前任卓尼·昆秋桑天和梭本曲卓這兩人，特別興奮，他們原本確信兩位法王早在一九七一年就遭到中國人的殺害，甚至還曾認真討論尋找轉世的事宜。桑天和曲卓於七月三日抵達德里，原本打算立即前往達蘭薩拉拜見仁波切，後來得知仁波切會來德里，便在下午前往德里西藏之家去見其他人。但當他們走進秘書長、仁波切的姑姑次仁卓瑪的辦公室時，影入眼簾的卻是擦絨·敦都南傑和他的兒子怙主仁波切。曲卓連話都說不出來了，昆秋桑天則痛哭失聲，結結巴巴、一遍又一遍地說著：「怡心諾布！怡心諾布！」（如意寶），並向仁波切頂禮。仁波切扶起昆秋桑天，將這位渾身顫抖不已的人扶到椅子上。他非常高興看見他忠實的夥伴，在這麼長時間後仍健在無恙。

桑天詳細詢問仁波切有關學習、人生的經歷，尤其是道德戒律等事宜。仁波切耐心、仔細、誠實地回答了每一個問

題。在看見仁波切心中如此強大的悲心後，桑天了解到他是個多麼了不起的人，因為在公開宣稱其乃宗教修行之敵的共產黨統治下，不論他的人格或道德品行皆毫髮未損。他看到一位聖者，並對此充滿了希望。

當直貢的上師們得知仁波切的計劃後，感到相當憂心。他們當中有許多人認為澈贊‧赤列倫珠理應留在印度掌管直貢傳承，完全沒有多加思考他剛脫困所面臨的心境，就決定進行第二次陞座。昆秋桑天提議在德里的拉達克村舉辦，但加布仁波切堅決反對，認為這麼重要的活動必須在達蘭薩拉舉行。當他們發現仁波切打算和父親一起前往美國時，他們擔心在經歷那麼多年的壓迫與困頓之後，美國的自由與奢華的生活會讓他忘記身為直貢法王的角色，以及傳承的責任與祖古的使命。

但也並非每個人都急著看到直貢法王恢復職位。在傳承四分五裂的情況下，有些人提高了自己的聲譽，因而不願意放棄目前所獲得的地位，回到原本的位階。當然，不論任何傳承，這種地位爭奪一直存在於寺院結構中，在攝政時期尤其明顯。如今，在流亡海外的混亂情勢、西方人認為人人平等，以及對傳統階級不敏感等因素交織下，進一步促成傳統位階重新大洗牌。雖然沒有檯面上的公開反對，但私底下一場政治角力卻悄悄開始。但仁波切本人已經受夠了政治，非常樂意將這一切拋諸腦後。

與此同時，一個由直貢高層組成的代表團拜訪了達賴喇嘛。東滇、翁楚和昂羌‧昆桑仁增，希望法王至少能給予一些承諾，他們也敦請達賴喇嘛授予澈贊仁波切沙彌戒。達賴喇嘛說他不想給仁波切施加壓力，畢竟，這是一件重大的決定，而且又是這麼高階的轉世。仁波切從十四歲起就沒有接觸佛法了。他過去一直活在共產黨的高壓管控下，而該黨向來譴責宗教是毒藥和用來剝削人民的手段，並將喇嘛上師和僧人視為其思想的主要敵人。他一直以來所接收的都是不良

建議和思想灌輸，若要拋棄這些觀點，就必須對佛法的內外意義有所深入了解。單純由於眾仁波切和僧人的絕望要求，就要澈贊仁波切立下這些誓言，既不謹慎，也不合宜。而且，既然他要去美國一段時間，也無法保證他能夠遵守這些戒律，如果他違背了戒律，要再重新受戒就會更加困難。達賴喇嘛最後說道：「我在西藏為他剃度時，他還是個小男孩，但他當時並沒有從我這邊領受戒律。儘管如此，他仍持守著清淨戒律。這是個極好的徵兆。因此，等他回來再受戒，完全不會有任何問題，即使他在這段期間無法持戒，也沒關係。」

直貢喇嘛們非常痛苦，因為他們才剛獲得寶貴的法座持有者，現在又要被奪走了。他們無法用直貢傳統的陞座儀式來迎接仁波切，以致內心既懊惱又失落。達賴喇嘛能夠理解他們的心情，同意以折衷方案舉行象徵性的陞座儀式，向信眾宣布法座持有者的存在以及他將回歸的儀式。

在德里，加布仁波切說服了澈贊仁波切和他的父親，讓他們知道這個儀式的重要性，並要求仁波切為這個儀式剃髮，表明他打算繼續當僧人。父親對兒子所承受的壓力感到有些惱火，但仁波切平靜地讓里嘉祖古的哥哥理掉他的頭髮，加布仁波切將當時的頭髮保留至今。隨後，仁波切在父親和姐姐諾金的陪同下，回到達蘭薩拉。

七月十六日，在一個吉祥的日子裡，包括東滇、安陽、翁楚和加布仁波切等許多直貢追隨者，聚集在達蘭薩拉會見法王。能在時隔二十年後再次見到澈贊仁波切，東滇仁波切為此喜出望外，在他眼中雖然仁波切的外表改變了，但性格卻沒變：仁波切散發出和小時候一樣的祥和與平靜。直貢代表團的儀仗帶領仁波切進入擠滿群眾的大殿，達賴喇嘛坐在法座上，仁波切坐在達賴喇嘛對面的法座上，眾人根據直貢傳統向他獻上長壽曼達。

隔天，西藏流亡政府宗教文化部為他和達賴喇嘛舉行盛大的歡迎會，藏傳佛教各派和西藏各地的代表均出席了。首先由格魯派一位代表舉行獻曼達儀式，隨後由直貢噶舉的代表們向達賴喇嘛獻曼達，接著便根據仁欽彭措所取出的伏藏法進行長壽獻曼達，象徵法王・赤列倫珠的陞座。對於直貢人來說，這是個充滿吉祥榮耀的日子，象徵傳承在歷經磨難後，有如浴火鳳凰般準備再次飛揚。

仁波切在印度屬於難民身份，若要前往美國，就必須向印度政府申請難民登記證明，接著再取得身分證明。這個過程牽涉由情報局主導的冗長繁瑣審訊，每天他都要跟不同的情報人員會面，其中一個似乎特別關注西藏事務，另一個則熟悉國際間諜組織。他們想要詳細了解西藏的政治局勢、中國軍隊的實力與基地、如何招募線人等等。還有一個屬於國內特勤部門的小組，想要知道仁波切如何成功逃離中國，特別是他如何在不被發現的情況下進入印度。對於達賴喇嘛加德滿都辦事處以及他神秘旅伴所提供的幫助，仁波切則隻字未提。他說自己是在經過某個海關的時候，剛好沒被檢查到，至於哪個海關他不記得名字了，這點倒是事實。

新德里的審訊，是在仁波切所住姑姑次仁卓瑪和姑丈格列仁波切家中進行的。澈贊仁波切記得親眼目睹格列仁波切的父親德木仁波切，穿過八廓街遭受群眾辱罵的情形。這一切對他來說，彷彿就在昨天。格列仁波切是全印廣播電台西藏分部的主任，認識很多官員，這對縮短申請證件所需經歷的漫長過程有很大助益。

隨著自由而來的承擔

圖31：擦絨・敦都南傑、澈贊仁波切、喇嘛洛桑和格列仁波切（左起）在拉達克佛寺前

　　曾任印度政府高階職位、現任少數民族委員會主委及印度議員的巴庫拉仁波切[63]，也盡全力幫助澈贊仁波切減少面對無止盡的訊問。巴庫拉在西藏見過仁波切一次，並在仁波切來到達蘭薩拉不久後，便邀請仁波切喝茶，還說他在印度可能會遇到一些疊床架屋、讓人退避三舍的官僚組織問題，他們不僅會問很多問題，還會製造更多問題。

　　印度政府法定種姓與部落委員會成員洛桑喇嘛，也盡量利用自己的資源幫助澈贊仁波切。在印度，官員辦公桌上堆

63　巴庫拉仁波切（1917-2003），拉達克人，深入參與許多少數民族的福利與權利議題，範圍涵蓋偏遠的拉達克地區到廣大的印度法定種姓與部落，其付出對查謨和喀什米爾邦這樣一個具有政治爭議的地區，在保存佛教及文化方面發揮了決定性作用，因此被尊稱為「現代拉達克的建築師」。仁波切擔任印度駐蒙古大使十多年。二〇〇二年十一月，在其圓寂前，仁波切受英國女王伊麗莎白二世之邀訪問了倫敦。

滿灰塵覆蓋的文件是司空見慣的事，每份文件都以龜速一份一份地傳給下個公務人員處理。如果你的文件剛好被壓在最底層，那麼想要加快速度，唯有透過賄賂才能讓它從最底層移動到最上層。

格列仁波切似乎總是有辦法，讓澈贊仁波切的檔案在這一系列如迷宮般的官僚辦公室中移動。有時打電話，有時為官員們安排小福利，有時則施加壓力。每次仁波切的檔案被送到新的辦公室後，格列仁波切就會想辦法知道它在哪裡，並打電話給負責的部門主管。對澈贊仁波切來說，與部門主管的會議又是另一個令人稱奇的新體驗。沒有人準時上班，等到他們終於出現時，則會在辦公室裡跟下屬聊天聊很久，叫人泡茶，並與朋友、熟人進行無止盡地辯論。中午時分，他們會消失去吃一頓豐盛的午餐，然後回來繼續聊天，到了下班，又總是第一個離開辦公室。格列仁波切緊盯澈贊仁波切的檔案前後整整三個月，分別向低、中、高層級的官員餽贈鈔票，以確保檔案繼續向下一個辦公室移動。最後，澈贊仁波切終於拿到了難民身分證。

仁波切前往美國大使館時，他的心情忐忑不安，害怕再次出現官僚程序，但最後他需要做的，就只有正式宣誓身份證明資料正確屬實並接受體檢。他在大使館收到一個密封的厚重信封，交代他不能打開，必須在抵達機場後將其交給當局。

一九七五年秋天，澈贊仁波切和父親抵達紐澤西州的紐瓦克機場。一名女性移民局官員協助他們填寫一份複雜的表格，並引導仁波切到另一個房間，仁波切便把在德里收到的信封轉交給她。當父親在外面等待時，仁波切坐在沙發上，目光環視著新環境中許多未知的事物——空調、自動販賣機、彩色電視機裡播放著無聲的棒球比賽——直到一名看起來相當

隨著自由而來的承擔

親切的警察出現,並遞給澈贊仁波切一張剛從印表機中列印出來而熱騰騰的綠卡。仁波切的父親難以置信地搖搖頭,他等了三年才拿到綠卡。仁波切平靜地收下綠卡,對於障礙突然在眼前消失早已習以為常。

圖32:洛桑三旦(達賴喇嘛的哥哥)、澈贊仁波切、擦絨‧敦都南傑和南傑拉姆在紐澤西州

　　他的姐姐南傑拉姆和姐夫洛桑三旦到機場接他們。他們驅車前往南拉和洛桑位於紐澤西州蘇格蘭平原的家,屬於紐約大都會區內許多不起眼的郊區之一。南拉簡直不敢相信她的弟弟竟然能夠成功逃離中國,而這根本是完全不可能的事。他們老早就放棄了所有的希望,然而現在他就在那裡,

站在她面前。附近住著擁有許多弟子的蒙古格西‧阿旺旺傑，那時剛好在他們家裡。他是一位性情直爽、心胸寬闊的上師，與激贊仁波切的祖父很熟。他熱情地擁抱法王，並把一張百元大鈔塞到他手裡。仁波切原本不想收下，但格西旺傑堅持說，他的祖父擦絨經常幫助他和他的家人，這是他至少能做到的事。他還邀請仁波切隨時去找他。

　　接下來的日子，仁波切必須習慣：沒有人發號施令，也沒有需要前往繳交報告的地方。這種不習慣的自由讓人不安。在西藏，與他同樣階級的人會受到鄙視和羞辱。他之所以能夠避免最糟糕的情況，主要因為他聽從果確仁波切的警告並留在學校，但他還是得承受不少的敵對與惡意，被迫要不斷檢討自己的言行。現在，他開始用全新的眼光看待自己的體驗，了解到過去那些經歷乃是培養安忍與悲心的最大助力。

　　原本他的父母在距離南拉家不遠處有一棟漂亮的大房子，但他們搬到德州後，房子就出租了。現在他的母親焦急地在德州等待他的到來。他的弟弟班久正在威斯康辛州研讀人類學。激贊仁波切在南拉和洛桑三旦的家住了幾天後，便前往德州，搬到距離休斯頓不遠的加爾維斯敦一間公寓裡，與父母同住。為了給瘦弱的兒子增加點體重，仁波切的母親開心地拖著他，從一家餐館吃到另一家餐館。

　　一九七五年冬天，仁波切首次與母親進行長途旅遊。他們乘坐灰狗巴士探望住在明尼亞波利斯的班久和他的巴西妻子莎拉，班久在明尼蘇達大學就讀一個學期的課程。仁波切盡情地欣賞沿途多樣的地貌風景，巴士停靠路邊時的蕭瑟餐館也令人印象深刻。當仁波切與弟弟見面時，明尼亞波利斯吹著的寒風比拉薩的風還要冷，倆人試著將眼前的年輕人與童年記憶中的兄弟連結起來。身為一名人類學學生，班久對現在的西藏有很多疑問，仁波切一一為他詳細回答。

隨著自由而來的承擔

　　雖然父母也希望兒子能跟他們說說他在西藏的經歷，但卻沒有給他壓力，因為他們不知道他真正經歷了什麼；或許他們也擔心，自己可能會聽到一些寧願不想知道的事情。仁波切並不急著述說過去發生的事，他更想要探索並享受他的自由。他的父母開車帶他去很多地方，拜訪他們的西藏和美國朋友，晚上他的父親則教他一些基礎英語。仁波切慢慢地告訴父親一些在中國共產黨統治下的西藏狀況，父親則對於赤匪仁波切待他如此惡劣感到憤怒。但是當仁波切談到年輕時發生的駭人事件，卻從來沒有帶著痛苦或責難的心情。他以一貫悲憫的口氣論及所有，不論是保守的寺院總管、赤匪嘉樂，或是共產黨統治者。他總是能站在他們的角度，考量他們良善的一面與動機，以及其恐懼、擔憂與理解的侷限性。

　　後來，他的父母搬到了休斯頓，因為父親加入了藥王山寺療癒基金會（Chakpori Ling Healing Foundation），該基金會由一位自稱為西藏喇嘛的諾布‧欽主持。諾布‧欽是一名身型矮小、熱情洋溢的美國人，他的本名是邁可‧亞歷山大。他研讀藏傳佛教，後來成為一名引起不少騷動的治療師，這要歸功於菸草大亨的女繼承人、億萬富翁多麗絲‧杜克，以及其他幾位名流的金援和宣傳。他是一個爭議人物，有許多關於他的謠言流傳，其中有些是他自己製造的。儘管他的說法很誇張，但相信諾布‧欽治癒了他們的人不在少數，其中包括擦絨‧敦都南傑，因為他終於擺脫包括印度、瑞士和美國主流醫生都治不好的慢性病。

　　澈贊仁波切的弟弟班久利用暑假來到德州，教他開車。週日，他們在購物中心前的寬敞停車場練習開車。沒過多久，仁波切就能在車流稀少的小巷弄，開著車子到處跑，接著再開上繁忙的高速公路。開車不是問題，但筆試仍為一個主要關卡，因為仁波切對英語所知甚少。在經歷一次筆試失敗後，班久想到一個好主意。他們開車來到休斯頓郊外的一

個小鎮，兄弟倆分別報名參加考試，在空蕩蕩的小房間裡，相隔很遠地坐下。仁波切在複選題考卷上隨意勾選完畢，兩人在排隊交卷時偷偷交換了答案卷。仁波切因此拿到了執照。（當他說到這個故事時，他笑著補充道：「班久沒考過！」）

他的父母立刻要求他提升英語能力。父親和兄弟姐妹都能說一口流利的英語，母親也能說得不錯。有一段時間，仁波切到休斯頓德州大學的國際語言學校參加密集課程。起初，他一大早起床搭公車去學校，但當父親買了一輛新車後，仁波切就開著父母的舊豐田車去上課。但他最後只上了五個月，因為那些課程是為讀寫能力不錯的高階學生所設計的。他連羅馬字母都還不太會，需要比較基礎的英語教學。仁波切的漢字和藏文書寫能力在這裡派不上用場，儘管他的學習力很強，記憶力非凡，但課程內容對他並不太適用。

他上午在上英語課，下午便無事可做，但他不喜歡無所事事。所以他一開始先去父母家附近的中餐館詢問廚房幫手的工作，但老闆不願意僱用他，弟弟就幫他在附近一家麥當勞找到應徵機會。儘管他的英語很差，經理還是當場僱用了他，而且這份工作比他在中餐館只說中文的環境還要好。從此，他每天下午都去麥當勞工作。這間餐廳的生意很好，他的手腳要很快，而且也沒有什麼時間休息。第一個禮拜，他發現自己難以搞定全部的程序，包括要迅速有效地完成點餐、操作機器並做好漢堡，但他後來很快就掌握了那種常規，而能順利完成所有任務。

餐館的工作給他帶來極大的樂趣。這間速食店的廚房，與他在通嘎即興創作的爐灶相比反差之大，讓他歎為觀止。廚房裡的所有用具都是機器，每樣東西都一直在更新，讓他活生生地看見佛法所說的，萬法無常與不斷更迭的基本原理。每週都會有些東西改變或更新，不是椅子換新了，就是裝潢改變了。

隨著自由而來的承擔

這裡的活力與效率之高，不僅前所未見且持續更迭。仁波切無論是在西藏還是在印度，都沒有過這樣的經驗。他開始認為西方人不僅在物質層面上進步，在智識層面上或許更進步。其中最讓他感到讚嘆的是專業分工，這點與西藏的工作方式截然不同。這也讓他開始思考教育的重要性，他發現或許正是因為發展不同領域的專業知識，使得西方世界在許多方面都能取得領先地位。但儘管這些先進技術讓人嘆為觀止，他也相信，只關注科技、物質層面的生活，已經讓這個社會落入不平衡的險境。反觀西藏人在精神層面則較為進步。他們將所有的智力全都用於精神發展，他們的物質財富也都花在這上面，經文是用黃金寫在最昂貴的紙張上，用來裝訂經書的封面也要花費工匠數週的密集工作，佛像、佛塔的豎立則造價昂貴，寺院也是金碧輝煌。因此，困難在於如何讓精神與科技發展形成和諧關係，不帶任何偏見地將物質與精神這兩個層面結合起來。

擦絨一家在大休斯頓地區經常更換住所，當他們準備再次搬家時，麥當勞經理想要透過為仁波切升職來留住他。他很想留下來，因為他喜歡那裡的工作，但他必須和父母一起搬到阿靈頓。諾布欽搬到了阿靈頓，澈贊仁波切的父親想要跟著一起過去，以便為他工作。此外，諾布欽也生了重病，仁波切的父親決定照顧他。

當他們搬到阿靈頓時，澈贊仁波切已經拿到駕照兩個月了。他的父母先開車上路，仁波切則開著父親的舊車跟在後面，但就在快到達拉斯前，高速公路的出口交流道被巨大的交通標誌板擋住了。仁波切的父親到最後一刻才突然下交流道，但路上的車子太多，仁波切來不及切換過去，只好直直往達拉斯開去。央金卓嘎和敦都南傑兩人急得像熱鍋上的螞蟻，擔心彼此在人生地不熟的地方，可能再也找不到對方了。儘管希望渺茫，仁波切的父親還是開車回到他們最後分開的地方，試圖找尋一台豐田車，他們找了很久一無所獲。

說時遲、那時快,他的眼角餘光看見仁波切的車子轉進一個加油站。仁波切掛著一抹頑皮的微笑下車,彷彿這只是一場冒險。他的車子開到達拉斯後,便折返往沃斯堡的方向開,然後在阿靈頓出口下高速公路。於是他們就在那擁擠堵塞、縱橫交錯的高速公路上,像兩艘小船在茫茫大海中相遇了。

圖33:澈贊仁波切在華盛頓特區白宮前留影

隨著自由而來的承擔

之後,仁波切經常開著他的舊豐田車,獨自探索美國。雙親雖然來到美國六年了,仍經常找不到路,不敢開車到陌生地方,感覺自己就像初來乍到的外地人。仁波切卻經常鑽進那台車子,獨自去旅行,沒有任何特定目的地,有時一連幾天,有時甚至數週,希望盡量了解這個新世界。

搬到阿靈頓後,整整有六個月的時間,仁波切每天早上都會去家裡附近一所學院的圖書館自修英文。他可以在視聽區,觀看一些帶有旁白的影片和幻燈片。當然,他特別喜歡介紹動物及其行為的影片。有關喜馬拉雅山雪人的幻燈片,也讓他覺得十分有趣,因為他確信雪人其實是非常大隻的熊。西藏偶爾會出現這種比犛牛還要大的巨熊。仁波切曾在西藏一棟房子裡,親眼看過這些怪獸的毛皮,它被鋪在一張很大的雙人床上,卻仍有部分熊皮垂落在地板。這種熊的毛很短,富有光澤,上面有一條長長的白色條紋。只有極少數居住在荒地的人,曾經見過這種龐然大物,因此喜瑪拉雅山雪人的神話應運而生。仁波切在阿靈頓的時候,也是在一家餐館工作,這次是一間牛排館兼啤酒屋,他首先擔任洗碗工,然後是廚房助手,主要負責煎馬鈴薯和補充沙拉吧。

如今他在美國生活將近兩年了,雖然他很少思考這件事,但他從未懷疑自己最終還是會回去接管直貢傳承法座的工作。在他剛到美國的頭幾個月裡,他完全忽略直貢上師們寄來的懇求信,但他現在開始與父親討論返回印度的事宜,告訴他這件事別無選擇。仁波切帶了兩套袈裟來到美國,一套是達賴喇嘛給的,另一套來自不丹王妃瓊英多吉。他將這兩套袈裟交給母親,請她代為保管,因為他日後會需要它們。

一九七七年底,澈贊仁波切決定搬到紐澤西州與姊姊南拉同住,他把行李丟進車子後,就開車上路了。洛桑三旦與仁波切一起長大,他的三個兄弟都是轉世高僧:達賴喇嘛、當彩仁波切(土登晉美諾布)和阿里仁波切(丹增曲傑)。

仁波切一聲不響，突然出現在他們家門前時，洛桑跟他的妻子說：「這肯定是一位仁波切！他才剛來美國不久，不太會說英語，卻靠自己的力量一路從德州開車到這裡。更重要的是，他沒通知我們，就自己到了。」

仁波切在搬到紐澤西州前不久，收到一份從印度措貝瑪直貢寺一位博學僧人宗都森給寄來的包裹。裡面是一本非常稀有、珍貴的藏文文本，由第四世澈贊仁波切・貝瑪嘉稱（1770-1826）撰寫，講述歷代直貢法王的史料。他在十九世紀初參考早期直貢傳承法主的編年史和著作，以及巴俄・祖拉陳瓦（1504-1564/66）的宗教史，編纂了這部詳細記載直貢傳承歷史與法嗣（藏音『典饒』，繼承者）傳記的文本，並命名為《法嗣金鬘史》。貝瑪嘉稱在編纂這部書時，遇到了和西藏所有歷史書籍一樣的問題，那就是無法辨別正確的日期。因為有些史料只有記載當年的生肖，卻沒有說明對應的陰陽五行和第幾「繞迥」（勝生周，六十年為一周期）。仁波切很喜歡這份文獻，決定鑽研西藏和直貢傳承的歷史，以及貝瑪嘉稱所記錄關於自己前任轉世的歷史。

雖然貝瑪嘉稱花了很大心力，與西藏大事紀編年表做比對，將一些特定事件發生的日期確定下來，但仁波切想要進行更艱鉅的任務。他希望將這些日期用西曆表列。這個工作的困難度在於，用於計算每年藏曆的曆算方式，不僅極為複雜，有時還會跳過幾天，甚至整個月份，又或者重複幾天或整個月份。仁波切為了做這件事情，每天乘坐巴士前往紐約市立圖書館爬文，翻查這方面的文獻資料。他驚訝地發現，這座圖書館裡竟然有如此多種類、題材的藏文著作。在閱覽室裡，他遇到了夏格巴，夏格巴是他姐姐諾金的公公，也是在一九六七年出版歷史名作《西藏政治史》的作者。夏格巴正在寫一本新書，結果兩人開始熱列討論祖國的歷史與政治。仁波切善巧地完成這項艱鉅任務，經過透徹的研究後，他終於把從吉天頌恭以降的日期全數轉換成西曆。他還畫了

隨著自由而來的承擔

一份從一九七五年回溯,直到他確定吉天頌恭年代為止的西藏繞迴與西曆年分對照表。後來他將自己所列的日期與其他歷史書籍所紀載的日期作核對,發現兩造相符後,便開始深入研究貝瑪嘉稱所寫的內容。

這部著作為澈贊仁波切帶來了甚深的理解,讓他更熟悉自己即將帶領傳承的起源、特色與歷史。同時,藉由研讀此書,開啟了他對舊時代西藏、直貢噶舉精神根源,以及自己心相續的寬廣了解——因為他的歷代轉世與宗派歷史發展,甚至與更大範圍的國家發展,是如此地交織共生,而他正是這段歷史的顯現,也是這些歷史事件的結果。

透過研究直貢傳承的歷代進程,了解前任轉世間的家族關係,研讀那些充滿英雄與邪惡的歷史故事,他獲得了智慧洞見——這裡頭充滿了清淨與腐敗,權謀與軟弱,權力、戰爭與和平,這是一部如史詩般為世間演示良善的奮鬥史,帶領世人實現最終能戰勝一切痛苦與煩惱的圓滿修行。這是一部與他密不可分的歷史。

法王在美國工作時候

（十三）
修行上所承襲之世系

　　佛教在西藏的首次傳播，發生於西元七、八世紀，隨後便進入衰退時期。再次復興是由仁欽桑布（958-1055）發起，他被認為是「二次流傳」或「後弘期佛教」的首位大譯師，其事業對復興西藏與印度的文化交流至關重要。著名的孟加拉僧人阿底峽，前往西藏西部的古格王國，在那裡改革了藏傳佛教，將大量經典翻譯成藏文，並引入當時流傳於印度的密宗續典《時輪金剛》，之後此法成為西藏新曆法的基礎。阿底峽改革藏傳佛教後，使得後續產生了噶當派，隨後在十一、十二世紀隨著佛教的復興，出現許多著名的寺院，其中包括建立於一一七九年的直貢梯寺。

　　洛扎的瑪爾巴‧確吉洛卓（1012-1097）是另一位重要譯師。他在印度取得許多珍貴宗教典籍，其中的《那若六法》成為噶舉派的基本典籍。當時在日喀則納塘寺，有許多著名的佛經被翻譯、編纂為藏文，使得印度流傳過來的佛教種子在藏地大放異彩。偉大的藏傳佛教史學家布頓（1290-1364）在這段期間制定的《甘珠爾》和《丹珠爾》形式，至今仍深具權威。同時，重視學問研究與傳承的薩迦派也開始在西藏崛起。

　　藏傳佛教噶舉派起源於印度大成就者帝洛巴（988-1069），他直接從本初佛金剛總持[64]處領受佛法。其弟子那若巴（1016-1100）將教法傳給到印度求法的西藏人瑪爾巴。後者帶著教法返回西藏，接著密勒日巴（1040-1123）成為他

64　在金剛乘中，金剛總持（རྡོ་རྗེ་འཆང་，『多傑羌』）被視為「本初佛」，是諸佛及所有佛法的本始之基。

修行上所承襲之世系

最重要的弟子。密勒日巴在度過充滿瞋恨、肆無忌憚的年輕歲月後,將畢生致力於僻靜洞穴裡禪定修持,最終成為雪域家喻戶曉的證悟瑜伽士。隨後,一位來自達波的醫生岡波巴(1079-1153),成為密勒日巴的弟子,使得噶舉派有了最初的分支:噶瑪噶舉、察巴噶舉、巴絨噶舉和帕竹噶舉。其中,只有噶瑪噶舉留傳至今。

帕竹噶舉是由帕摩竹巴·多傑嘉波(1110-1170)創立,他是岡波巴最重要的弟子之一。其修行傳承衍生出許多不同分支,各自有不同的名字,但帕摩竹巴的名字仍留存在歷史中,因為接下來的朝代中,其氏族在西藏政權裡扮演了重要角色。之後由帕摩竹巴主要弟子所創立的傳承中,目前僅存直貢噶舉、達隆噶舉和竹巴噶舉這三個。

帕摩竹巴的心子,覺巴吉天頌恭(「三界怙主」)(1143-1217),在其上師圓寂後(約莫1177-1179年),接掌了帕摩竹巴在丹薩替寺的法座三年。之後,如帕摩竹巴所授記的,他在直貢地區建立起自己的傳承和寺院。一一六七年,帕摩竹巴的弟子木雅·貢林在直貢地區建立了自己的小關房,覺巴吉天頌恭選擇此處建造直貢梯寺。

吉天頌恭的主要修持本尊[65]是降伏濕婆的勝樂金剛。忿怒的世間神祇濕婆和其魔眾佔據了世間的二十四處,無上的金剛總持化身為勝樂金剛,擊敗了濕婆和魔軍部眾,將這二十四處變成佛教聖地,亦即勝樂金剛的住所。吉天頌恭認出直貢梯寺附近一處名為「獅肩」的懸崖,是勝樂金剛的壇城,便在那裡建立了一座寺院和佛塔。當噶瑪噶舉傳承的創始人噶瑪巴·杜松虔巴(1110-1193)來到直貢梯寺時,他認出整個地區都是勝樂金剛壇城,並視吉天頌恭為佛陀,而他的兩位大弟子分別為佛陀的兩大弟子舍利弗與目犍連。

65　本尊(ཡི་དམ་,『依當』)是行者在禪修中,觀想擁有佛陀功德的神尊。勝樂金剛(འཁོར་ལོ་བདེ་མཆོག་,『廓洛殿秋』,勝樂輪)為禪修本尊,也是無上瑜伽續中的一部密法,主要(但非唯一)由噶舉派修持。

來自西藏之心

圖34：直貢梯寺

　　吉天頌恭從此名聲鵲起，人們從全國各地蜂擁而至，領受灌頂和法教。他特別重視禪定修持，並將修行者送往三座特別神聖的山，包括：外型被喻為勝樂金剛之「身」地的岡仁波齊峰，位於現今西藏與尼泊爾邊境的勝樂金剛之「語」地拉契雪山，以及屬於勝樂金剛之「意」地的扎日神山。他首先派了八十名「日巴」[66]（精進於禪修閉關的修行者）到這三座聖山。第二次他又派了九百名日巴前往。一二一五年，在他圓寂前，則派了三組人，由最重要的三名弟子帶領，每組各五萬五千五百二十五名日巴，分別前往岡仁波齊峰、拉契雪山和扎日神山。

　　隨著傳承的發展與傳播，直貢寺在距離祖寺遙遠的土地上遍地開花，包括在靠近岡仁波齊峰附近、拉達克、工布，以及創始人的故鄉康區。吉天頌恭的曾祖母阿企・確吉卓瑪是直貢地區的人，後來搬到康區與居惹家族中一位瑜伽士結

198　66　日巴（རས་པ），於山中閉關修行的隱士。

修行上所承襲之世系

婚，進而生育了吉天頌恭這位後裔。後來，阿企佛母被尊為直貢傳承的女護法。按照藏傳佛教許多教派的慣例，吉天頌恭從親戚中挑選了繼承者。儘管沒有明文規定繼承規則，但早期直貢噶舉法座的繼承人，只有三位不是來自居惹氏，其餘都是。

直貢傳承從一開始，就沒有西藏統治形式中經常會使用的階級制度。權力是共享的；宗教方面由法座持有者「典饒」（法嗣）領導，世俗事務則由民政長官「貢巴」（萬戶長）負責管理。兩者通常都來自居惹家族。

早期的直貢法座持有者中，有幾位成就卓越的人，包括吉天頌恭的心子兼那札巴就涅（1175-1255），被授予管理帕摩竹巴丹薩替寺的任務，帶領該寺進入全新的昌盛時期，並於一二三五年接任直貢噶舉法王。當西藏人停止向驍勇善戰的彪悍蒙古人進貢時，成吉思汗（1162-1227）之子兼繼任者窩闊台（1186-1241）下令出兵討伐西藏。一二三九年，蒙古軍隊燒毀了包括熱振寺在內的許多寺院，屠殺了五百名僧人，接著向鄰近的直貢地區逼進。直貢俗官抵死不從，因而被囚禁。據說當札巴就涅趕到蒙古軍營時，有許多石頭從天而降，儘管那可能只是一場很大的冰雹，但無論如何，他的英勇之舉讓事件得以與蒙古人和平解決，進而促使直貢成為中部西藏一個主要勢力。

同一時間，西藏貴族派貢嘎堅贊（後來被稱為薩迦班智達，1182-1251）帶領西藏代表團，與窩闊台的將軍闊端汗談判。貢嘎堅贊簽訂了一份條約，表示西藏承認蒙古的宗主權並同意納貢。但還是有許多西藏貴族持續拒絕納貢，直到一二五一年蒙古率兵攻打西藏，就此結束他們的反抗。

薩迦派與蒙古人的友好關係，鞏固了他們在西藏的政權領導地位。貢嘎堅贊未能使蒙古的統治者改信佛教，但他的侄子兼繼任者八思巴・羅卓（1235-1280）做到了。八思

巴成為忽必烈・薛禪（於一二五九年成為蒙古國大汗）的精神導師，不過他還是得面對來自第二世噶瑪巴・噶瑪巴希（1204-1283）的較量，後者試圖擴大噶瑪噶舉在蒙古國內的影響力。傳說八思巴・羅卓經由顯現一場神蹟贏得這場競爭。薩迦法王的昆氏家族來自印度的興都庫什山脈、吉爾吉特附近的勃律古國，這個地方與蓮花生大士有密切關係，傳說是女巫與術士的故鄉，八思巴也繼承了勃律的法術神通力。傳聞他在整個蒙古朝廷面前，將自己的身體幻化成碎片，再轉化為五佛部諸佛，隨後又將身體重新復原。據說他在這次事件後，便鞏固其作為蒙古國精神導師不可動搖的地位。

但實際上比較有可能的情況是，噶瑪巴希因錯估政治生態而失去勢力。他怠慢了成吉思汗的孫子忽必烈汗（1215-1294），沒有留在他的營地，而是當了蒙哥大汗的朝廷上師。四年後蒙哥去世，忽必烈登基為大汗，便收回對噶瑪巴及其傳承的保護，並於一二七五年將包含衛藏、後藏、康區及安多等地分封給八思巴・羅卓作為領地。一二七九年，忽必烈於中國登基稱帝，建立了元朝帝國，並封八思巴・羅卓為帝師。這是西藏有史以來，首度在皇帝和帝師的互惠關係中組成了政教合一的制度。

反對國家轉變成為封建制度的策動，開始在西藏貴族之間展開，尤其是屬於直貢、帕竹以及噶瑪噶舉的地區。直貢在這個時候勢力已經非常龐大，據傳，早在第五任法王・迥多傑札巴（1210-1278）掌理時期，直貢寺裡就擁有為數眾多的僧人。同一時間，蒙古部落間也忙著爭奪政權和領地財產。當蒙哥大汗於一二五九年去世後，忽必烈的弟弟、也是他的競爭對手旭烈兀（約1217-1265）[67]派遣一小支蒙古軍隊前往直貢地區，保障他們的安全，宣稱自己是直貢的強大保護者，間接確立了自己在西藏的地位。

然而，蒙古敵對陣營在西藏土地上開啟的爭端，卻逐漸

67　旭烈兀是成吉思汗的孫子，征服了波斯西南部，推翻位於巴格達強大的哈里發帝國阿拔斯王朝，建立了領土範圍涵蓋安納托力亞東部、波斯、現今阿富汗和巴基斯坦，直到印度洋的伊兒汗王國。

演變成直貢派與薩迦派之間的戰爭。此紛爭並非來自於人們常說的兩個藏傳教派的世仇之爭，而是一些地區試圖透過結盟，利用蒙古人的紛爭來推翻忽必烈的宗主權。真槍實彈的地方衝突集中在爭奪帕摩竹巴的丹薩替寺繼承權上，其中一派獲得薩迦派（及其蒙古盟友與忽必烈追隨者）的支持，另一派則得到直貢派（及其蒙古盟友與旭烈兀追隨者）的支持。戰爭發生在直貢第七任法王・參傑札巴索南（1238-1286）掌座時期，到了一二九〇年，他的繼任者努卻果・多傑移喜（1223-1293）掌座時，直貢梯寺遭到蒙古軍隊的蹂躪。不幸的是，對多傑移喜來說，由於他並非出身居惹家族，而是來自努氏家族，因此在那個艱困時期缺乏民心的支持。

到了第九任法王・就匿多傑仁欽（1278-1314）掌座時，直貢梯寺在中國皇帝和薩迦派的支助下獲得重建。但在這個時候，直貢梯寺已不再擁有過去幾十年於西藏的強大政治勢力。於是，多傑仁欽將注意力轉向寺院教育，製定了年度教學課程：春秋兩季教授直貢哲理及大乘佛法基礎，夏季則教授《大手印五具》，冬季，多傑仁欽只穿著輕薄布衫在直貢梯寺經堂外的大露台上教授《那若六法》。

雖然帕竹噶舉在十四世紀漸趨式微，但與這個教派關係密切的朗氏統治者們，卻在中部西藏取得政權。這個時期的核心人物為絳曲堅贊（1302-1373），他既是帕竹噶舉派的僧人，也是一位善巧的政治家，帶領國家獲得更多的獨立自主權，建立新的地方管理制度，將土地以「宗」（碉堡要塞）為單位劃分，並設立要塞司令官兼地方長官（宗本）。但絳曲堅贊的改革行動，卻使得帕摩竹巴政權與直貢的關係惡化，以致才剛復興的直貢捲入與帕竹政權的軍事衝突。直貢初期雖曾贏得幾場勝利，但最終還是吞下幾場慘痛的敗仗，被迫將衛藏北部讓給帕摩竹巴政權統治。但在絳曲堅贊過世前，直貢又重新取回領地自治權。大約此時，另一邊的

政權也發生了較大的變化，元朝滅亡，明朝（1368-1644）崛起，但蒙古人在西藏和中國明朝仍維持著強大的勢力。

在這個政治動盪時期，直貢第十一任法王・兼那確吉嘉波（1335-1407）持續專注於修行發展，複刻了納塘版的《甘珠爾》以及新編版的《丹珠爾》。格魯派創始人宗喀巴（1357-1419）於一三七三年，從安多來到直貢地區，成為確吉嘉波的弟子。他的家人在距離寺院約四十公里的一個村莊定居。宗喀巴領受了直貢法教的《那若六法》，以及吉天頌恭的所有外、內法教[68]。

直貢傳承逐漸增強其地位，到了十五世紀，明朝發現他們的影響力不斷擴大，便賜予法座持有者「闡教王」的尊號，共列八大傳承或寺院座主之一。十五世紀末，噶瑪噶舉的護持者仁蚌宗宗本，趁著帕竹政權陷入內部紛爭之際，推翻其統治。但在十六世紀下半葉，藏巴又從仁蚌巴手中奪取了政權，使得後藏的日喀則在這兩百年期間成為西藏的權力中心，首先有仁蚌巴（1436-1566）的統治，之後有藏巴（1566-1642）統治。由於兩個貴族家族都尊崇噶瑪巴，故此時噶瑪噶舉的勢力最龐大。

十六世紀初期，有兩位品格卓越的直貢法王特別突出，分別是：嘉旺・貢噶仁欽（1475-1527）及其繼任者嘉旺・仁欽彭措（1509-1557）。貢噶仁欽被認為是吉天頌恭的轉世，他發願提升修行生活的內容品質，為弟子大量傳法和授教，並致力於恢復閉關傳統。他把許多前仆後繼來到直貢求法的弟子送往岡仁波齊峰、扎日神山和拉契雪山閉關，並在直貢梯寺新建了五十間閉關房。復以金銀字體將《甘珠爾》和《丹珠爾》抄寫在靛藍紙上，並派請兩百名抄寫員製作直貢傳承的完整文本。

直貢第十七任法王・仁欽彭措是一位偉大的改革者。在接受不同傳承的傳法後，他將許多主要來自寧瑪派的教義、

68　藏傳佛教之教義分為四個層次：外、內、密、究竟；其意義對應於佛四身為：化身、報身、法身和自性身（以表達「一體三身」）。

修行上所承襲之世系

儀軌和禪修法門融入直貢噶舉的傳統教法中。仁欽彭措在德仲山谷的吉日央宗洞，取出了《正法極深密意》伏藏法，後來他在洞中傳法，並將羊日崗關房擴建為寺院。他是一位多產的作家，其著作也被寧瑪派採納，將之包含在寧瑪續部法集中。

仁欽彭措的獨子卻傑·仁欽彭措（1547-1602）是直貢第二十一任法王，將建於一五六〇年的直貢哲寺作為其主要住所。當時強大的蒙古土默特部首領阿勒坦汗（1507-1582）與格魯派索南嘉措（1543-1588）結盟，而後者對西藏未來的歷史將有決定性的影響。蒙古首領將「達賴喇嘛」的稱號授予索南嘉措，並給予他大量特權[69]。

直貢地區位於蒙古人屢次欲入侵西藏的必經之地，每當蒙古人前往中部西藏為某一派系作戰時，該地區就會遭受破壞。十六世紀末，直貢派因多次軍事衝突而變得非常孱弱，因此卻傑仁欽彭措下令加強直貢宗萬戶府，並將其擴建為一座堡壘。

直貢傳承以世襲繼承法座的方式，在卻傑·仁欽彭措的子輩時結束。他的長子那若·札西彭措（1574-1628）被稱為「那若尼巴」（那若巴第二）繼承法座，其次子噶旺·確吉旺秋（1584-1630）則被認證為第六世夏瑪巴[70]。在那若札西掌座期間，直貢與蒙古人發生了多次軍事衝突，蒙古人與格魯派結盟對抗藏巴汗。尤其在阿勒坦汗的曾孫被帶到拉薩而成為第四任達賴喇嘛（1589-1617）後，蒙古人更是想方設法，要將政權乾淨俐落地轉移給格魯派和忠於他們的貴族。

卻傑·仁欽彭措兩個最小的兒子，嘉旺·昆秋仁欽

69　索南嘉措成為第三世達賴喇嘛，其傳承的前面兩位轉世亦被追賜「達賴喇嘛」封號。

70　他是第九世噶瑪巴·旺秋多傑（1555-1603）的入室弟子，為中國皇帝和尼泊爾國王傳法，並為第十世噶瑪巴·確映多傑（1604-1674）坐床。夏瑪巴祖古傳承是噶瑪噶舉中除噶瑪巴之外最重要的傳承。

（1590-1654）和昆虔·仁津卻紮（1595-1659）成為直貢法王最後兩位有血緣關係的法嗣。居惹血脈也在此中斷。昆秋仁欽圓寂後，直貢派開始尋找法王轉世，並建立了以哥哥（澈贊）和弟弟（瓊贊）共同繼承傳承法嗣的制度。昆秋仁欽成為第一世澈贊仁波切，仁津卻紮則成為第一世瓊贊仁波切。

第一世澈贊仁波切·昆秋仁欽是早產兒，人們擔心他會在嬰兒時期夭折。但他卻活了下來，據說他在幼兒時期就講述了前世的故事。三歲時，他被認為是剛圓寂之第三世達賴喇嘛最有可能的候選人，但蒙古的雲丹嘉措最後被認定為第四世達賴喇嘛，昆秋仁欽則仍屬於直貢傳承。在擔任直貢法王期間，他必須解決直貢內部的許多紛爭。當他成為蒙古首領的精神導師時，過去直貢巴與蒙古人的關係便恢復了。他也在淨相中領受了許多的伏藏法，其中包括親受密勒日巴和蓮花生大士的傳法。

與此同時，由於第四世達賴喇嘛是蒙古土默特氏族的後裔，他們便聲稱自己擁有西藏土地和財產的所有權。於是直貢再次捲入軍事戰爭。直貢宗堡被蒙古軍隊攻陷，整個直貢地區化成一片廢墟，以致昆秋仁欽有很長一段期間沒有辦法回到直貢地區居住。當藏巴汗王彭措南嘉成功擊退蒙古人後，昆秋仁欽於一六二四年迅速重建直貢宗，並將新建築命名為「南嘉確宗」（尊勝佛法碉堡）。

戰爭仍持續進行。藏巴汗王噶瑪·丹迴旺波（1605-1642）在位時，其領土不僅得面臨與五世達賴喇嘛（1617-1682）強大勢力結盟之和碩特汗國王固始汗的入侵，還要面對拉達克國王從南方來的夾攻。當固始汗的軍隊擊潰藏巴汗王後，以達賴喇嘛為最高領袖的格魯派取得了整個國家的政權。格魯派強化了自身凌駕於藏傳佛教其他教派的地位，尤其對噶瑪噶舉特別嚴厲。寺院和貴族宅邸遭到蒙古軍隊的掠奪破壞，其中也包括新重建的南嘉確宗。在直貢地區，許多

村莊唯有剩下名字，其他全都灰飛煙滅。

一六四二年，五世達賴喇嘛登基為西藏君王僅兩年後，中國變成滿清王朝（1644-1911）統治。達賴喇嘛把握時機爭取中國皇帝的支持，滿族人因此恢復了於明朝統治時期未受重視、在精神導師與功德主之間的正式關係，使得五世達賴喇嘛成為了中國皇帝的帝師。

直貢在此不斷遭受掠奪與踩躪的時代下，變成名聞遐邇、讓人敬畏的法術重鎮。昆秋仁欽的弟弟第一世瓊贊·仁津卻紮，精通天文曆算、卜卦、風水和手相術，並在直貢創立了重要的曆算和卜卦學院。據說他曾以神通在山上變出許多閃爍著火焰金晶的瞻波花（黃玉蘭花）[71]，成功逼退蒙古人的進攻。達賴喇嘛對他極為尊崇，統治階層則對他的法力十分畏懼，以至於他得向他們發誓永遠不會使用法術來對抗中央政府。據說，仁津卻紮將一個人的名字寫在紙上，放在開光勝住的文殊閻魔敵缽裡研磨，便能致使對方死亡。他還精通醫學，創立了屬於四大藏醫體系的直貢醫學體系。其著作包括文殊閻魔敵修行法本，以及用骰子卜卦的阿企佛母修法。一六四三年，西藏中部發生致命的寒流與飢荒後，許多人相信仁津卻紮修法而免除了往後幾年的災荒，眾人稱他為「能生出珍貴糌粑的喇嘛」。

一六五四年，昆秋仁欽在調停一場可能升級為內戰的爭端中去世。一六五八年，仁津卻紮在他圓寂前一年，於淨相中看到了哥哥的轉世第二世澈贊仁波切，並把他帶到了直貢。

第二世澈贊·昆秋赤列桑波（1656-1718）開啟了直貢法王在直貢哲寺陞座的慣例。赤列桑波是一位傑出的唐卡畫師，畢生致力於藝術，創立了西藏四大唐卡畫派之一的直貢直派畫風。他非常聰慧，能夠輕鬆解決困難的義理問題。一六七七年蛇年，他在直貢哲寺的打穀場開始了蛇年傳法的傳

71　瞻波花（黃玉蘭）屬於木蘭科含笑屬的一種，香氣濃郁，常用於密宗的秘密儀式，在佛教傳統中具有重要地位。

統,傳授《勝樂金剛續》和《密集金剛續》的灌頂和法教。一六八一年,他重建了不斷受戰火摧殘的羊日崗寺,至今被視為該寺的創始人。有很長一段時間,直貢傳承由他獨自帶領,因為由十世噶瑪巴認證的瓊贊仁波切轉世在被迎請到直貢前,就死於天花傳染病,直到一七〇四年,瓊贊轉世才有了赤列‧敦珠確吉(1704-1754)繼承。

五世達賴喇嘛被尊稱為「偉大的五世」,其在位期間設立了類似總督職位的「第司」,負責掌理政府的世俗事務,並在下一世達賴喇嘛成年前擔當攝政一職。在五世達賴喇嘛圓寂前三年,他將這個職位委託給據傳是他兒子的桑傑嘉措(1653-1705)。桑傑嘉措隱藏達賴喇嘛於一六八二年離世的消息,直到一六八八年達賴喇嘛的轉世被找到為止。在這段期間,他對藏傳佛教其他教派實施嚴厲的高壓政策,沒收了許多寧瑪派和噶舉派寺院。

一六九七年,十六歲的六世達賴喇嘛(1683-1707)陞座後,清朝康熙皇帝(1662-1722)得知桑傑嘉措的欺騙行為後,勃然大怒,遂轉而支持亟欲奪取西藏政權的和碩特汗國王拉藏汗(1697-1717),並罷免達賴喇嘛。一七〇五年,拉藏汗攻進拉薩市,殺死桑傑嘉措,俘虜了達賴喇嘛。儘管年輕的達賴喇嘛對於擔任精神領袖不感興趣,偏愛人間情愛與吟詩誦詞,但高級僧員仍在官府中奮力抵抗這項廢黜行動。六世達賴喇嘛在流放中國途中去世,可能死於刺客之手。

格魯派的勢力在那個年代,距離固若金湯還有一大段距離。位於蒙古西部的準噶爾族與和碩特族這兩族之間的衝突,為西藏貴族們提供了在西藏建立政權的機會。準噶爾族不想把西藏的最高權力交給拉藏汗,而滿族人也想要中斷蒙古人對西藏的掌控。於是,便讓頗羅鼐(1689-1747)和康濟鼐(一七二七年被謀殺)這兩名西藏貴族於此中間逮住了機會。

修行上所承襲之世系

　　同時期，西藏政府在仁津卻繫過世時沒收了直貢宗，赤列桑波則於一七一五年透過談判將直貢宗索回。那時，這座昔日宏偉壯麗的寺院已所剩無幾，直貢宗所有造價非凡的屋簷和建築材料都被送到首府，建設八廓街周圍的房子。一七一七年，當準噶爾族入侵西藏、佔領拉薩、刺殺拉藏汗之際，儘管直貢地區這次倖免於難，但直貢宗的重建工作才剛起步就被迫停止，未來大局不僅難以預測且危險重重。準噶爾效忠於達賴喇嘛，便責怪寧瑪派，要他們對六世達賴喇嘛的異端密教修行負責，進而搶奪並焚毀了許多寧瑪派寺院。

　　準噶爾族的冷血暴行讓他們失去民心支持。頗羅鼐向滿清康熙皇帝求援，康熙於一七二〇年於理塘帶走了年紀尚輕的七世達賴喇嘛（1708-1757），並由四千名士兵護送到拉薩。準噶爾族面對優勢兵力而被迫撤離，皇帝為達賴喇嘛在拉薩舉行了盛大的陞座儀式，以贏得普遍的藏人民心，也將士兵留在拉薩作為常設駐軍，設立新的「欽差」職作為拉薩的駐藏大臣，並將軍隊交由欽差掌管，而廢除了「第司」，設立新的內閣政府（噶廈），接著命康濟鼐為首任內閣部長（噶倫）。

　　第二世瓊贊・赤列敦珠確吉於掌座時期，曾試圖在中國朝廷的協助下建立非宗教的政府，他根據一七三二年出品的《甘珠爾》以及一七四二年出品的《丹珠爾》舊納塘版文稿，製作了木刻版。敦珠確吉建立了不少的新寺院，被譽為「直貢德寶法王」。他的著作《寶藏諫論》，匯聚了顯密完整法道架構的精要。

　　第二世澈贊仁波切的轉世於一七二〇年被發現，是伏藏王確傑林巴的兒子，但他在嬰兒時期就夭折，因此從未被正式認證為第三世澈贊仁波切。中國朝廷試圖推出自己的候選人，但瓊贊・敦珠確吉在淨相中看到一名男孩被帶到直貢寺陞座。第三世澈贊・昆秋滇津種都（1724-1766）年幼時，其前世老謀深算的侄子聲稱自己的兒子才是真正的澈贊

仁波切轉世，以致僧團不和。為了結束爭端，敦珠確吉與官府最高長官頗羅鼐一起在大昭寺進行卜卦，毫無疑問地確認了滇津種都的身分。但此舉並未徹底消除寺院中的紛爭，澈贊・滇津種都飽受惡兆、無盡爭論、惡意侍者和惡毒流言的困擾。他索性退出傳承活動，幾乎一生都在禪修中度過。第三世瓊贊・滇津確吉尼瑪（1755-1792）是絳域（今雲南麗江一帶）貴族之子，儘管他花了很大心力整修寺院和淨化戒律，但對於扭轉這種局面也沒有多大進展。

格魯派在七世達賴喇嘛的領導下，開始在西藏重新壯大勢力，但滿清皇帝透過控制格魯派攝政來操縱政府，這些攝政者是在上一任達賴喇嘛圓寂、繼任者尚未登基前統治政權的人。八世達賴喇嘛（1758-1804）對世俗事務不感興趣，將政府交給攝政管理，而其後的四位達賴喇嘛，壽命皆未超過二十一歲，顯然全部都是被謀殺的。因此，西藏整整有一百四十年是由格魯派的攝政掌理，而非達賴喇嘛；這段期間是從七世達賴喇嘛圓寂開始，直到一八八五年十三世達賴喇嘛登基為止。

第四世澈贊仁波切・滇津貝瑪嘉稱（1770-1826）出生後，直貢的情況開始有所改善。他出生於工布，是一位瑜伽士之子。當他看到羊日崗寺的道德紀律嚴重敗壞時，便下令所有不依戒律生活、致使寺院名譽掃地的僧侶，必須進行懲罰性的勞動。同時他也因為寫下《法嗣金鬘史》而聞名。當第四任瓊贊・滇津確吉蔣稱（1793-1826）與貝瑪嘉稱同年圓寂時，直貢此時由第二位攝政洛千確吉羅卓（1801-1859）帶領傳承[72]。一八三二年，法王的轉世被找到並被帶到直貢。

第五世瓊贊・昆秋卻倪諾布（1827-1865）和第五世澈贊・昆秋突吉尼瑪（1828-1885）同時在直貢梯寺附近的吉

72　除了澈贊仁波切和瓊贊仁波切外，直貢最重要的轉世傳承來自康區的三大寺院：洛・麥葉寺、噶爾寺和尼宗寺，分別為洛千仁波切、噶千仁波切和尼宗赤巴仁波切。一四二九年至一四三五年間，直貢傳承首次由三位高階上師共同攝政，包括一位堪布、一位『洛本』（སློབ་དཔོན་，修行導師）和一位『確本』（མཆོད་དཔོན་，事業金剛）。

修行上所承襲之世系

天頌恭紅土法座陞座。一八四〇年,法王的導師雍津昆秋‧炯丹迴乃圓寂後,寺院內爆發了地盤爭奪戰。不久後,古拉卜‧辛格帶領錫克教徒攻打拉達克,佔領阿里地區的三個省份。拉達克和岡仁波齊附近的直貢寺在這些戰事中遭受嚴重破壞,但最後錫克教戰士還是被擊退,主要歸功於天寒地凍的天氣條件,使得該地區隨後獲得短暫的和平時期。在此期間,中國爆發了鴉片戰爭(1839-1842年和1856-1860年),同一時間,由於英國人驅逐住在不丹附近的門巴達旺族,錫金和藏南地區也發生了零星衝突。

直貢傳承此時正值全盛時期,但伴隨成功和仰慕而來的則是欣羨與嫉妒。直貢巍峨的直貢宗堡,有著金色屋簷的直貢梯寺,以及彷彿宮殿一般的直貢哲寺,都被指控是要與布達拉宮互別苗頭。突吉尼瑪博學多才,尤其擅長醫學,被譽為「藥王突吉尼瑪」。心懷不軌的僧官刻意造謠離間,格魯政府派一群人來直貢寺調查,指控澈贊仁波切‧突吉尼瑪有罪,逼迫他於一八五四年退位。直貢梯寺的金色屋頂被拆除送至拉薩作為懲罰,直貢部分領地也被沒收,導致糧食嚴重短缺。突吉尼瑪流亡至後藏,秘密前往岡仁波齊峰朝聖,並在其他地方傳法與賜予灌頂。

直貢寺院每到特殊時節,總是會為澈贊仁波切和瓊贊仁波切各別設置兩個法座,並在前面供養薈供品和盛有吉祥甜米飯的碗。一八五四年後,政府曾禁止在突吉尼瑪的法座前放置這些象徵虔誠的物品,但在一八五九年的新年慶祝活動中,羊日崗寺的一位僧人相信,如果他不在兩邊法王的桌子上都擺放傳統供品,就會帶來厄運。身處岡仁波齊的突吉尼瑪,透過神通看到這點,認為此刻返回直貢是安全無虞的。他去了後藏,也的確得到西藏政府的許可而得以返回直貢。

當兩位傳承法主終於團圓時,直貢上上下下歡欣鼓舞,隔年他們一同前往拉薩,參加四歲的十二世達賴喇嘛陞座儀式,後者的前任在二十一歲時被暗殺。一八六三年,直貢舉

行豬年瑜伽行者考試，瓊贊・卻倪諾布對受試者的糟糕表現感到震怒。他們頂著威風凜凜的髮髻四處炫耀，卻連最基本的祈請文都無法背誦。為了扭轉此墮落的局面，他制定了嚴格的紀律和學習制度，復以高標準的考試來執行。卻倪諾布於一八六五年圓寂，突吉尼瑪在拉姆拉措的淨相中認出了瓊贊仁波切的轉世。

此後不久，寺院僧官再次策畫攻擊突吉尼瑪的陰謀行動，試圖挑起他與新任瓊贊仁波切之間的爭端。突吉尼瑪被迫二度離開直貢梯寺的法座，這一次他退隱到卓龍地區（林芝）度過餘生。他的許多追隨者陷入深度絕望，但他仍以寬廣的胸襟，坦然平靜地接受一切障礙。

第六世瓊贊・滇津確吉羅卓（1868-1906）出生於洛卡的沃卡。來自達拉崗布的六世澈贊・滇津喜威羅卓（1886-1943）則於一八九一年被找到，並在隔年被迎請至直貢。確吉羅卓為岡仁波齊峰和拉契雪山這兩處聖地，撰寫了兩本非常完整的朝聖指南，讓後人對藏傳佛教聖地的地理意義有更深入的了解。停留於岡仁波齊地區期間，他在拉達克東部創立了彭措林僧團，並指派第八世東滇仁波切擔任直貢傳承在芒域（拉達克）的宗教領袖。

一八九三年，當兩位法王拜訪拉薩時，他們在十三世達賴喇嘛座下領受了許多灌頂，並被授予「呼圖克圖」的頭銜。從那時起，他們在官方旅行中總是戴著金色的呼圖克圖帽。這正好呼應了很久以前第一世瓊贊・仁津卻紮的預言，他說自己將來會戴一頂金色帽子。

二十世紀初，隨著英國與西藏的關係日益緊張，確吉羅卓二度前往尼泊爾和拉契朝聖，並在一九〇六年病重過世。人們在他的床墊下發現一封寫給喜威羅卓的信，裡面是一首藏頭詩，內容請求澈贊仁波切允許他離開。

隨後，喜威羅卓仁波切陞座為傳承第三十五任法主。他

修行上所承襲之世系

早年就接受了直貢傳承和《噶舉密咒藏》的所有重要灌頂和教法，並將它們傳授給後來成為攝政的赤匝嘉樂。喜威羅卓也前往康區接受了許多灌頂，他還於一九一二年在拉薩面見了十三世達賴喇嘛。他與達賴喇嘛是遠親，後來成為很親近的朋友，有些人認為他們是兄弟。

喜威羅卓認證了第七世瓊贊・滇津確吉迴涅（1909-1940），後者於一九一四年舉行陞座儀式。次年，喜威羅卓出版了五大函《吉天頌恭文集》。在直貢梯寺的一間小關房裡，他潛心修習《大手印》和《那若六法》，掌握了密宗的生起次第和圓滿次第，獲得更高層次的智慧洞見。他的主要興趣在於結合義理（教）與禪定修持（證），因為這是直貢傳承教育和訓練的主要支柱。

喜威羅卓也整修了羊日崗寺，並在直貢梯寺成立一個委員會來提升寺院管理，但他最擔心的是寺院的佛學教育水準不高。他找到了護持者，是一位名叫瓊讓的貴族，後者提供金援，幫助他在一九三二年建立了尼瑪江熱高等佛學院。

此時，羊日崗寺與直貢梯寺產生了鬥爭。儘管第七世瓊贊・滇津確吉迴涅有很高的學術成就，但他缺乏魄力，未能在一九三二年於仲久寺舉辦的猴年傳法大會期間排解羊日崗寺和直貢梯寺僧人間的紛爭，以致削弱了他的權威。此外，他也深受各種離間兩位法王的小動作所影響。性格堅毅的喜威羅卓對這一切不為所動，但敏感的瓊贊仁波切卻深受其苦。他在思金拉措湖舉行的祈雨法會中，弄丟了仁津卻縈法力強大的號角，之後便生了重病。由於寺院裡沒有良好的醫療照顧，於是他前往瓊讓位於拉薩的家，但就在那時，瓊讓失寵了，被驅逐出西藏。瓊贊仁波切的僕從也跟著逃走，房子被查封，瓊贊仁波切病入膏肓，卻被單獨關了三天。

他對自己的命運和傳承內鬥感到悲傷，寫了很多信給他非常想念的喜威羅卓，但信差並沒有把這些信件如實送達。

他的沮喪和被拋棄之感越加深重，開始出現結束生命的想法。一九四〇年，喜威羅卓打算在前往直貢宗的途中探望他，但卻被僕從阻止，確吉迥涅則被以嘲諷的口吻告知：澈贊仁波切於前往直貢宗途中，沒有過來看他。那天晚上，他悲痛萬分，就圓寂了。

瓊贊·確吉迥涅的離世讓喜威羅卓猶如頓失親人，心情沉重，不久後，他在前往康區的路上中風了，一直沒有康復。隨後，他在圓寂前的大部分時間，都花在禪修上。一九四二年，他突然宣布瓊贊仁波切已經轉世，但隨即進入另一個心識層次，並未透露轉世的地點等細節。喜威羅卓最後於一九四三年圓寂。

之後，直貢傳承出現第三位攝政赤匝嘉樂，負責領導傳承的命運，在他的帶領下，找到了這一世的瓊贊和澈贊仁波切並為他們舉行陞座儀式。

（十四）
賢者之諾

　　就在澈贊・赤列倫珠研究西藏和直貢傳承歷史的期間，傳承裡的上師們再次勸說他返回印度，而洛桑三旦剛從印度訪問歸來，帶來了達賴喇嘛年邁上師林仁波切的口信，希望他能重拾佛法，帶領直貢傳承。他的追隨者得知他正在研究的內容時，儘管無法回答他提出的所有問題，仍感到相當興奮。仁波切向昆秋桑天詢問有關澈贊仁波切和瓊贊仁波切早期轉世的資料，昆秋桑天回信說他們了解的不多。直貢傳承內擁有紮實歷史知識的人實在太少了，因此仁波切求教於紐澤西州博學的藏學大師格西旺傑，除了經常與他會面，也邀請他到姐姐家做客。阿旺旺傑（1901-1983）是喀爾瑪克蒙古族的後裔。一九五八年，他在紐澤西州豪厄爾鎮創立了美國第一個藏傳佛教佛學中心，學生包括傑佛瑞・霍普金斯、羅伯特・舒曼和約書亞・卡特勒，後來都成為傑出的藏傳佛教學者。格西旺傑出生於十三世達賴喇嘛的年代，後者主張要融合藏傳佛教與西方社會的進步思想。仁波切很享受與這位心胸開闊、學識豐富、性格開朗的人為伴，而對方從來不會給予他任何建議（至少從未直接給予）。

　　一九七八年初，薩迦法王與他的老師德松仁波切（1906-1987）一起訪問曼哈頓的藏人社區，洛桑三旦邀請兩位仁波切到他家中吃午飯。德松仁波切是一位學識廣博且重要的上師，於一九六〇年定居西雅圖。澈贊仁波切堅持要親自接送德松仁波切，因為據說他對西藏歷史非常了解。德松仁波切上車沒過幾分鐘，便逕自開口說道：「當今這個世

213

界真是亂七八糟、顛三倒四的。不然,你看!直貢法王居然在幫我開車!」

用餐期間,仁波切向德松仁波切請教很多問題,德松仁波切非常高興,並說唯有會問很多問題的人才能深入了解事情。當時仁波切正在研究班禪喇嘛的歷史,德松仁波切對他所有的詢問都一一詳盡回答。

那段時期,仁波切經常與達賴喇嘛派駐美國的代表哲通丹增在一起,後者也是仁波切另一位住在紐約的親戚。仁波切有時會陪他到辦公室,並在他的公寓過夜。他們討論了很多與西藏政治有關的東西,哲通鼓勵他慢慢脫離隱性埋名的生活,並把他在中國佔領下的生活寫出來,還為他安排一些採訪和講座。

仁波切在美國那段時間,了解到廣告的重要性,他認為直貢傳承需要一點廣告,因為除了一小群人知道,外人幾乎對這個傳承無所知悉。他認為如果能創造某種容易記住的符號、標誌,應該會有所幫助,例如直貢巴的古官印就是單純以特殊筆法寫下一個種子字「吽」。仁波切對新符號有十分明確的想法——簡單、明瞭,具有多層象徵意義,也就是一種在日輪與月輪中央有個「吽」字的圖像。最後,一位幫哲通工作的藏族平面設計師協助完成了這個標誌設計。

直貢法王如今準備好要出發,他在美國已待了三年,不想再浪費時間,機位已經訂好,而且哲通丹增也幫他安排好,在回印度的路上,要到加拿大、倫敦及瑞士巡迴演說。此刻的他雖已擁有美國綠卡,但卻必須重新申請印度難民身分證,這將耗費一段時間。最後印度大使館遲遲未將他的文件送來,哲通建議他申請再入境許可,據說這個方法比較容易。仁波切在印度大使館時表示,他非常迫切需要申請再入境許可證,因為他必須在兩天後離開該國。那位女性官員非常生氣地質問他,沒有旅行證件,怎麼能事先安排行程呢?

仁波切只是回答：「我必須離開。」接著她只好詢問他是否擁有對方的邀請函，仁波切便遞給她一份厚厚的文件夾，裡面裝滿了信件。仁波切獲得了再入境許可證。

澈贊仁波切十分明白做出這個決定所需承擔的後果。直貢人期望他能領導一個面臨消失危機的組織，就像噶舉其他傳承所遭遇的情況一樣，並帶領該組織重新興盛。眼前有許多障礙需要克服。直貢僧團現在只剩下少數虔誠的修行者和寥寥可數的僧人。雖然拉達克有信仰直貢傳承的大型村莊僧團，但人們極度貧困，連為自己村內破敗寺院提供急需的修復資金都沒有辦法，更不用說幫助其他地方建立新的寺院和機構。到處都缺乏合格教師。雖然他忠實的追隨者確信傳承的奇蹟與加持會解決所有問題，但仁波切也看到為了復興傳承，還要具備商業管理、談判技巧和公關外交等技能。

至於佛學底子，他也還停留在二十年前離開寺院時的初級程度。他不僅需要學習大量的佛法哲理、灌頂和續典傳承，也需要進行多年的閉關精進修行。澈贊仁波切必須東奔西跑，身兼傳承管理者、閉關修士、老師與學生於一身。

一九七八年九月初，澈贊仁波切抵達德里，受到直貢寺院和僧團代表、達賴喇嘛駐德里代表、喇嘛洛桑、巴庫拉仁波切、姑姑次仁卓瑪和姑丈格列仁波切的迎接。嘉波仁波切在他抵達的那晚前往西藏之家，因此仁波切被分配到一間儲藏室睡覺。他得把幾疊堆得很高的書本挪開，才能騰出一點空間睡覺。出於好奇，他打開其中一本，看到直貢護法修持法集《阿企要訣集》（Achi Beubum）的其中一冊。整套法集被遺忘在儲藏室裡。當他發現那些書是在自己逃離西藏的那一天印製時，他從訝異轉而感到驚奇不已。嘉波認為這象徵著阿企佛母帶領法王從西藏前往印度，然後又把他從美國帶回來這裡。

第二天，大家為他在阿育王飯店舉行了正式歡迎儀式，

並向法王獻曼達。眾上師們敦促他受具足戒，澈贊仁波切試著安撫意志堅定的上師們。作為法王，他必須負責重建、保存和提升直貢傳承，而目前並非受具足戒的時機。於是他們懇求他至少受沙彌戒。儘管他過去並未受戒，但也一直持守著完美的戒律，不過為了消除他們的焦慮，仁波切同意了。幾天後，他在達蘭薩拉達賴喇嘛的座下領受了沙彌戒。達賴喇嘛送給他一尊長壽佛像，以表達他對澈贊仁波切長壽的祝願；以及一尊佛陀像，代表持戒清淨與行為高尚。他還獲得一本《密勒日巴金剛道歌》作為密宗修持之語的所依物，以及一對金剛鈴杵作為密宗修持之意的所依物。最後，達賴喇嘛對他的新承擔給予許多建議和鼓勵。仁波切的腦海中已有許多想法成形，例如建立一座擁有大型圖書館的佛學院，而這間圖書館也許類似於達蘭薩拉的西藏檔案文獻圖書館。

　　他從達蘭薩拉出發前往拉達克。此行有點像是回去西藏，甚而像是回到直貢故鄉，因為該傳承在拉達克已經扎根了幾個世紀。十六世紀初，仁欽彭措派丹瑪‧貢噶扎巴前往岡仁波齊地區弘法。這位具有了證的大師後來成為古格國王和普蘭總督的根本上師，在其影響下，岡仁波齊附近的直貢寺院來到顛峰時期。貢噶扎巴的名聲傳到西北部的芒域（拉達克），因此受邀於拉達克國王‧扎西南嘉（1555-1575）[73]而到該國弘法。他的離開對岡仁波齊地區是個痛苦的損失，卻對拉達克造成了極大的貢獻。貢噶扎巴創立了平陽寺，原屬於噶當派的喇嘛玉如寺，也極有可能是在他在世時轉由直貢派掌理的。

73　　這裡有個與年代不符的古老傳說，一位拉達克的直貢上師也曾向我提過，丹瑪‧貢噶扎巴曾治癒過蔣揚南嘉國王（約1590-1616年）的痲瘋病。

圖35：澈贊仁波切在達蘭薩拉達賴喇嘛面前領受沙彌戒

　　東滇仁波切的第六位轉世丹增確扎，於十八世紀重振了直貢派在拉達克的影響力。他是該轉世傳承中第一位離開中部西藏的祖古，長期駐錫在平陽寺，成為拉達克兩位國王的老師。第八世東滇・阿旺羅卓堅贊是吉美・貢噶南嘉的兒子，亦即拉達克的太子，他在羊日崗寺接受寺院訓練，回到拉達克後重修了平陽寺和喇嘛玉如寺。現任第九世東滇・貢秋滇津土登天貝蔣采，於一九三八年出生在拉達克東部一個小村莊多庫（Dorkhul），是拉達克佛教界最有學識和影響力的人之一。[74]

74　【譯註】仁波切於2023年5月25日圓寂。

一九七八年，那時還沒有民航機可以前往拉達克，十月一日，激贊仁波切搭乘一架陸軍運輸機從昌迪加爾前往列城。當地不論位階高低的上師和重要人士，從邦長夫人、地區軍隊司令官，到所有當地僧團領導人和村長，都來迎接。仁波切乘坐一輛敞篷吉普車，在二十多輛汽車的護送下，於格桑林村的寺院舉行早餐接待會後，就被帶往列城的主要寺院「覺沃祖拉康」，數千人在街道兩旁熱烈迎接。

歡迎儀式結束後，仁波切向群眾致意，感謝他們真誠和熱情的歡迎，並表示在佛法之光於西藏被中國逐漸撲滅之際，能於印度看到它如此耀眼綻放，著實令人感到欣喜。隨後，他前往邦政府招待賓客的薩卡之家（Sarkar House），與地方官員及其他重要政治人物討論其計劃和願景。第二天，他前往拉達克直貢傳承的主要寺院平陽寺居住，途中還拜訪了位於門康（Men Khang）的貢噶扎巴法座。扎西確宗寺（吉祥佛法堡壘）建於一五一五年，位於平陽山上，是拉達克國王賜給貢噶扎巴的建寺土地之一，後來被稱作平陽寺。寺院大殿內的一些古老壁畫可以上溯至初創時期。

當法王和隨行人員抵達平陽寺時，寺內舉行了連續幾天的傳統法會、招待會、金剛法舞、獻曼達、護法法會和開示傳法，古老的寺院儀式和氛圍讓仁波切的童年記憶再次浮現。隨後，仁波切在拉達克遊歷了兩個月，拜訪許多與直貢傳承有關的村莊和地方寺院。他和東滇開始著手訂定保存寺院的計劃。這是拉達克有史以來第一次有直貢法王和確傑[75]指導直貢噶舉的宗教活動。

拉達克的寺院教育體制不夠完備，鮮少能為僧人提供正統的佛法教育。仁波切看見寺院裡完全沒有年輕學子，感到頗為難過，因為僧人在寺院裡無法接受培訓，反而必須做很多粗重的體力活來換取維生。對年輕人而言，從軍或做其他工作或許更有吸引力。

75　確傑（ཆོས་རྗེ།）：法主、宗教導師；高階上師和神諭師的稱謂。

賢者之諾

夏究古寺附近有個小型閉關房，另外的關房則是建在喇嘛玉如寺附近。目前就缺少一所高等佛學院，仁波切想要立即創建一所學校及一個禪修中心。但這不僅只是建造一座校舍而已，還要讓潛在的學生們相信接受良好教育的意義與必要性。仁波切找來堪布托卓這位盟友，他曾在直貢的尼瑪江熱佛學院任教，如今則希望以喜威羅卓曾創建的偉大學院為典範而建立一所佛學院。現在，藉由喜威羅卓下一任轉世的幫助，堪布托卓覺得他可以放心展開工作了。

由於寺院的供養箱只會收到少許金錢，在沒有其他金援情況下，幸好堪布托卓找來許多他的親戚幫忙木工和砌磚工作。在仁波切的積極參與下，一棟陽春的建築物蓋好了，並於一九七九年七月開始教學，總共有十一名學生。托卓並沒有因學校的規模小而氣餒，接續肩負著興建拉達克大約十個其他學校的工作。喇嘛玉如寺裡也建立了一所小學校，儘管東滇仁波切不太看好這個計劃，還是擔任其中一位老師，然而問題也隨即出現了。由於當地村莊不太了解該機構的目的，因此沒有提供足夠的援助，以致學生們有時沒有足夠的食物。老師間的競爭同樣衍生出問題，看來東滇的疑慮是有根據的。只有少數學生完成了學業，學校在七年後關閉了。

寺院的舊角色已不復存在。過去，他們提供抵押貸款與個人賒貸給農民和牧民，並由僧侶為他們祈福、做法事，以換取食物和其他生活必需品。但現在租借貸款和個人信貸是由銀行提供，稅款則繳納給縣府，收入是經由薪資工作取得，特別是軍隊或旅遊業。

仁波切決定出租寺院土地給農民，以收取固定比例的農作物來當租金，但這種做法也遭遇到困難，因為有些農民擔心會被護法攻擊而不願意耕種寺院的田地。然而，仁波切還是逐漸將所有主要寺院的土地都租出去了，這樣僧人們就不用下田耕作。第二個收入來源就是，他們在位於大馬路旁的黃金路段蓋了簡單樓房，出租給人做生意或開設路邊餐館。

最後，則向遊客收取寺院門票來獲得更多收入。如此一來，寺院便能提供僧人們食宿及良好教育，其家人就不必再要護持他們了。

在平陽寺、喇嘛玉如寺之後，夏究古寺（夏古彭措秋林）是拉達克第三大直貢寺院。由於這座寺院位於鄰近西藏的軍事禁區，想參觀者就必需獲得印度政府的特別許可。兼那·喜饒迥涅於十三世紀，從比班公措更遠的地區來到此地建立了直貢傳承的第一個分寺，成為直貢傳承於拉達克最早的弘法中心。

一九七八年十月下旬，就在仁波切快要抵達這座偏遠的寺院時，扎拉旺秋前來迎接他。旺秋是一位長相兇惡的老人，臉上佈滿深邃的皺紋，他是「扎拉神諭」的媒介，而扎拉神諭是一位地方戰神，專門對付佛法的敵人。扎拉早期在藏東就已非常有名，而此位降神的媒介也曾在這裡嶄露頭角。

幾天後，當仁波切和隨行人員抵達夏究古寺時，旺秋全身穿著繁複華麗的神裝，頭戴一頂沉重威嚴的頂冠，以激動人心的方式描述了一個充滿吉兆的淨相，他看到仁波切將對佛法做出不可估量的利益，接著述說一長段有關自身前世所發的誓言，以及這一世身為護法神、尤其是擔任直貢法王護法的承諾，他預言澈贊仁波切或瓊贊仁波切的生命不會有任何障礙。他還保證瓊贊仁波切有一天會來到印度，兩位法王將再次見面。

澈贊仁波切懷疑旺秋只是在演戲，因為降神者的出神狀態通常會伴隨顫抖、抽搐、說話時發出嘶嘶聲、聲音難以理解的情況，而且這種狀態只會持續很短的時間。但扎拉旺秋的出神狀態維持了數小時之久，其間還與許多人進行交談，內容清晰易懂，而且要求獲得各種特權。當然，神諭是一種奇特的東西，但仁波切仍然抱持懷疑的態度，認為自己以後

賢者之諾

再也不會請教神諭，寧可倚靠自身的直覺和卜卦。

那天傍晚，扎拉旺秋親切有禮地向仁波切告別，建議他記下當晚所做的夢。仁波切夢見自己在放風箏，這是西藏人喜愛的消遣活動。風箏線上塗有磨砂玻璃，參賽者要試著鋸斷對手風箏的線。在夢中，仁波切在風箏大戰中快要輸了，這時他發現有個老人坐在他身邊，對他微笑著。那個老人正是扎拉旺秋，他善巧地幫助仁波切操縱風箏，切斷了對手的風箏線。仁波切因此多少修正了他對神諭的看法，隔天，他向世間八大護法獻上供養，並為神諭撰寫了長壽祈請文。

澈贊仁波切於十一月初返回列城，與巴庫拉仁波切、政府領導人和其他公眾人物進行討論。隨後，在參觀了大成就者那若巴的聖地阿提則（Atitse）後，便定居在偏遠的「雍仲塔巴林」（堅固解脫寺），也就是今天的喇嘛玉如寺。據傳，它在很久以前是蓋在一座湖泊的遺址上，儘管如今該區看起來貧瘠荒涼。那若巴在十一世紀曾於此處的一個山洞禪修，偉大譯師仁欽桑布在他的噶當巴法教開始蓬勃發展時，也於此處建造了許多寺院和佛塔。這座寺院後來交給直貢傳承管理，並命名為雍仲塔巴林。仁波切決定在喇嘛玉如寺進行傳統的三年閉關（實際上是三年零三個月又三天）。

仁波切啟程前往美國一年後，直貢寺院的僧侶們不斷向達賴喇嘛請求，勸說法王返回印度。他們非常擔心他永遠不會離開美國，擔心他已經拋棄他們，任由他們聽天由命。七世紀的佛教學者法稱在其所作《因明七論》之一的《釋量論》（演繹陳那《集量論》的註釋）中寫道：「賢者從不輕易做出偉大的承諾，然而，他們一旦做出承諾，便像刻在石頭上的文字一樣；即使犧牲性命也會加以信守。」如今情況相當明確，仁波切顯然在去美國前就已許下賢者的諾言。直貢人要為自己的膽怯、缺乏信心，以及看不見更宏觀的願景與觀點感到羞愧。賢者的心肯定不會改變，是他們自身的愚痴、貪執與自我中心，讓他們擔心法王永遠不會回來，然

來自西藏之心

而法王不僅重新受戒並立即著手拯救慘淡的直貢寺,現在他更決定要在古老且搖搖欲墜的喇嘛玉如寺進行三年閉關,何況那裡連最基本的現代便利設施都沒有,要取得食物也有困難。僧人們都嚇到了。但毫無疑問地,澈贊仁波切並不只想扮演一個傀儡的角色,而是要努力以身作則,進一步弘揚傳承的精神遺產。

（十五）
吸收沉潛：夢境、學習與閉關

瓊嘎・索巴嘉措（1911-1980）來自康區，世人認為他是具有了證的大師。他的性格剛強堅毅，就像瑪爾巴一樣強悍而嚴厲，一生中有三十五年的時間都在閉關。瓊嘎後來成為直貢梯寺的禪修導師，喜威羅卓又派他前往拉契雪山擔任「多津」（閉關指導上師）[76]。他在拉契四大洞窟之一「頓珠洞」（「降魔洞」）指導閉關禪修七年。在進行幾次朝聖後，便到一處蓮師聖地隱居十五年，並在西藏民族起義發生前逃離西藏，與其他西藏難民一起在錫金進行築路工作。噶瑪噶舉上師喇嘛桑桑碰巧從築路工人旁邊經過，認出他以前的上師，從此多津便不再隱姓埋名。東滇仁波切透過一世竹巴突謝仁波切（1915-1983）認識了他，任命他為夏究古寺附近一座寺院的禪修導師。於是瓊嘎於一九七四年，在多方條件不足的情形下首次於拉達克指導九名學生進行三年閉關。

竹旺（意思：大成就者）瓊嘎一生都很謙虛、一無所求。當他還在直貢地區時就成家了。搬到拉達克後，他和家人即使冬天也同樣住在帳篷裡。他幾乎沒有個人財產、積蓄或多餘的存糧，也從未將供養挪為己用。他向來不為自己保留任何東西，信徒若供養食物，他就把食物全都留給學生。

---

76 『多津』是『多傑津巴』的縮寫（རྡོ་རྗེ་འཛིན་པ།，金剛持有者），用於尊稱具有了證而在特殊地點指導修行者閉關的大師。在直貢傳統中，岡仁波齊峰、扎日神山和拉契雪山都有派駐多津，而祖庭直貢梯寺的禪修導師則尊稱為『赤本』（ཁྲི་དཔོན།，法座上師）。赤本通常會自行指派繼任者，直貢梯寺最近的赤本為大瑜伽士巴瓊仁波切（1901-1988），之後是比丘丹增尼瑪（1924-2006）。現任赤本則為比丘扎西饒登，是比丘丹增尼瑪最有成就的弟子之一。

來自西藏之心

一九七八年秋天，瓊嘎指導的二度三年閉關在喇嘛玉如寺裡展開，直貢法王也參與了這次閉關。在閉關前，堪欽·昆秋堅贊為仁波切傳授了龍樹菩薩的《致親友書》和岡波巴的《解脫莊嚴寶論》，後者正是達賴喇嘛在他逃出西藏後送給他的書，瓊嘎則為他傳授直貢的《正法一意》和《大乘教法心要》(77)。

佛法的修持涉及到以清晰察覺來對治且勝伏心中不完善的習氣。根深蒂固的慣性反應構成了修持進展的最大障礙。如果無法持續不斷地克服這些習慣，我們的心就不能邁向真正的廣大敞開。唯有經過具體修行而淨化的心識，才能生起覺醒心、菩提心。因此，在進入閉關前，必需先進行「前行」(78)的修持。前行修持的外共前行是「轉心四思維」的修持，也就是要思維：人身難得、死亡無常、業因果報、輪迴過患這四個主題。內不共前行則有皈依與發菩提心（包括大禮拜）、持誦金剛薩埵、供養曼達和上師瑜伽，它們也被稱為「四次十萬遍的修持」，因為每個修持都要累積十萬遍。

皈依是為了讓心轉向佛法，大禮拜則可對治驕慢並減少我執。金剛薩埵修持能幫助行者清淨惡業。供養曼達為修持布施並累積福德資糧，上師瑜伽則可帶來與上師之心的緊密結合，亦即與佛陀之心無二無別。但最重要的是，這些都是克服懶惰和懈怠的修持，幫助行者對治過去以來的習氣，避免故態復萌，而正是這些舊習氣，使得眾生自無始以來不斷墮入輪迴的深淵。

在藏傳佛教中，要建立良善的新習慣，首先必須透過人為的反覆練習來培養，經過不斷修行，最後會變得完全自然，並使毫無遮蔽的覺知得以生起。因為行者對真實心性的洞察力仍微不足道，必須讓此洞悉力維持且轉化為恆常的心理狀態。不論是佛陀本人、或以佛陀化身再現之修行導師所

77 　《大乘教法心要》（ཐེག་ཆེན་བསྟན་པའི་སྙིང་པོའི་གསལ་བ་ཞེས་བྱ་བ།）由吉天頌恭弟子俄傑日巴（རྡོ་རྗེ་རས་པ།，也稱『謝當多傑』ཞེ་སྡང་རྡོ་རྗེ།，十二世紀）所著。此著作完整說明大乘次第之道，其中包含對甚深《大手印五具》的最古老釋論。

78 　前行（སྔོན་འགྲོ།，『翁卓』）。

吸收沉潛

教導的解脫法教，此過程都是一種需要付諸勇氣、毅力與信心的艱難挑戰。

格列仁波切護送澈贊仁波切到他即將閉關的地方。當他看到仁波切未來幾年要待的簡陋小屋時，他很想讓仁波切免於承受完整傳統閉關的磨難。他向竹旺瓊嘎討價還價：「仁波切不是普通人，是你根本上師喜威羅卓的轉世，是一位為了利生而乘願再來世間的真正大成就者。他在被佔領的西藏已經受了很多苦難，請特別准許他可以少做一點大禮拜，盡速將此傳承的全部修持傳授給他！」瓊嘎斷然拒絕，毫無通融，反而回答說：「既然他是羅卓法王的轉世，就應該修持得比別人多，以證明他的功德。」格列仁波切心灰意冷地返回達蘭薩拉，向達賴喇嘛回報這段對話內容。達賴喇嘛欣喜地說：「瓊嘎仁波切是一位真正的上師！」

瓊嘎告訴澈贊仁波切，完成大禮拜的時間多少並不重要，重要的是他必須做完所需的次數。瓊嘎入定的時候不動如山，仁波切也都沒有獲得特殊待遇。他在四十天內，完成了十萬遍大禮拜，每天晚上只睡五個小時。之後他的心血管系統開始出現問題，經常想要嘔吐，只好時不時停下來休息一下再繼續。他的膝蓋也摩擦到破皮流血，額頭有時也會滲血，但仁波切並沒有停下來，又做了二十萬遍大禮拜。

他的關房位於寺院的頂樓，是個簡樸的小房間，壓實的泥巴地板，裡面只有一張窄床和一張傳統矮書桌。修行者就算只多得一條薄毯，也會心存感激。僧人昆秋桑巴從那時被指派為仁波切的助手後，就一直跟著法王到現在。他透過種植馬鈴薯賣給印度軍隊，來支持仁波切閉關期間的開銷，而法王的飲食也幾乎只有馬鈴薯和白蘿蔔。天寒地凍的冬季來臨時，大雪將寺院與外界完全隔絕，昆秋桑巴必須在厚重的雪堆中走三個小時的路程，到噶澤村（Kaltse）跟那裡的村民取得柴火。

來自西藏之心

　　前行修持能幫助行者獲得對身體和言語的些許控制。後續的困難部分在於，在心能住於一境後，便要進一步透過諸多與微細能量和複雜禪修技巧有關的密宗修行，再次修整自心。在直貢傳統中，這個過程是透過《那若六法》和《大手印五具》來完成。《那若六法》分別為拙火法、幻身瑜伽、夢瑜珈、光明瑜伽、中陰法和頗瓦法。這些錯縱複雜的身心修持，能引發心識與伴隨其之微細能量過程的深層轉變。

　　《大手印》被認為是最高的金剛乘法教之一，其目標在於洞察本覺的真實自性乃明空合一。在禪修中，透過寂止修持，將一切感知轉化為明空的體性，進而透過勝觀，無須費力地將一切感知轉化為對實相自性的體驗[79]。如此的結果將獲得超越一切陳規、慣例而自由的心。帝洛巴在其大手印口訣中說到：「如是自心大印無憑依[80]」。

　　瓊嘎在仁波切第二年閉關期間，因幾年前一次公車事故所致的內傷未能好好治療，繼而引發慢性病而過世了。他在圓寂前，勸告弟子們不論發生什麼事情都不能離開閉關房。隔天，瓊嘎與仁波切談話，他用微弱的聲音說道：「如果你是喜威羅卓的轉世，願我與你永不分離。我已用劍斷虛空，劍在虛空無窒礙，此劍全然得自在。」最後他說了這段話：「以前，你無法離開西藏，我很擔心你。你逃出來後，又去了美國，我也很擔心你。現在你人在印度，正在完成學習與修行，我不用再擔心你。如今的我，可以平靜離開了。諸法無常，你要負責帶領直貢傳承，這是一項艱鉅的任務，幸好你承擔下來，現在回去閉關吧。」喇嘛索南覺培接任為他的閉關上師。

　　一九七九年夏天，澈贊仁波切中斷了閉關，因為在平陽寺舉行了一場慶典法會，而這個活動是他在美國時就已經計劃好、要慶祝直貢梯寺（建立於一一七九年）暨直貢傳承創建八百週年的紀念法會。仁波切在離開美國前，認識了一位

79　　寂止（ཞི་གནས，『息內』，梵音：奢摩他）。勝觀（ལྷག་མཐོང，『拉通』，梵音：毗婆舍那）。

80　　【譯註】採用資深譯者敦珠貝瑪南嘉《恆河大手印》之藏漢對譯，以下同。

吸收沉潛

名叫華倫・史考特的大企業家，他願意資助這個法會。他的兒子是一名電影製作人，熱衷於製作一部有關拉達克節慶和直貢傳承的記錄片。他來到拉達克，在法會期間拍攝了《直貢——流亡中的信仰》這部片子。海因里希・哈勒也從奧地利來到這裡，他很高興再次見到他的老朋友擦絨・敦都南傑，後者向他講述了兒子的生活和勇敢逃亡的過程。哈勒後來出版了一本關於平陽寺慶典的書[81]，其中收錄了豐富的照片。

當賓客漸漸聚集到會場所在地時，天空雖然晴朗無雲，寺院上方卻出現一道彩虹。這是一場令人動容的法會，旨在標誌傳承正經歷著重要的轉戾點。寺院裡沒有足夠的空間容納這麼多人，於是人群散佈在整座山上。這次的活動不僅慶祝傳承創建，也慶祝法王的回歸。澈贊仁波切為大眾授予長壽灌頂，然後在七月二十七日這天，一幅新完成的巨幅唐卡（一塊捲在木樑上的大畫布）被抬進寺院大門。歷經好幾個月乾燥炎熱的天氣，卻在那一刻，於幾近萬里無雲的天空中降下了花雨，普遍認為這是傳承祖師賜予加持的徵兆。唐卡的木樑沿著寺院正面的外牆緩緩拉升，一幅高十六公尺、繡有覺巴吉天頌恭的唐卡在眾人面前壯麗展開，象徵直貢傳承的稱號，將在仁波切的重新帶領下弘揚遠播。

僧人們按照古老傳統在寺院前埕中、傳承創始人唐卡的正下方演示著金剛法舞，此時他的目光似乎遠遠超出了拉達克。仁波切坐在金色寶傘下的法座上，為唐卡開光，身後坐著好幾排的人，分別是眾多噶舉寺院、印度政府、尼泊爾王國、軍隊、印度教徒、基督教徒、伊斯蘭教徒的代表團，貴賓，以及法王的家人，全都面對這尊巨大的佛像。這一天是初轉法輪日，也是澈贊仁波切的生日。法會慶典結束時，仁波切為現場多達兩萬名群眾傳授頗瓦法，便返回喇嘛玉如閉關處。

81　海因里希・哈勒《來自拉達克的仁波切》（因斯布魯克，法蘭克福：企鵝書屋，1981年）。遺憾的是，該書記載有關澈贊仁波切・赤列倫珠的簡傳，訛誤頗多。

圖36：澈贊仁波切在拉達克平陽寺主持直貢傳承創立八百年慶典

在閉關即將結束時，仁波切做了幾個重要的夢。其中一個夢是他與兩位僧人一起去朝聖，參觀佛陀舍利。他們來到一大片墓地和一座有著寺院屋頂的建築物前，但是當他們進去那棟建築物後，四周環境突然改變，轉眼間他們來到一棟帶有辦公室的房子前。他們不知道舍利在哪裡，於是問辦公室裡的人，哪裡可以找到佛陀舍利。裡頭有個人拿出一本目

吸收沉潛

錄，翻閱厚厚的整本書，什麼都沒找到，便跑去問別人。仁波切心想他們一定是在伊斯蘭教的墓地裡。接著，有人指向前方一片黑暗處，說舍利在那裡。仁波切看了很失望，因為那是一座牛棚，他派那兩位僧人去挖牛糞、找看看。牛棚邊，趴著一隻巨大藏獒，仁波切有一種奇怪的感覺，認為這隻狗可能是瑪哈嘎拉，或是其他護法。他向伊斯蘭教徒抗議說，不可能把佛陀舍利埋在那裡，因為全世界的人都想看舍利，必然要被好好供奉起來才對。仁波切登上附近一座平台上，看著僧人們挖掘舍利。那個跑去問舍利確切位置的人回來了，氣沖沖地說：「你已經知道它們在哪裡，為什麼還要問我？」仁波切一臉狐疑地看著他，那人回答道：「它們就在你身後，在你所站的地方。轉過身去。」他身後是一塊木板，上面有一扇蓋著布塊的藏式窗戶，仁波切可以從縫隙中看到一些東西，但認不出來那是什麼。他打開窗戶，一團灰塵落下，有個東西掉在他的頭上。他伸手去拿，發現那是舍利。此時，一座美麗絕倫、紅色圓形的壇城出現在他眼前。就在那一刻，他整個身體充盈著法喜，就好像被舍利所填滿一樣。他覺得自己受到深深的加持，淚水不禁順著臉龐流下。

接著他就醒來了，依然感覺全身刺刺麻麻，好像真的領受過加持一樣。當時天剛破曉，空氣中充滿了鳥兒歡樂的歌唱。仁波切非常欣喜，想要立刻告訴堪布托卓他的夢境，但這種感覺實在太強烈了，讓他既不能動、也不想動，於是他再度睡著，隨即又做了另一場夢。

他和一大群人正準備穿越綿延寬闊、迴旋起伏的梯田，往山谷底走下去。途中，他遇到一個坐在枯樹幹上的老僧。當他靠近那位僧人時，他發現那是來自喇嘛玉如的八十歲的喇嘛昆秋。僧人向他打招呼，遞給他一枚金幣，說：「這是給你的。」這枚金幣不是圓形的，是多邊形的。仁波切拒絕收下，但僧人堅持要他保留這枚硬幣，說自己還有一枚，於

是他打開自己的曲巴（藏袍），秀出第二枚金幣。仁波切接過硬幣，說道：「我會把這枚金幣收好，哪天你需要的話，就跟我說。」當他把硬幣放進口袋時，他注意到自己身上穿的是襯衫和褲子，而非僧袍。然後仁波切繼續往山谷裡走，來到一棟要繞一大圈才能走完的大型建築。就在他剛經過房子後，發現自己又穿回僧袍，手上拎著一個公事包。他心想應該要把公事包放一邊，因為它好像不太適合僧侶。他慢慢地往前進，有個小男孩似乎認出他來，於是朝他走過來。仁波切不知道他是誰，也許是某個拉薩市的人。他不想跟那個男孩照面，於是轉進一個巷子，發現自己站在一個人聲鼎沸的喧鬧大市集中。其中一家餐廳，有幾位平陽寺僧人坐在裡面。他覺得在那裡有點不安，又往另一個方向走去，來到了一個擺滿新鮮美味水果的攤位。正當他在買水果的時候，他醒過來了。

仁波切明白這些夢境的一般意義，但對細節部分的意義則不清楚，而堪布托卓的解釋並未讓他感到滿足。後來他將這些夢境告訴直貢傳承裡一位具有了證的大師噶千仁波切。噶千仁波切說這些夢境很容易理解，它代表赤列倫珠已經了悟心性，所缺乏的只是對自身智慧的信心。黃金象徵著最高的了證、非凡的悉地[82]。

諸如此類典型的夢境有很多層面的意義。兩個夢境都象徵了仁波切正面臨人生的劇大轉變與嶄新篇章，正值個人內在轉變的時期。夢中景像傳達的訊息讓人聯想到煉金士，他們的目標在於轉化普通人，並將最高的精神潛藏力從物質型態的身體束縛中解放出來。煉金士認為要在污穢中尋覓至

82　『悉地』：成就，是指於修行過程所成就的非凡神通力。金剛乘認為有八種世間成就和一種無上或殊勝成就。八種世間成就（བརྒྱད་མོང་གི་དངོས་གྲུབ་）是：（一）寶劍成就（རལ་གྲི་འི་དངོས་གྲུབ་）；（二）能見天神的眼藥成就（མིག་སྨན་གྱི་དངོས་གྲུབ་）；（三）神行成就，具有疾速行走的能力（རྐང་མགྱོགས་ཀྱི་དངོས་གྲུབ་）；（四）隱身成就（མི་སྣང་བའི་དངོས་གྲུབ་）；（五）金丹成就，意味具備返老還童的能力（བཅུད་ལེན་གྱི་དངོས་གྲུབ་）；（六）飛游成就，能夠飛游於虛空天界（མཁའ་སྤྱོད་ཀྱི་དངོས་གྲུབ་）；（七）丸藥成就（རིལ་བུའི་དངོས་གྲུབ་），以及（八）土行成就，能夠發掘地下伏藏的力量（ས་འོག་གི་དངོས་གྲུབ་）。與世間成就截然不同的是不共或殊勝成就（མཆོག་གི་དངོས་གྲུབ་），也就是正等正覺的境界。

吸收沉潛

善,而它恰巧會在人們最意想不到的地方被找到。黃金是物質形態中最高貴的東西,但它可能存在最卑賤的金屬中——我們必須將黃金從中提取出來。這就好像最清淨、最微細的心,就存在於尚未覺醒的迷妄心識中一樣。

一切有情眾生皆有佛性,即如來藏、「正覺種」,但因愚痴、迷惑的障蔽而無法認出它來。佛性既隱藏在一切眾生之中,也涵養著一切眾生。密宗修行透過精微能量來轉化而進行內在的煉金,直到佛性得以彰顯、本智得以展現。

仁波切夢中的原型象徵,如今有著多種含義:至善隱藏在至劣之中;住於一切有情眾生中的佛性,受世間迷妄所羈縛;墓地是產生轉化的地方,也是象徵人生無常、放下世間執著與自我執著的地方。同時,仁波切也經驗到了被真實生命填滿的感受,這種經驗是敞開、自由的,無邊無際到難以言喻,讓仁波切全身上下感受到一股超越人類經驗的極喜。在轉化發生的那一刻,象徵完整的圓形壇城出現了。伊斯蘭教是將佛教逐出其發源地印度的宗教,一直扮演著反對佛法的角色,這意味著即使身處在敵人當中,佛性、正覺種仍然存在。仁波切所登上的平台,代表他在修行中所體驗的高深境界,也代表一直以來他作為法王轉世所享有的崇高地位。憑藉這種提升,通往另一個實相的窗戶打開了,這是一條通往覺醒的道路。最後,他內心所感受到的平靜與滿足,以及醒來時身體的感覺,都強化了夢境體驗的強度。

他的第二場夢延續了第一場夢的主題,並有些微改變。它說明了仁波切將了證帶到世間:仁波切在經過在家人(他的俗衣)的生活後,經由其修行和了證(金幣)而培育出肥沃的土壤(梯田)。此處,同樣表示出我們內在具有本智的洞察力。這份內在本具的最高洞察力,既無法用言語形容,也無法在身外找到。它只能被指出,而指出「我等皆具此力且其向來都在」的那位老僧人,則代表著佛陀本人,也就是指出「大手印」的人。每個人都擁有這塊金子,但只有那些

像老僧人一樣長期走在法道上的人,才能明白這點。仁波切想要看守的這枚金幣,仍然未臻完美,它還不是圓的,也還不是完全屬於他自己的。他所要走的法道,是回歸出家生活(他的僧袍),因為這將引導他到達「黃金境界」,亦即證悟佛性,然後再從已證得的高度下降到平庸的凡俗世界(市集)。澈贊仁波切的挑戰將會是「入」世方面的事業,但此時看來,他尚未完全準備好擁抱這項任務,因為他還不想毫無保留地面對紛紛擾擾的塵世活動,儘管他已經在修行上達到結出豐碩果實的階段(市場上的水果)。

・・・

接下來幾年裡,澈贊仁波切專心一意地致力於這些夢境中所指引的法道。他在閉關結束後,展開一段大量學習佛學哲理文本和續典的過程。他選擇平陽寺作為正式住所,其中還在不丹竹巴噶舉的桑噶丘林寺度過了三個冬天,學習寂天菩薩的《入菩薩行論》、月稱菩薩的《入中論》與《究竟一乘寶性論》,並接受噶舉派的一些重要傳法,及竹巴噶舉《大手印》的特別法教。他的老師堪布諾陽,是大吉嶺竹巴噶舉主要寺院的住持。諾陽是一位傑出的老師,擁有一顆不平凡的心,外表看起來就像個平凡的窮僧人,身上穿的僧袍因頻繁洗滌而幾乎完全褪色,鞋子也很舊,還破了洞。怙主突謝仁波切對他的這位堪布感到有點不好意思,因為他連在正式場合也穿這樣的衣服,因此經常給他新東西,但諾陽從來不穿戴它們。

堪布諾陽幾乎熟悉各種領域的知識。儘管自一九五九年以來,由於他肩負修建寺院和行政管理的重任,就不再學習任何佛學哲理著作,但他從不忘失過去研讀的內容。他在總結和解釋哲理文本時從不看筆記,只帶兩張小紙條到課堂上,授課時也不會拿出來參考。在西藏,據說那些修行到達一定程度的人,擁有「總持力(永不忘失的記憶力)」,因

為一切都在他們心中，堪布諾陽就是其中之一。

他永遠都會給予最精確的答案，直擊問題重點，從不拐彎抹角。儘管他擁有淵博的知識，但他從不炫耀，也從不講與答案無關的內容。竹巴突謝仁波切曾經告訴澈贊仁波切：「與他相伴的人越是優秀，他就越是精力充沛。」仁波切與諾陽不僅關係親密，更是獲益良多。每次他向諾陽請求傳授法教時，寺院裡的僧侶們都很高興，因為這讓他們也有機會得益於堪布的大智慧。

有一次，堪布在教授《入菩薩行論》第九品講述般若波羅密多的教法中，他用很平常的比喻，將心的根本自性解釋為有如自由、敞開的空間。它是無染、透明、清澈、赤裸、不加掩飾的；正如虛空之無形、不可見，心亦無相狀、心不能自見心；我們所看見的是虛空中的對境，所知道的是心中生起的念頭。

佛法因明學鼓勵思辨，提出異議，因為它所談論的主題難以用言語描述。它試圖以概念描述在概念層面上難以理解的東西。就理性思維來說，這樣的辯論雖然令人興奮但最終還是困獸之鬥。仁波切正是在這點與諾陽進行了激烈的辯論——他拿起一塊布擋在眼前，說他可以把虛空遮蓋起來，因為他現在看不見堪布了。諾陽抓住了那塊布，稍微挪動一下，接著問到：當這塊布從這一點移動到另外一點時，虛空到哪裡去了？那麼，在這塊布另一邊的虛空，又有什麼變化？——它不是應該要是空的嗎？空的虛空？這些問題讓仁波切的心被超越理性概念的東西觸發了。突然間，一切疑問都消失了。後來他才明白，這是他領會到究竟心性的開始。一想到這種超越分別概念的體驗會發生在佛教因明課的教學中，他不禁莞爾一笑。

澈贊仁波切的學習過程相當輕鬆愉快，彷彿他只是喚醒自己本來就熟悉的記憶，八〇年代對仁波切而言，是大量

學習、領受法教與灌頂的歲月。西藏上師的傳記總是會將其領受的灌頂和法教清單包含其中，使得此傳記成為「內傳」，用來說明無瑕染與無間斷傳承的延續。傳統上，對一位西藏上師的評價，比較多是根據他所持有的傳承法教，而非他對特定經典的學養。不過，將仁波切領受過的所有灌頂和法教條列出來，不僅會大大增加本傳記的重量，對多數讀者來說也不具太多意義。然而，有幾位上師以及從其所領受的灌頂、教誡則特別具有意義，應該在此提及。

圖37：澈贊仁波切與第十六世噶瑪巴在錫金隆德寺

仁波切很小的時候，就由赤匝嘉樂為其傳授直貢噶舉和寧瑪派的完整伏藏法教，並從尼宗赤巴處，得到藏傳佛法教

證最為傑出者之一蔣貢工珠・羅卓泰耶[83]所編纂的《大寶伏藏》法教。仁波切於八〇年代此時，也在隆德寺從第十六世噶瑪巴領受密勒日巴灌頂和《那若六法》；並從竹巴突謝仁波切領受一系列包括竹巴噶舉關於《大手印》等所有文本和《那若六法》的法教；後又從達隆夏仲仁波切（1915-1994）獲得完整的達隆噶舉法教，從達隆澤珠仁波切獲得《北伏藏》，並從達賴喇嘛獲得《時輪金剛續》、《勝樂金剛續》和《文殊閻魔敵續》的灌頂。

直貢的仁波切和堪布們也將傳承所有法教都傳授給他，包括：東滇仁波切傳授他岡波巴、帕摩竹巴、吉天頌恭和貢嘎仁欽的法教；堪布托卓傳授他《中觀》法教以及《阿企要訣集》與《嘛呢全集》[84]。另外，他也從閉關上師竹旺・昆秋諾布（1921-2007）處領受更多直貢灌頂。

巴瓊仁波切於一九八八年圓寂後，噶千仁波切有一次在閉關時的光明淨相中見到巴瓊仁波切，指示他將所有直貢教法傳出去。噶千仁波切覺得事不宜遲，在被中國監禁二十多年而獲釋後，便前往加德滿都面見直貢法王。澈贊仁波切從這位備受推崇的上師處領受了吉天頌恭所有的教導和法脈。雖然他已持有這些教法，但部分的特殊加持只能透過噶千仁波切的傳承法脈才能獲得。噶千仁波切是直貢傳承非常重要的轉世祖古，他與澈贊仁波切對彼此都有著深厚的尊崇與景仰，因為倆人此生都經歷過非常艱苦的時期，也有好多年都無法接觸佛法，但儘管如此，他們都擁有許多教派高階上師所無法忽略、以任運智慧而流露出來的上上功德。

83　蔣貢工珠・羅卓泰耶（1813-1899）反對佛教宗派分裂，畢生撰寫一百多部著作，其中最有名的著作為總集西藏所有宗派法教的《五寶藏》：《口訣藏》（གདམས་ངག་མཛོད།，『旦啊佐』，八大修行傳承的核心教義）、《噶舉密咒藏》（བཀའ་བརྒྱུད་སྔགས་མཛོད།，『噶舉啊佐』，噶舉傳承至要法傳）、《大寶伏藏》（རིན་ཆེན་གཏེར་མཛོད།，『仁欽特佐』，寧瑪伏藏法集，共六十三冊）、《所知藏》（ཤེས་བྱ་ཀུན་ཁྱབ་མཛོད།，『謝夾袞洽佐』，總說佛教及其文化之全書），以及《廣大教誡藏》（རྒྱ་ཆེན་བཀའ་མཛོད།，『嘉千噶佐』，蔣貢工珠自己的文集）。

84　《嘛呢全集》（མ་ཎི་བཀའ་འབུམ།，『嘛呢噶本』）總集源自松贊干布以降之觀世音菩薩完整教法。

圖38：澈贊仁波切（右）與噶千仁波切在加德滿都（約一九九〇年）

與噶千仁波切的會面，重新建立起數個生世以來相繫著澈贊與噶千兩位仁波切所屬傳承的內在連結。當他們在一起時，噶千仁波切生起許多與澈贊仁波切相關的特殊淨相與夢境。有一次，倆人共同到尼泊爾朝聖，參觀一間位於帕坦的寺廟，裡面供奉著一尊頭戴頂冠的著名佛陀像，沃・烏康巴。該佛像每年只有在一次莊嚴法會上才會公開展示。噶千仁波切和澈贊仁波切並不曉得法會是在何時進行，但當他們穿過街道進入寺廟時，佛龕的門正好打開了，佛陀出現在他們眼前。

在蓮花生大士和瑪爾巴的聖地帕平，有一尊非常古老殊勝而極受世人崇敬的多傑巴嫫像（金剛亥母）[85]，但佛像平常都被鎖起來，禁止參觀，甚至連公開展示的佛像也跟原始版本不一樣。如果有遊客支付五十盧比要求參觀原始佛像時，他們會拿出一尊仿造的金剛亥母像當作真品展示，沒有

85　金剛亥母（ རྡོ་རྗེ་ཕག་མོ །，『多傑巴嫫』，梵：Vajravarahi），普賢王如來佛母之報身顯現，亦為智慧空行母。

吸收沉潛

人能看到真正的佛像。但是,當兩位仁波切參觀寺廟時,管理佛像的負責人剛好不在,他們跟他的妻子交涉,後者天真地為他們打開了密室,讓他們有幸看到真正的金剛亥母像。這尊金剛亥母像的不尋常之處在於,其舞姿並非如一般所見那樣右足彎曲靠在左大腿上,而是以引人注目的方式將其中一足高高舉過手臂。

一九八一年十一月,澈贊仁波切前往錫金隆德寺為在美國圓寂的第十六世噶瑪巴舉行法會。著名的寧瑪派上師頂果欽哲仁波切也出席了法會。欽哲仁波切是當時最卓越的上師之一,凡是有幸見到他的人都對他有著極高的崇敬。達賴喇嘛視他為最重要的上師,並特別讚揚其不分宗派的觀點。法會期間,頂果欽哲仁波切利用所有空檔傳授法教直到深夜。翌日早晨,甚至天還沒亮,他就準備好要再次傳法。他帶著穿透虛空的目光,毫不費力、清晰、淡定地講授,就好像在閱讀一本無形的書,但與此同時,又能照顧到每一位受教者的根器能力。在私下的小參時間,他用簡單幾個的字,便能為在場的人打開全新的智慧維度。

澈贊仁波切原本就想親近他,而他便如此突然出現了。頂果欽哲仁波切持有藏傳佛教的所有法脈,但澈贊仁波切過於謙卑,不敢請求欽哲仁波切傳授具體的教誡,只是請求對方賜予其認為他所適合的那些法教。

圖39：澈贊仁波切與頂果欽哲仁波切在不丹彭措林宮

　　兩年後，仁波切因公前往德里，與姑姑次仁卓瑪住在一起，他非常希望能從欽哲仁波切那裡得到總集藏傳佛教所有教派法教之《口訣藏》的珍貴教法。當一位西方女尼前來拜訪他，談話間提及頂果欽哲仁波切的名字時，仁波切心中充滿了想要見到他的渴望。原來，頂果欽哲仁波切當時正應美國國會圖書館駐印度辦事處主任琴恩・史密斯之邀來到德里。兩人安排了一次簡短會面，仁波切在見面時請求他授予《口訣藏》的教導。欽哲仁波切同意了，並訂好冬季時在不丹進行。

　　一九八四年一月，傳法在不丹的彭措林宮開始進行。頂果欽哲仁波切在澈贊仁波切抵達幾天後的深夜，到了當地。隔天一大早，澈贊仁波切被叫醒，並被告知欽哲仁波切正在前來見他的路上。當欽哲仁波切出現在門口時，他笑著詢問澈贊仁波切，一九五九年他在甘托克遇到的那位胖胖的直貢喇嘛是誰。澈贊仁波切回答說，胖胖的只有他的上師，也是直貢攝政赤匝嘉樂。欽哲仁波切告訴他，赤匝嘉樂當時曾請

吸收沉潛

他為兩位直貢法王傳授《口訣藏》的灌頂和法教,但日期並未敲定,後來他又被迫逃離西藏,因此無法安排。澈贊仁波切對這份晚了四分之一個世紀的傳法感到欣慰,因為此刻他對佛法的理解更深了,他的心也準備好接受來自這位無與倫比導師的珍貴法教。

《口訣藏》有極為豐富的甚深法教和竅訣。經文裡說到,為了避免任何障礙違緣,此法只能在佛法昌盛的國土裡傳授。不丹無疑是正確地點,因為經由竹巴噶舉所傳下的藏傳佛法,已在此地興盛了幾個世紀而毫無衰落。這次傳法大約有五十名喇嘛、祖古以及五百多名僧尼參與。此外,還有許多乘坐公共汽車大老遠從偏遠地區前來的在家人。富有的功德主不僅為參加者提供三餐,也為當地數百名貧窮的居民,提供整整三個月傳法期間的食物。

欽哲仁波切孜孜不倦,在《口訣藏》傳法圓滿的那天晚上,他根據寧瑪派傳統開示了《秘密藏續》。此外,仁波切也從他那裡領受了有關心性的個人指引。後來,在加德滿都,仁波切又從他那裡獲得更多有關蔣貢工珠親自編撰之《廣大教誡藏》和《噶舉密咒藏》的重要教誡,以及大圓滿教導中最著名法集之一《四部心髓》[86]等許多不同法脈大量著作的傳法。

86　《四部心髓》(སྙིང་ཐིག་ཡ་བཞི།,『寧提亞系』),結合蓮花生大士和無垢友尊者的所有心要(『寧提』)法教,是所有大圓滿修行者的根本修行經典。此書由寧瑪派的重要上師龍欽巴尊者(1308-1363)編撰。

（十六）
專注發展：實現願景

　　為年輕人建立良好的教育管道，是澈贊仁波切在拉達克的首要任務。他向村民表示，除非有足夠的年輕人接受正規的佛法教育，否則這個社區的精神支柱就會漸漸變得空洞。他鼓勵所有生育子女超過一個的家庭，可以將其中一個送到寺院。他承諾會負擔他們的教育，不會花上家裡任何費用。就這樣，他說服了村民，光是平陽村就有三十名年輕人穿上僧袍。

　　當仁波切在平陽寺的住所接見印度文化部長時，寺院收藏的文化寶藏、佛像、唐卡和經書讓這位部長大為驚嘆。仁波切平靜地看著他，說道：「你說得沒錯。但我們不知道將來誰能繼承這一切。現在已經很少人會講藏語了，也只有少數學校在教授藏語。寺院裡的僧尼越來越少，整個喜馬拉雅地區的文化都在式微，如果不懂藏文，要怎麼畫唐卡？要怎麼造佛像？這些都是用藏文寫的。如果語言消失了，文化也會跟著消失。如果看不懂那些文字，留著這些典籍還有什麼意義？」這番對話相當有效，一年後，文化部將相當大的預算分配在改善傳統教育，不僅直貢寺院，整個拉達克和印度境內的所有寺院，都因這些資金而能改善其教育、創建圖書館。

　　仁波切十分清楚，建立拉達克的教育體系只是個開端。寺院地點過於偏僻，思想觀念陳舊，師生人數稀少，種種條件之下，實在難以開創他所想要復興的佛法學習風氣。儘管

如此,遠在西藏,仍有許多年輕祖古在更為孤立無援的情況下,寫了幾封絕望的信件想要尋求合適的教育,於是拉達克的直貢寺院接收了十幾位來自西藏的仁波切。他們受教的程度低得驚人,但這讓他們的學習動力更加強烈。激贊仁波切在不丹第一次領受法教的期間,曾與頂果欽哲仁波切討論建造一座新寺院的想法。他夢想能建造一座寺院,一個既能教授傳統佛法教育、又能滿足現代需求的佛學中心。

然而,僅僅要建立一個非營利組織,作為將所有直貢寺院集結起來的傘狀組織,過程就變得相當錯綜複雜。許多已然生根且廣受人知的喇嘛,並不想服膺於一個掌控所有傳承寺院與機構的中央單位。但這正好也是激贊仁波切所不願看到的模式與問題。他強調自己不會讓中央總部掌控一切權力,因為這只會導致更多的政治操縱、彼此憎恨和對抗。他從其他傳承中看到,許多具有嚴格階級制度的中央集權管理,到最後都演變成嚴重的內部衝突。因此,直貢組織會採取權力分散的模式,所有中心都擁有行政自主權,各以自己的非營利協會來獲取國家和私人功德主的贊助。

仁波切並不想要一個行政意義上的傘式組織,而是精神意義上的傘式組織。他的基本想法極為單純:根據佛法行事,造善,以及贏得人們的尊敬。而這樣的理念卻不易實施,他發現嚴格的階級制度完全不利於修行發展,因為它會使人們把重點從修行轉移到政治與追求位階。

使用仁波切在美國設計的標誌,有助於將不同組織整合為同屬直貢傳承,他希望這些組織都能致力於修習與弘揚傳承法教與傳統。最終,藏傳佛教各宗派追求的目標都是一樣的,只是各有其珍貴獨特的傳統,各自在其傳承中延續不可替代的法教。針對此傘狀組織,仁波切最初的想法為三年輪替制,所有在西藏境外的寺院,每三年輪流做傘式組織的總部。但最後礙於法律因素,這個制度未能適用。因此,最後決定將直貢慈善協會(Drikung Charatible Society)設在

仁波切未來新建的寺院內。在那之前，先選定位於印度南部的安陽寺為直貢噶舉的主要寺院，協會也在班加羅爾地方政府註冊。

　　與此同時，直貢傳承在喜馬拉雅山腳下的阿莫拉（Almora）擁有一座歷史悠久的房子。德國著名佛學家、僧侶暨藝術家戈文達喇嘛（1898-1985）自一九五五年開始，在那兒居住了二十年。戈文達從知名人類學家沃爾特・葉林・埃文斯－溫茲（1878-1965）承接了這棟地處偏遠的房產，後來，他將房子留給他的西藏助手，後者又把它捐給直貢法王。阿莫拉位於海拔兩千公尺處，坐落在一大片茂盛挺拔的松樹林和蒼鬱植被中。房子附近可以看到愛打架的好動猴子、偶爾現身的雪豹和色彩鮮豔的大量鳥類。仁波切認為，這個地方宜動宜靜，既可以激發創意又適合安靜沈思，或許可以成為他正在規劃的寺院所在地。

　　一九八三年藏曆新年慶祝活動結束後，仁波切在翁楚仁波切位於措貝瑪的寺院進行直貢豬年傳法。一天晚上，在直貢上師的大集會上，他突然要求朗欽加布辭去在西藏流亡政府的職務，轉而擔任直貢傳承的秘書長，加布仁波切接受了這項挑戰。幾天後，他們決定在阿莫拉建立新的總部，並將直貢慈善協會的會址從印度南部遷到阿莫拉，但卻發現阿莫拉的土地文件有一些問題，沒有辦法將會址遷到這裡。因此，必須成立一個新的非營利組織——直貢噶舉學院。同時，他們決定在阿莫拉開設一間小型地毯工廠來賺取一些收入，因為加布仁波切曾擔任西姆拉西藏手工藝品中心的主任，對於這項業務經驗豐富。

　　只要澈贊仁波切仍需專注於發展自己的學習與訓練，直貢噶舉學院就會缺乏人員和財務來發展其所計劃的項目。加布仁波切想要做一些有意義的事，因此決定拜訪德里的美國國會圖書館辦事處，琴恩・史密斯負責在那裡收集、評估並出版藏人逃離家園時一起帶出來的文本。這間辦公室預定不

久的將來就要關閉，加布仁波切在館藏中搜尋屬於直貢傳承的作品，結果發現了四百多本直貢文本。

加布仁波切態度客氣卻堅定地指出將阿莫拉定為傳承總部的所有劣勢。首先，阿莫拉距離德里很遠，也幾乎沒有自來水，夏天雨季來臨時，暴雨經常沖毀道路（平常時候，道路狀況也不佳），食物等相關物資的取得既不方便而且昂貴。最後，儘管因為來到印度的直貢僧人正逐漸流向藏傳佛教的其他教派，以致兩人都認為有必要盡快為直貢法王在印度找到一個永久駐錫地，不過，澈贊仁波切還是接受了這位秘書的顧慮。因此，加布仁波切的任務是在合適地點，尋找一塊配有基本設施的土地。

加布仁波切在位於德里以北六小時車程的德拉敦市，找到了他們想要的土地，當時澈贊仁波切正在不丹領受頂果欽哲仁波切的《口訣藏》傳法。德拉敦地處喜馬拉雅山麓，擁有舒適宜人的氣候，曾經是英國軍官最喜愛的退休之地。此處以為數眾多的貴族學校聞名，整體氛圍非常適合發展教育項目。此外，那裡還有一個歷史悠久且發展成熟的藏人移民社區，其中有薩迦中心、薩迦學院、敏珠林寺，可說薩迦派和寧瑪派的主寺都在那裡。德拉敦當時也有許多土地可供購買。（後來，一九九九年，它成為印度新設立的北阿坎德邦首府後，這座城市便開始大規模發展。）

加布仁波切在城市北端，發現一片長著茂密灌木叢的土地，而且當他在巡視土地時，正好有一群白鶴從空中飛來而降落其上。這塊土地當時的價格並不高，但因為在印度，賣價隨時可能會因業主的心血來潮而發生變化。加布仁波切只是被派去尋找土地，而非購買土地，因為不論是他、澈贊仁波切或直貢噶舉學院，當時都沒有這筆資金。但價格實在太吸引人，於是他簽訂了初步合約後，便立即前往達蘭薩拉向西藏政府借錢，並向身處不丹的澈贊仁波切報告細節。法王同意購買，加布仁波切也最終從達賴喇嘛的私人辦公室獲得

信貸。

　　這筆交易在一九八四年三月中旬完成。直貢噶舉學院以三萬盧比的價格買下這塊土地。就西方標準而言，價格非常低廉，但當時直貢喇嘛完全沒有資金。向達蘭薩拉申請到的貸款共為六萬盧比，於是剩下的三萬盧比就全數用於建設。十月，澈贊仁波切結束在拉達克的阿企閉關後，拍板定案在德拉敦建立他的寺院和學習中心。這個中心將被命名為「直貢噶舉學院」，寺院名稱則與西藏祖寺直貢梯寺（「強久林」，菩提寺）同名。

　　加布仁波切先從修築道路和鋪設水管著手，這工作幾乎耗盡了他們大部分的資金。一九八五年二月，澈贊、加布和翁楚仁波切，以及竹本・索南覺佩和喇嘛楚旺，前往德拉敦進行土地開光及安撫地神的儀式。根據佛教傳入西藏前之苯教的古老習俗，在興建房屋前必須先安撫地祇神靈，並採取相關堪輿以確保建案能順利進行。一小群人拿出地理羅盤，在挖好的地基上進行風水測量，並在羅盤所指示的穴位埋下一個裝著咒捲、燒香和次等寶石的寶瓶作為供品。他們還舉行了法會，請求當地神祇的許可並保佑建案順利完成。

　　一九八五年夏天，正當他們開始進行工程時，收到了瓊贊仁波切要來探望他們的消息。法王在中國監獄和勞改營中度過了二十三年，期間必須在不人道的環境下工作，經常精疲力盡，有時甚至超過人可忍受的極限。他在一九八三年實施的政治特赦中獲釋，並被賦予領導西藏自治區宗教事務處的職務。這個職位只是讓他在社會上擁有一席之地，但卻沒有辦法真正為西藏宗教復興做出貢獻。宗教事務處的唯一功能仍在於透過掌握一切與宗教有關的活動，來強化思想控制。該辦公室的僱員都是仁波切和高階喇嘛，理由只是因為僱用他們，可確保民眾接受這個部門的權威。寺院必須接受這個部門強行加諸的外部管理，進而防止寺院擁有任何實權。轉世祖古只能由該部門認證，並且必須送往中國接受教

育訓練。

　　但至少瓊贊仁波切現在可以探望他在印度和不丹的親戚了。一九八五年七月，澈贊仁波切在拉達克列城機場迎接他的師兄，現場還有許多貴賓一起列席。他的兒時玩伴依然一臉嚴肅，性格也一如往常內斂。在平陽寺的「東尊者」與「西尊者」重新並肩坐在法座上，直貢傳承的日與月再度合一。八月底，倆人前往德拉敦檢視正在興建的直貢噶舉學院。瓊贊仁波切對澈贊仁波切致力於興建一個能護持傳承傳統的永續教育體系深表認同。他說，西藏寺院傳統幾乎被摧毀殆盡，現在應該先恢復戒律，學習與修行則齊頭並進，如果寺院不能提供適當教育，即使擁有一千個僧人，對維護與保存藏傳佛教也無濟於事。良好的教育是不可或缺的，西藏和海外的仁波切和上師們，必須在這個問題上取得共識。

　　會後，瓊贊仁波切獨自前往他的旅程，澈贊仁波切、加布仁波切和洛本滇津則一起前往甘托克，接受達隆夏仲的灌頂和教法。十月底，他們前往不丹，接受頂果欽哲仁波切傳授的一系列教法。不丹國王的女兒向澈贊仁波切請求灌頂。因此，他於十一月底在帕羅宗向一大群人傳授《頗瓦法》。結束後，仁波切直接從不丹前往佛陀悟道之地菩提伽耶，達賴喇嘛將在那裡給予《時輪金剛》灌頂。一九八五年十二月十一日，直貢法王・赤列倫珠在菩提迦耶從達賴喇嘛座下領受了比丘戒。達賴喇嘛的首席秘書，則授予他以下的必要裝備：一個乞缽、黃色僧袍和一根遊方僧所持的手杖「卡錫」。

為了使佛法得以存續與傳播，這兩種教法是不可或缺的：「證法」——透過實修而習得之法，以及「教法」——透過文字而習得之法。此刻，仁波切以文字展開教育的時代已然來臨。經過十年的密集學習，並努力讓直貢傳承在物質和精神

方面都得以拓展宣揚，澈贊仁波切決定進行世界教學之旅，同時也必須為德拉敦計劃尋找贊助者。

　　流亡期間，佛學院被迫創建一個嶄新的護持結構，用來支撐寺院傳統和整個藏傳佛教的存續。在西藏時，寺院有整個社會和政府來確保其經濟獨立，但這種情況到了流亡時期卻不復存在，如今只有找到潛在贊助者或功德主的護持，才能確保資金無虞。寺院無法只靠藏人資助，因為他們自己也必須想辦法在全新的環境下生存。這使得許多藏傳佛教宗派在六〇年代到七〇年代期間，紛紛開始在各國建立分支中心。達賴喇嘛在幾個工業化的國家，提高公眾對藏人困境和佛陀法教偉大價值的認識，而寧瑪、薩迦、噶舉和格魯派的傑出大師也得以於當地建立中心並獲得迫切需要的資金。這彷彿是佛陀三轉法輪的法教金剛乘，結束了它在亞洲中央高原長達數百年的閉關，現在開始要和世界分享其累積的力量和智慧。西藏修行者的大量出走，也許是歷史上獨一無二、可拯救其珍貴法教免遭世人遺忘的機會。

　　儘管藏傳佛教各大教派都已在世界各國建立中心，但這樣遍及全球的中心對直貢傳承仍遙不可及。安陽仁波切是唯一曾經出國並擁有知名度的直貢上師。澈贊仁波切交付他在國外建立一、兩個直貢中心，第一個佛法中心是在德國梅德隆（Medelon）成立的「直貢阿登卻林」（直貢五具法寺）。

　　藏傳佛教的宗派並不像其他宗教那樣，藉由對教義爭論而有正統或異教之說。相反的，它們屬於萬流歸宗的分支，是在闡述某些教義與實修上產生些微變化的不同傳承法脈。這種體系有可能會變成宗派主義，但也提供了相互涵養的機會，透過汲取各種傳統的資產來增加修行的豐富度。但是歷史卻證明，想要讓藏傳佛教各教派完全和平共生，可能還只是理想。

專注發展

　　一九八六年秋天，仁波切前往歐洲，為隨後幾年以德國為主的直貢分支播下種子。十月底，他前往義大利阿西西參加世界和平祈禱日，那是有史以來世界十二個宗教領袖齊聚一堂，在一座基督教最重要的教堂內為世界和平祈禱。

　　澈贊仁波切和加布仁波切於同年十二月從德國飛往美國。堪欽昆秋嘉稱於一九八二年於華盛頓特區創立了第一個直貢中心。當時「直貢」傳承的名稱還沒有很多人知道，於是他將中心命名為「西藏禪修中心」。八年後，該中心搬到馬里蘭州弗雷德里克市一片寬敞美麗的土地。堪欽的英語說得很好，他負責規畫這次的傳法行程，並擔任仁波切的翻譯。

　　仁波切在華盛頓、佛羅里達和芝加哥，馬不停蹄地為大眾傳授法教和灌頂。期間，他結識了印度精神導師斯瓦米・香巴瓦南達大師和他的妻子費絲・史東，後者參加了在華盛頓舉行的勝樂金剛灌頂法會。他們邀請仁波切前往科羅拉多州的博德市。仁波切在結束芝加哥的教學行程後，立即前往那裡。斯瓦米是義大利移民二代，曾受教於在六〇年代將濕婆教派教義推廣至美國的名人斯瓦米・魯德蘭南達大師。

　　仁波切在斯瓦米・香巴瓦南達位於博德市的靜修處，主動給予了觀世音菩薩灌頂。澈贊仁波切的轉世與達賴喇嘛一樣，被認為是大悲觀世音菩薩的化身。仁波切與斯瓦米及其妻子居住了一小段時間，分享彼此的人生經歷，仁波切還在他們的農場裡幫忙擠牛奶、餵山羊，為道場裡的每個人煮西藏餃子。他很喜歡開著吉普車，沿著被雨水沖刷的小徑進入山林，研究從沒看過的植物和樹木，並收集一些種子將他們種在德拉敦。

　　拜訪結束後，仁波切繼續前往新墨西哥州、亞利桑那州和位於加州的各個中心，然後便前往夏威夷，在一間名為「乃瓊多傑扎央林」（小金剛妙音寺）的佛教寺院和閉關所傳

法。春天來了，儘管仁波切仍像行程首日那樣地精神抖擻，但堪欽昆秋嘉稱在數月的奔波勞累後，覺得需要休息並恢復體力，因此沒有陪同仁波切一起前往夏威夷，而是在返回華盛頓特區前，接受了亞利桑那州普雷斯科特學院的邀請，於校內進行幾個月的短期教學，之後便返回華盛頓特區，為達賴喇嘛即將於秋季拜訪那裡的直貢中心做準備。

五月初，澈贊仁波切從夏威夷繼續前往創古仁波切位於香港的一處中心進行灌頂。東南亞的信眾似乎對他的傳法和灌頂特別有興趣，在新加坡傳法的時候，有兩千多人前來接受藥師佛灌頂，長壽灌頂的時候，更是把整個大殿都擠滿了。

一九八七年六月中旬，他回到了德拉敦。在前往全球弘法前，他原本於正在興建的寺院附近看中一塊土地，希望能夠買下來，作為日後在德拉敦建造一所高等佛學院的預定地。他敦促加布仁波切去借更多的錢，因為他相信自己能夠在全球弘法之旅籌到足夠的捐款，但加布仁波切臨陣退縮了，不敢讓直貢噶舉學院背負更多的債務。結果在仁波切帶著資金返回前，該處房產已被出售。後來那裡建立起一所基督教學院。

不過，仁波切在漫長旅程中播下的種子已開始發芽，世界各地開始有了直貢中心。仁波切透過全球弘法之旅所爭取到的新功德主，對他的建設計劃至關重要，因為先前剩餘的資金全都用於蓋大廚房而所剩無幾。現在，隨著他的回來，寺院終於又可以開始蓋其他的建築物。當一樓的一小部分完工後，第一批來自拉達克直貢寺的十名小沙彌便抵達德拉敦，並在紀念佛陀於兜率天傳法後返回人間的天降日那天，在工地上的臨時教室開始教學。一年後，另外一部分又完工了，於是開了第二間教室。當時，薩迦法王為佛學教育中心正式揭幕，之後每年都新開了一個班級。

專注發展

　　由於加布仁波切在一九八七年前往西藏，之後又被仁波切派至台灣建立直貢中心，於是喇嘛楚旺肩負起監督寺院興建的任務，這是因為他在翁楚仁波切於揹貝瑪建造寺院的期間，就曾做過相同的事而經驗老道。

圖40：澈贊仁波切與寺廟模型，仁波切正在監督德拉敦強久林寺的建設

　　仁波切透過在印度德里政府工作的喇嘛洛桑幫忙，獲得了寺院所有建築材料的國家補助款，而仁波切本人就是建築師。所有的傳統藏式建築都由他親自設計，包括：寺院正門後方的辦公室和會客室，寬敞的庭院由一個ㄇ字形建築物所包圍，裡面是僧人寮房和教室，中央則是一棟主寺。他只需要一名工程師來計算結構與荷重。仁波切會親自前往鋼鐵廠，手裡拿著草圖和計劃，請工廠按照他的規格特別製作所需的零件。若有時間，他會坐在樹蔭下，身邊放著寺院的紙板模型，桌上放著一疊平面圖：研究的居然不是平面圖，而是藏文經典。仁波切有一雙能精準判斷比例與度量的眼睛，他只消看一眼就能發現尺寸有錯，經常讓建築工人大感吃

驚，之後再經過測量，總能證明他的視覺估計是正確的。

有一天，西藏流亡政府的一位部長來見仁波切。他當時住在一間僧人的寮房裡，牆面空蕩蕩的，地上是水泥地板，房間裡只有一張簡單的床，一張小桌子和一把椅子，以及一個樸素的佛龕。當部長被帶去見仁波切時，他感到難以置信，驚呼道：「那是什麼床，這是什麼爛房間！」仁波切認為這個房間與他在通嘎所住的地方相比，非常舒適，他不需要其他東西。喇嘛楚旺為他們送茶進來，感到有點難為情；僧人們知道法王並不重視美麗且昂貴的傢俱與裝潢，但他們擔心部長會因此瞧不起他們，以為他們沒有好好照顧仁波切，讓他居住在寒酸的環境中。在這位尊貴的訪客離開後，楚旺力勸仁波切要重新裝潢這個十分糟糕的房間，否則至少在光禿禿的地板上鋪一張地毯。仁波切拒絕了，但在僧人們的堅持下，他允許他們購買一塊非常簡單、便宜的地毯。

相較於房間，仁波切更需要一台汽車。寺院距離市中心有一段距離，每次要採買東西都是大問題，即使是很稀鬆平常的東西。在印度，絕大多數的汽機車都非常昂貴，因此他想購買一輛二手的印度大使牌汽車，這個牌子是印度製造的第一輛汽車，也是當時他們唯一負擔得起的車子。透過安陽仁波切一位住在德里的印度朋友幫忙，仁波切很快就找到一輛合適的汽車。從德里通往德拉敦的主要道路按照印度標準還算蓋得不錯，但是路上卻坑坑窪窪，總是塞滿各式各樣的汽機車和畜力車。德拉敦有許多大型的糖廠和磚廠，行走在這條道路上的汽車必須與鮮豔塗裝且滿載甘蔗的卡車車隊、拖著磚塊的簡易機動車、生鏽的公共汽車、人力車、拉著樹幹緩慢移動的水牛、走在前頭驅趕牲口的放牧人、搖搖晃晃騎著腳踏車的人們共用這條道路。

仁波切不想自己一人開車返回德拉敦，所以他請在德里全印廣播電台工作的表弟車仁丹諾請幾天假來陪他。但是，他們才剛離開德里，油門踏板就壞了。他們在主要幹道旁的

專注發展

路邊修車店，沒過多久便修好了車子，於是他們繼續上路。一個小時後，這次變成引擎過熱，他們只好又停下來，找了另一家修車店更換汽油泵浦。

天色逐漸變暗後，仁波切打開車頭燈，但是大燈卻越來越暗，最後完全熄滅，然後發電機也故障了。他們只好再找一家修車店修理好再上路。但在停下來短暫休息後，汽車又發不動了。他們試圖邊推邊發動，但我們的「大使」無動於衷，反而發出尖銳刺耳的噪音，澈贊仁波切和車仁查看底盤下方，發現後輪的軸承壞了。這時已經過了午夜，但他們找到了一家茶店還開著，車仁會說一點印地語，打聽到當地有個維修技師住在十公里外。他們步行前往；途中有幾輛摩托車從他們身邊呼嘯而過，但都沒有人停下來，直到遇見一個騎著腳踏車的男人。車仁花了一小筆錢借了腳踏車，騎車去技師的家。他一直用力敲門，直到整個村子都醒來，想看看發生什麼事。睡眼惺忪的技師被他們說服後，把大使給拖回來並更換了軸承。

法王正在監督德拉敦強久林寺的建設

圖41：印度德拉敦強久林寺

天亮時，技師已經把車子修理好。接下來的旅程頗為順利。很明顯地，這輛車需要進行一次徹底檢修，結果變成一點一點、分批進行的難忘之旅。從那時起，這輛車就一直正常運轉，至今仍在寺院服役。

憑藉福報和眾多朋友的慷慨布施，包括強久林寺在內的直貢噶舉學院，得以在五年內竣工。直貢人對於能以如此低廉的資金建造一座西藏寺院，感到相當自豪。

良好的教育極為重要，但僅有教育還不足以作為法道的完整基礎。學術知識只能提供基本概念，真正的深度唯有透過實修才能揭示。實修除了能提供必要的經驗來了悟理智無法理解的事情外，對於能產生真正利益他人的力量也非常重要。直貢傳承是重視實修的傳承，實相必須在直接經驗與智

慧中尋得，而非仰賴哲學分析[87]。因此，仁波切必須尋找一個地方，讓直貢噶舉學院的僧侶們可以進行僻靜隱修。

　　仁波切帶著他的狗兒探索寺院周遭無人居住的廣大區域，尋找合適地點。他想在高山上建造一個閉關中心，那裡的路可以輾轉通往穆索里，也是達賴喇嘛逃離西藏後第一站停留的地方，但對於閉關所需的僻靜環境來說，那裡似乎太吵雜了。有一次在健行散步時，他偶然來到寺院裡一名建築工人所住的簡易茅屋，工人為他呈上一碗牛奶。仁波切不會說印地語，所以喝了牛奶，並為他們加持，隨後又送給他們一箱衣服。那戶人家其中一個兒子目前在強久林寺擔任大門管理員，另一個兒子則擔任閉關中心的司機。

　　當仁波切離開那間簡陋的房子時，立即看到了他想要尋找的東西，山谷裡有一大片未開發的土地。那邊離他的寺院不遠，與左右兩邊的村落也都相距甚遠，無疑是這個地區最僻靜的地方。他在一九八九年買下那片土地，並開始建造閉關中心。不久後，傳承裡的人就發現還需要再蓋一間尼院，因為有越來越多的女尼逃離西藏，其中許多人屬於直貢傳承。仁波切決定在閉關中心旁蓋一座尼院，並命名為「桑登林」（禪定尼院）。

一九九〇年八月底，有個男人出現在拉達克，手上持有號稱是達賴喇嘛的證書，說自己才是真正的直貢澈贊仁波切。這個人是洛桑秋增，來自拉薩，年輕時曾在羊日崗寺和直貢哲寺出家，後來到格魯派的甘丹寺與宋仁波切在一起。逃離西藏後，他又加入宋仁波切在南印度蒙果（Mundgod）建立的流亡寺院，一段時間之後便還俗結婚。他因早年與直貢傳承的關係，與附近安陽仁波切的寺院有一些接觸，因此曾在那裡見到澈贊法王。他向仁波切哭訴自己的命運，仁波切耐心地傾聽，甚至還給他一些錢。

87　　實修傳承（ཟུར་བརྒྱུད་，『竹舉』）與講說傳承（བཤད་བརྒྱུད་，『謝舉』）不同，後者側重於文本的解釋和闡述。

後來，洛桑秋增搬到拉達克，在列城開起獲利頗豐的算命生意。他的太太會先在前廳向毫無戒心的求助者，詢問有關家庭和想要知道的問題等資訊，轉交給丈夫後，丈夫再根據妻子獲得的資訊進行傳統占卜並做出預測。不消多時，他就變成當地名人，賺到的錢足夠讓他蓋房子並開始吹噓自己。有一天，他決定說自己是真正的直貢澈贊仁波切。他獲得觀見達賴喇嘛的機會，會面時他開始天花亂墜地講述一些浮誇的故事，並提供一些偽造文件證明其占卜能力。他大言不慚地聲稱自己是當時西藏眾多澈贊仁波切轉世祖古的候選人之一，因此騙到一張達賴喇嘛用詞籠統的鼓勵信。

　　回到拉達克後，他假冒自己是真正的直貢澈贊仁波切，並在所有直貢寺院內張貼自己與達賴喇嘛合照的海報。他將那封信交給東滇仁波切，後者認為最好不要回應，而澈贊仁波切本人則對這件事情泰然處之，認為這不過是輪迴的一部分而已。越光明的地方，陰影就越深，煩惱毒害會導致貪婪、嫉妒、猜忌的花綻放。對於這件事情，仁波切不太在意直貢僧人們的憤怒抗議，而是專注在他認為真正重要的工作上。

　　但洛桑秋增正計劃利用這個騙局出國謀取利益，因此直貢寺的代表們力阻他獲得出境許可，並要求法院對這封信的真實性進行調查。達賴喇嘛得知其無恥的詐欺行為後，非常憤慨，更氣憤的是，他竟然公開扭曲自己的信件。十月底，他發表一份官方文件，澄清自己的立場，表示自己從未說過洛桑秋增是直貢澈贊仁波切的真正轉世。他所寫的是此人「可能」為仁波切的轉世，而非此人「是」仁波切的轉世。達賴喇嘛在信中使用了藏語「溫罷」（ འོས་པ་ ，意為合宜），表示一個人可能合宜或適合某個事物。這個用詞並沒有表明他「是」真正的祖古，當然更不是直貢澈贊仁波切。這個措辭清楚、沒有模糊空間，不可能會解讀錯誤。直貢澈贊仁波切的真正轉世為滇津赤列倫珠，此事無庸置疑，而且已由達扎

專注發展

仁波切於一九五〇年認證並在西藏陞座。達賴喇嘛隨後讚揚了澈贊仁波切，嚴厲批評洛桑秋增，禁止他繼續散佈不實聲明，並責令他將支持信退回。達賴喇嘛直言不諱地表示，這種假冒者的行為就像卑鄙邪惡的羅剎冒充人類一樣。洛桑秋增被降伏了，從此消聲匿跡。

圖42：瓊贊法王（左）與澈贊法王於一九九二年德拉敦猴年大法會合影

一九九二年夏天，拉達克猴年大法會結束後，強久林寺及其附屬教育中心直貢噶舉學院於十一月舉行了盛大的落成典禮。各項外緣都非常吉祥：桑登林尼院和閉關中心的建設已於前一年完成，第一批直貢噶舉學院的學生也已完成基礎教育，準備繼續升往高等佛法學習，瓊贊仁波切也獲得中國批准第二次出國旅行。達賴喇嘛主持了落成典禮，接下來的猴年大法會將由兩位法王主持。與此同時，中國批准了在傳統猴年大法會舉行的地點傳法，這是自一九五六年兩位小

法王參加仲久寺的猴年大法會以來,中國首次允許這樣的活動。政府當局並沒有預料到這個傳法活動會引起太多關注,也許是因為瓊贊仁波切人在印度,不能參與傳法,所以才會批准。但該活動卻吸引了數千名來自偏遠地區的藏人,前來參加這個著名的朝聖之旅,接受仍留在西藏的直貢高階上師給予頗瓦加持。

澈贊法王(左)與瓊贊法王於一九九二年德拉敦猴年大法會

（十七）
緣起大師

強久林寺和桑登林寺的落成，並不代表仁波切佛行事業的結束，而是為其希望能保存、復興西藏文化與精神遺產的願景奠定了根基。仁波切的目標不僅止於延續自己的傳承，甚至擴大至佛陀的法教。透過了解看似獨立問題間的關聯性後，他確定了自己的目標以及最有效的方法。他在修行方面的訓練，使他能夠以全方位的角度，看待佛法與現代社會科學、全球化世界以及西藏文化遺產間相互依存的關係。

對仁波切而言，了解歷史背景極為重要。他在共產主義掌控的西藏長大，在強烈的思想灌輸模式下，讓他體會到深入了解歷史的必要性，如此不僅能探究西藏人民的遺產，也能鑒知未來。他個人在這段期間的經歷，就是一個了解歷史之必要性的切身證明。

唯有了解自己所屬歷史並以批判角度觀察歷史的人，才能擁有使未來深具意義的知識。研究西藏歷史之所以尤為重要，是因為西藏在中亞扮演了重要角色，主要在文化發展方面，但也對該地區的政治史有相當大的影響。藏王松贊干布對西藏文化和佛法發展極為關鍵，但世人對那個年代的了解卻相當有限，因為當時留下的原始資料尚未獲得全面分析，古代西藏的編年史也很零星且不準確。仁波切努力地將古老的藏文文獻與更精確的中國編年表進行交叉核對。但他還想要釐清在松贊干布之前更鮮為人知的時代。這段遠古期間稱為「普嘉王朝」或「雅礱王朝」，與所謂的「天王」（贊

普）有關，但目前流傳下來的大部分歷史仍充滿神話色彩。事實上，西藏歷史還可以追溯到更早之前，但一切有助於了解西藏史前和上古歷史的考古證據都被扭曲，以符合中國政府的政治和意識形態。由於官方不允許出現任何暗指西藏文化與漢文化無直接關聯的記載，許多出土文物所登錄的年代比實際情況要晚得多。

事實上，西藏擁有極為豐富的歷史著作寶庫，包括：歷史典籍、宗譜、家族和皇室編年史，以及記錄佛教傳播的著作，其中一些文本可以追溯至雅礱王朝（西元前二世紀至西元八百四十二年）。大多數文本若非全然佚失，就是只留下零星殘片，儘管仍有不少文本散落在各種文集中，但那些也都無人加以研究檢視，而且發行數量極少。此外，西藏從來沒有以批判性方法檢視文本及其流傳本的文獻學傳統。仁波切希望能填補這些空白。他的主要目標之一是確保藏語能夠保存下來，因為語言是維護文化的基石。在被佔領的西藏，藏人已成為自己祖國內的少數民族，藏語的存續岌岌可危——甚至在流亡社區更是如此——越來越少人使用這個語言。但若要維護並延續西藏文化和藏傳佛教，就必須保存藏語。

仁波切在研究稀有文本時，會將不為大眾所知，或者受人遺忘、不被使用的表達方式收集起來。例如，佛教文獻中某些比喻所代表的含義大部分都已散失，因為那些用於表示地點、植物或動物的術語不復為人所知。比喻的目的是為了釐清所講的內容，但如今，由於沒有人真正知道它們想要表達的是什麼，這樣的比喻卻帶來反效果；清楚闡述這類晦澀難懂的地方，能使佛法更能啟發人心。仁波切的目標之一是創建一部註釋，使這些文章的意義更容易了解，另一個長期目標是修訂藏文論釋文本中佛陀著作的引文出處。這些文本在引述佛陀言教時，含義都能正確傳達，但卻缺乏註明引文出處，而且也不是引用和《甘珠爾》完全相同的文字。仁波

切想要製作符合現代學術標準的註釋版本，但這項工作要處理的文獻多到難以形容，似乎是一項永無止盡的任務，但這並沒有讓他感到氣餒。

此外，他還致力於改革藏語。特別是，標準的藏文文法需要根本性的修訂和釐清。例如，許多單字有多個變化體，這會導致許多錯謬和誤解，而這些可透過制定詳細的標準來避免。保護一個民族語言，並用之於表達其豐富的文化、知識和靈性成就，與保護其物質文化遺產同等重要。同時，語言的靈活性必須與快速變革的世界與時俱進。在仁波切看來，能用母語表達新事物、經驗和現代成就是非常關鍵的。也許他比多數西方人更強烈感受到這件事的迫切性，因為西方人毫無疑問地可用逐步緩慢的方式吸收英語的文字和表達方式，但西藏人卻是在很短的時間內就被迫經歷如此徹底的改變。西方人所經歷的文化價值觀是漸進、自願式的改變，反觀藏人卻是急速、外部強加式的重新定位，況且漢人的表達方式也漸漸滲透到藏文之中。

絲路敦煌藏經洞所出土的大量珍貴手稿，是仁波切獲得考古文獻相當重要的來源之一。這些手稿年代橫跨西元四世紀至十一世紀，分別以漢字、于闐文、犍陀羅文、維吾爾文和藏文寫成。藏文文獻包含了數千份手稿以及殘片，內容主題含括以雙語記錄的西藏帝國軍事、政治及經濟史，佛教傳入前的苯教，古代傳說和儀軌，地理和鄰近民族，以及醫學和佛教。還有大量的草圖、圖表和繪畫，包括已知最早的西藏醫學繪圖。因此，這些古代文獻為研究人員提供了關於最早時期，超過兩百多年的西藏王國在帝王朝代統治下的大量訊息。隨著青藏高原在西元一世紀統一成為一個王國後，隨即從雪域向四面八方急速擴張，使藏人接觸到各式各樣的民族和語言、書寫系統、思想與政府。他們在藝術、建築、醫學和畜牧業等方面獲得新技術，採用新習俗，學習新語言，並創造自己的文字與文法系統。敦煌文獻的出土，為我們提

供了有關此歷史進程的重要訊息。仁波切能夠深入研究這些文獻，要歸功於他對藏文和繁體中文的了解。

圖43：澈贊仁波切在印度德拉敦私人圖書館裡研究文獻

無論是修行者，還是探究喜馬拉雅文化、語言與歷史的研究者，凡是與仁波切接觸過的人，都會被他的精力與熱情所鼓舞——而這在金剛乘中，被解釋為壇城的生起。世人的行為難以捉摸，它們都依著緣起法則[88]，而受制於五毒煩惱和業障的錯綜交相作用。與此相反的，則是壇城的生起，這是一種佛行事業，能在這個世界中開創更高層次的規律，繼而具有更強大的力量與作用。所謂壇城的生起，指的是當行者進入秘密本初之基，且從中自行顯現出一種持續的開展，而呈現為富有創意、源源不絕的修行智慧，亦即佛性的無垢展現。如此的二元顯現，實際上是無二無別的壇城，在一部寧瑪續典中就曾以這樣的文字來描述：

88　緣起或緣生（རྟེན་ཅིང་འབྲེལ་བར་འབྱུང་བ།，梵：Pratityasamutpada）由十二個環節組成，解釋了投生的過程。世俗日常生活中的每個現象，也會經歷同樣的過程。

緣起大師

無倒為中央，無造乃邊圍。

本質為中央，表象乃邊圍。

不變為中央，無造乃邊圍。

無生為中央，無滅乃邊圍。

無別為中央，顯有乃邊圍。 (89)

　　壇城是源於自生智(90)之最高智慧藉其本具勢能所展現的結構配置。有形的壇城，無論是由體現修行功德的了證大師（化身佛）所成，還是經由其佛行事業所造，都是為了幫助眾生更為趨近存在之奧秘的本身意義。

　　這類的有形壇城之一，可見於仁波切正在德拉敦創建之新直貢壇城的物質核心——松贊圖書館，那是一棟不論內涵、功能及外觀都能體現仁波切願景精髓的建築物。它並非毫無生氣，覆滿灰塵的檔案館，而是喜馬拉雅人民，特別是直貢傳承，於文化與精神層面具歸屬認同感的寶庫和生活實驗室。

　　仁波切在距離其寺院不遠處，發現了一塊很棒的土地，坐落在懸崖上方，俯瞰著巴迪納迪河寬闊的河谷，向東可以眺望喜馬拉雅山麓重巖疊嶂的景色；向南的視線沿著巴迪納迪河往遠方延伸，河流在聖城瑞詩凱詩和哈里瓦間匯入恆河；西邊的一座小山前有一處平坦的灌木叢，山上佈滿長長的經幡在風中飄揚。

89　摘自赫伯特・岡瑟《神秘矩陣：大圓滿思想之科學與人文》（科羅拉多州博德市：香巴拉出版社，1984年），頁42-44。【譯註】中央與邊圍，乃壇城在藏文དཀྱིལ་འཁོར་的原意之一。這五句出自《寧瑪十萬續》（རྙིང་རྒྱུད་，即 རྙིང་མ་རྒྱུད་འབུམ་），而本書是從一整段十六句藏文偈頌中分批挑選出來的，因此既不好理解，也不好翻譯，還請讀者知悉。

90　「自生智」為藏文『讓迥・益西』（རང་བྱུང་གི་ཡེ་ཤེས་）的字義。出自赫伯特・岡瑟《神秘矩陣：大圓滿思想之科學與人文》（科羅拉多州博德市：香巴拉出版社，1984年），頁44。

圖44：位於印度德拉敦的松贊圖書館與松贊干布雕像

　　這裡成為松贊圖書館的所在地，以西藏文化之父松贊干布為名。這棟建築物一點兒都不平凡，因為其外觀必須反映為了保存與傳遞西藏文化傳統的功能。建築物的形式起源於西藏最古老建築（據說甚至早於松贊干布）——雍布拉康，一座兀立在懸崖頂上的魁偉要塞[91]。仁波切按照雍布拉康的比例設計了圖書館的平面圖，建築師按照他的設計進行施工。他們原本的設計是比現在多一個樓層，但沒有獲得城市規劃部門的批准，因此落成後的建物和原本的企劃並非完全一樣。後方的塔樓觀世音菩薩殿，則是計劃批准後加蓋的，而且是利用晚上進行，因為根據印度法律，一旦建物的屋頂貼上了瓦片後，就不能拆除。儘管如此，規劃部門對整體結果還是相當滿意。這棟建築物坐落在顯眼的地理位置上，外型優雅且令人印象深刻，大大提升了北阿坎德邦首府的名聲，當地並以此棟建物做為地標。

91　『雍布拉康』（ཡུམ་བུ་བླ་སྒང་）也稱作『雍布拉喀』（ཡུམ་བུ་བླ་མཁར་）。

緣起大師

澈贊・赤列倫珠也負責松贊圖書館的室內設計。室內壁畫原本想把在喜馬拉雅高原不同地點所發現的最古老西藏繪畫風格一一展現出來，以顯示其豐富多元性，並反映其大範圍受到波斯至中國所影響的情形。然而，畫師們模仿的是敦煌石窟中發現的中國畫風，而非普蘭和古格王朝那些古代繪畫中所展現的西藏風格。儘管如此，仁波切還算滿意，因為這些繪畫剛好作為一帖藝術解藥，用來對治只保護自己文化遺產的狹隘政治腦袋。這些畫作極為優雅、精緻，具有直貢唐卡風格色彩鮮豔的特點。面對大閱覽室入口的天花板上，有著釋迦牟尼佛像，迎接每一位到訪的人，右手邊是雅礱王朝第一位君主聶赤贊普[92]，左手邊是第一位佛經譯師和藏文創造者吞彌・桑布扎（七世紀），大門正上方則是觀世音菩薩像。

在閱覽室盡頭，兩座精緻典雅的上鎖大書櫃中，擺放著一函函數量龐大的《甘珠爾》與《丹珠爾》，書櫃中間是一個綠色大理石基座，上面安放與仁波切父母拉薩老家經堂——「確嘉康」（法王殿）相似的三位法王。擦絨府邸中的塑像是用大量珠寶裝飾的鎏金塑像，放置在精雕細琢的木製展示櫃中；而在松贊圖書館中，它們是用印度砂岩製成的精美塑像，放置在簡單的玻璃櫥窗中，居高臨下的姿態似乎在守護著這些文字知識寶庫。館藏的內容，涵蓋了喜馬拉雅地區各個主題的文本——有關西藏文化和傳統、歷史、地理、社會研究和經濟的著作——當然，也包括佛教各宗派的文本。這裡同樣收藏來自敦煌藏經洞的大量文獻，以及一個單獨的書櫃，陳列戈文達喇嘛的個人收藏，許多書籍上還帶有其手寫筆記。圖書館的藏書，均用電腦分門別類記錄下來。

只有極為少量的佛法寶物得以倖存，並來到傳承於德拉敦的新中心。有一尊傳承創始人吉天頌恭的雕像，為其生前按照其肖像所製作。《彌勒五論》的根本頌，裡面有第

92　聶赤贊普的年代，一般認定為西元前二世紀，但有些研究者則說，其生存年份為西元前417-345。

一世瓊贊・仁津卻紮的手寫筆記。另一件寶物是一函上下為木板裝封的小冊子，木片上的漆面裝飾因頻繁使用而磨損，裡面是喜威羅卓親手寫的每日誦文——小小的字寫在小張的書頁上，方便隨身攜帶。還有三顆屬於澈贊仁波切早期轉世的念珠，一顆來自第二世澈贊・赤列桑波，兩顆來自第四世澈贊・貝瑪嘉稱；以及兩顆非常古老的直貢印章，其中一顆印有如今難以辨識的古老銘文，推測可能是滿文或彌藥（西夏）文[93]。相較於過去用來莊嚴直貢各大寺院經堂和寶庫的無數寶物，這些實在不算多。

塔樓經堂內有一尊真人大小的千手觀世音菩薩像，佛像由芬芳典雅的沉香木雕刻而成，前面擺放著按照直貢風格製作的精美食子，以及精雕細琢、色彩鮮豔的酥油花，還有幾個墊子供想要在安靜房間裡禪修的遊客使用。

美國職業雕塑家、前大學教授尼瑪卓瑪及直貢堪姆（新設的寺院職稱，意指「女堪布」），創作了松贊干布的騎馬雕像，聳立在圖書館正門前的大庭院中。其靈感來源於幾個藝術史上的著名作品，例如威尼斯的科萊奧尼雕像和羅馬國會大廈上的馬可斯・奧理略雕像，她的松贊干布像帶有犍陀羅雕塑的色彩，融合了亞洲與西方文化，產生一種絢爛瑰麗的共生之美。這尊銅像在二〇〇三年達賴喇嘛為松贊干布圖書館舉行落成典禮前豎立起來。當雕像莊嚴地安放在基座上後，印度工人便開始拆除臨時搭建的滑輪裝置，大家都很滿意成果，除了法王以外。他命令工人再把裝置搭起來，將雕像抬起來轉一百八十度，這樣松贊干布就可以手持堅不可摧的金剛杵，以勝利之姿邁向喜馬拉雅山頂峰，前往他的雪域祖國，而金剛乘的搖籃——如今四散在離鄉背井的芸芸僑民中。這位偉大的法王曾經讓佛法在西藏開花結果，豎立其雕像有如豎立起一座反對宗教壓迫、帝國主義政治、思想改造與文化種族滅絕的希望之碑。

93　『彌藥』是藏語中對西夏人的稱呼，西夏人是居住在西藏北部的游牧民族，所說的語言是一種現已滅絕的藏緬語。在吉天頌恭時代，直貢巴與彌藥國王有密切聯繫。

當藝術家看到自己的創作被轉為面朝反方向時，大為震驚。為了符合西方藝術概念，她原先放置雕像的想法是讓松贊干布騎著馬歡迎到訪者，但現在這匹馬卻以後腿面向賓客；然而尼瑪卓瑪在明白仁波切的想法後，立即認同這種完全無關乎歐洲藝術概念、欣賞、功能的決定。此時，藝術所遵循的是更深奧的壇城概念。

松贊圖書館由海姆瓦蒂·南丹·巴胡古納·加瓦爾大學（Hemwati Nandan Bahuguna Gharwal University）正式認可為西藏和喜馬拉雅的資源研究中心，並成為兩年一度國際會議舉辦場所以及學生和研究人員必訪的口袋名單。這裡為遊客提供優質的客房，安靜的環境也有助於學習研究與閉關。

法王的住所毗鄰圖書館，裡面有一座花木扶疏的花園，他在裡頭種植了各式各樣的植物，會客室的窗前經常盛開著繽紛的花朵，清晨則外出欣賞他的灌木叢和多年生植物。他能說起每一朵花、每一棵灌木背後的故事，甚至有一天早上，當我們所坐的石桌旁，一些小蜜蜂在洋紅色的葉子上嗡嗡作響時，他也能藉此侃侃而談。他想起在羊日崗寺，房間前面的頂樓露台一側有一間經堂，那裡的蜜蜂和我們頭上的蜜蜂非常相似，那些蜜蜂把牠們的蜂巢建在屋頂橫樑下。當牠們從牆上無數的洞飛進飛出時，牠們的嗡嗡聲成為他坐在露台上仔細閱讀法本的背景音樂。

有一次，當他騎車經過德拉敦後面的一片樹林時，他看到一根長樹枝上盛開著瞻波花（或稱「瞻蔔華」，即黃玉蘭），但是姊姊南拉和司機都很篤定地表示，他們經過的速度快到不可能在濃密樹叢中辨識出它們。之後他們回過頭來，在灌木叢下方一番尋覓，終於找到了花。瞻波樹在佛教中備受尊崇，澈贊仁波切挖起一枝小樹苗，但可惜這棵樹苗並未在他的寺院裡種活。但後來仁波切建造他的住所時，房子前方已有三棵怡人的瞻波樹。

圖45：位於德拉敦的噶舉學院與松贊圖書館建築群

　　松贊圖書館建成後，旁邊的一塊空地則被整地好準備進行建設。沒過多久，一所重要的高等佛學研究學校（講修院）——噶舉學院就落成了，中央有一座令人印象深刻的廟堂。廟堂裡供奉著一尊巨大的釋迦牟尼佛像，兩側是龍樹菩薩和無著菩薩，分別代表佛陀以降的兩大法道：龍樹的「深見」傳承，主要提倡中觀教義（「中道」）；無著的「廣行」傳承，主要提倡菩薩道。現在，直貢的僧尼們可以在同一個地點，接受從初級訓練到最高法教的完整教育。

　　為了保存傳統，仁波切非常講究強久林寺、松贊圖書館和噶舉學院的建築設計與裝璜。他對於現今宗教建築裝飾不再遵循傳統作法深感遺憾，因為寺院的莊嚴應該具有象徵意義，而非純粹為了美觀，因此不應遭到任意更改。在建造噶舉學院期間，他就曾經因為畫工所繪製的一系列彩畫不符合傳統標準設計，而要求畫工重新再做。柱子上原本應該畫上特殊線條，象徵佛陀的三大類法教：經、律、論。但畫工們

因為不知道此象徵意義,只畫了三條短短的線,完全失去了原始設計的含義。

在建造噶舉學院的同時,仁波切還在尼泊爾南部佛陀的誕生地藍毗尼蓋了一座佛塔,藍毗尼是所有佛教朝聖者最重要的聖地之一。由於尼泊爾負責考古和遺址發展的藍毗尼發展信托基金會內部重重腐敗,這個計劃花了數年的時間才得以實現。竹本・索南覺佩在尼泊爾已有一座寺院,因此這個項目由他負責。最後,終於完成了一座比周圍公園高出三十公尺而氣勢恢弘的建築,裡面有池塘,法王、喇嘛和堪布的住所,以及一座閉關中心。這座蓮花佛塔獨特的設計,源自於第一世瓊贊仁津卻紮的著作。塔內雄偉的佛殿中央,供奉一座宏偉的金剛總持雙運佛像,殿內也有精雕細琢的八十四位大成就者像。天花板上繪有勝樂金剛壇城,在另一個單獨的房間裡放置著一個含有佛陀舍利的立體壇城。二〇〇四年,眾多來自西藏的宗教人士與世界各地的遊客,前來參加佛塔的開光法會。那年是藏曆猴年,在佛塔開光後立即進行了傳統的猴年大法會。這一次瓊贊仁波切無法獲准離開西藏,但這也是四十八年後,直貢法王首次能在西藏的直貢寺主持猴年大法會。中國當局命令傳法活動必須在直貢梯寺下方的空地進行,這樣他們就可以控制預計前來的一萬名訪客。但據說最後人數超過了十萬,他們只好將活動地點改到山谷更高的地方,以容納每個前來尋求直貢傳承頗瓦法加持的人。

・・・

強久林寺落成後,重建西藏寺院成為仁波切保護西藏文化遺產的重要工作之一。直貢地區位於西藏自治區內,那裡的寺院無法獲得當地民眾的大力支助,官僚控管也比康區嚴格得多。(康區絕大多數土地位於西藏自治區以外的青海、四川和雲南省,相較於西藏自治區,這些地方政府給予寺院更多

的重建自由。此外，相較於中藏人，康區人對自己的寺院有更強烈的情感連結，他們願意花更多的精力在修復寺院上。）但儘管那些寺院經過多次努力重建，也已不復往日光輝。在羊日崗寺的東邊，正在興建一座新寺院，以取代被破壞的輝煌舊寺院，但由於資金缺乏，工程一直停留在一棟小建築物上，而鄰近的艾瑪日寺也尚未進行任何修復。直貢宗堡只重建了一小部分，曾經雄據一方的碉堡無法翻修，只新造了兩位法王的住所和一個規模較小的主殿，裡面只住了三個僧人，負責維護寺院，使之不至於荒廢。德仲尼院修復完成後，修建了一條通往山谷的公路，現在許多中國高級官員都會到那裡去——不是為了延續佛教傳承，而是為了泡溫泉。

針對許多建物進行大量修復的工作，僅發生在祖寺——直貢梯寺內。寺院的主殿已經翻新，再次擺放了許多佛像與經書。院內常駐僧人約有兩百名，他們一樣會進行傳統的法會儀軌、唱誦、金剛舞和酥油花捏製，並到閉關房內隱修。然而，他們缺乏的是受過良好訓練的導師。

直貢地區甚至連自然環境也發生了顯著的變化。那裡幾乎沒有茂密的樹木和灌木叢，曾經豐富多樣的生態也消失不見。其中最大的改變是當局在雪絨河與邏娑河（拉薩河）交匯處以南，蓋了一座西藏最大的水壩，水力發電廠的渦輪機直接穿過直貢宗堡對面的山體。許多住在山谷裡的人家不得不遷往別處。過去在開闊的河谷裡曾經有處村莊和田地，澈贊仁波切的祖父在那裡建造了一座吊橋，如今都被淹沒，成為一座巨大水庫。仁波切看待這些改變，心中既沒有怨恨，也沒有憤怒。無論人們喜歡與否，變化是一切事物的自性。這座發電廠將為遠至日喀則、拉薩和那曲的許多家庭提供電力，仁波切對於直貢宗眼前湖光山色的景致感到愉悅。中國政府計劃在水庫西南岸建設一座全新的城市；還好絕大多數的直貢寺院都位於山坡上，沒有受到水庫的影響。只有尼瑪江熱佛學院的前址，但其實佛學院先前就已然徹底摧毀，如

今則完全淹沒在水庫底下。

多年來，仁波切一直戮力修復眾多噶舉傳承之祖師帕摩竹巴其頹圮荒廢的祖寺丹薩替寺。這個項目需要高超的外交技巧。中國現在已然知曉寺院和佛堂是極具吸引力的旅遊景點，只有善加保護西藏文化的歷史古蹟，才能確保觀光收入來源。然而，中國比較想要將這些地點變成毫無生氣的博物館和遊客拍照的背板，藏人則希望寺院能夠恢復成為講經修行的場所。由於近幾十年來政治管制的鬆綁，越來越多中國人以佛教朝聖者的身份前往西藏，其中也有越來越多的人支持恢復遺址本來的用途。但如今，政府仍停留在將西藏打造成「佛教的迪士尼樂園」。自從一九三三年，詹姆斯·希爾頓出版烏托邦小說《消失的地平線》以來，政府就想利用西方世界賦予西藏的浪漫想像，傳說的香格里拉天堂，將佛教定位在娛樂性質的角色。所謂的香格里拉，從來沒有人發現過這片虛構的土地，但現在腦筋動得快的投資者在雲南省建造了一處秀麗的地區，解決了這個問題，他們立即將中甸縣改名為「香格里拉」。隨後又參考羅布林卡宮和布達拉宮的舊照片，蓋了迎合旅遊業需求的新建築，然後對外謊稱這些就是香格里拉。當地一座古老寺院被重新翻修，隨後又按照古代樣式建造更多的寺院博物館。結果造就了一座光怪陸離的商業「天堂」，憑空捏造出一個根本不存在的西藏天堂，大肆慶祝假象勝過真相、商慧勝過思慧。

因此，當仁波切努力想要真正保存與修復帕竹丹薩替區的自然人文資源時，一方面得化解該計劃的阻力，一方面還要抵禦想要複製「香格里拉」模式來開發這些資源的企圖。他們在丹薩替寺附近發現兩種非常珍稀的鹿，並為其建立一個小型保護區。後來，仁波切又透過西藏一些中介人的幫助，例如有親戚在政府單位工作或者有家人住在那裡的僧侶等，將帕竹寺周圍的整個地區都變成保護區。這是保護這片美麗生態體系唯一的希望，因為政府已經計劃從新落成的

直貢水力發電廠鋪設高壓電纜穿越該區。一位來自雲南省而常住在德拉敦強久林寺的僧人，是北京大自然保護協會的成員，他對仁波切的這項工作做出了很多貢獻。當地許多農民被說服這個計劃的重要性，共捐了三十五塊田地，仁波切也獲得重新造林的許可證。透過這個方式，當地逐漸禁止對土地進行不利於環境的開發，而中國政府單位也漸漸意識到保護自然環境的重要，或許能夠確保這項計劃在未來能完全實現。

在德拉敦的寺院竣工後不久，仁波切就開始他的帕竹計劃，這項工作是受到一部歷史著作的這段話所啟發：一一七〇年帕摩竹巴圓寂後，其最親近的弟子們討論應該在何處建造存放舍利的佛塔。吉天頌恭說，如果佛塔能建立在一個名叫芒噶岡的地方，佛法就能在全世界昌盛弘揚。但最年長的僧人達隆塘巴・扎西貝（1142-1210）拒絕了吉天頌恭的提議，最後選擇在帕摩竹巴的閉關房建造這座佛塔，以及一座大殿和一座約有兩千五百尊佛像的大佛塔。這些藝術品在兵荒馬亂的文化大革命中，遭到破壞後，散佚到世界各地。

仁波切並未將帕摩竹巴佛塔的爭議視為應被遺忘的歷史事件。他看待歷史的角度，尤其是直貢傳承的佛法歷史，從不將之視為記載事實如化石般的編年表，而是活生生、持續不斷演進的連續體。當傳承創始人主張將上師的佛塔建在芒噶岡時，心中一定有著明確目的，甚至或許是基於淨相的洞見。但因為佛塔最後蓋在別的地方，帕摩竹巴的法教並未如其所預言地那般弘揚遠播，此傳承也未能延續多久就消失了。其他人或許會覺得這只是眾多歷史中無足輕重的一個插曲，但仁波切卻將之視為一個徵兆和挑戰，就好像吉天頌恭直接對他說話一樣。

對吉天頌恭而言，芒噶岡一定是最合宜、最具力的地點，光是這點就對仁波切具有決定性的意義。儘管時隔已八百多年，他仍希望竭盡將被破壞的佛塔，重新建造在正確地

點上。這項工作並不容易,因為寺院遺址地勢險峻,難以到達,而且首要問題是得先找到芒噶岡究竟在哪裡。描述該事件的《青史》(94)並沒有提供其他地理位置的訊息,現代人也幾乎無人知道這些古地名。多年來,仁波切派了許多助手,尋找與該地點有關的線索,但始終徒勞無功。直到最後,他將這項任務委託給一位聰明的僧人,當時他即將回去西藏接受傳統醫學的培訓。這名僧人成功找到地點,並為仁波切拍攝了附上詳細描述的照片:芒噶岡是一座狹長型的高原,位於寺院遺址下方的裸岩山坡上,可以俯瞰雅魯藏布江山谷的壯麗景致,是西藏文化的搖籃。

當仁波切正想試探該處可否建造佛塔時,瓊贊仁波切位於拉薩的總辦公室桌上,正巧送來一份山南宗教事務部寄來的公文,詢問直貢傳承可否接管重建帕竹寺的責任。因此帕竹寺就這麼正式劃歸於直貢傳承的範疇。每次當仁波切衷心祈願時,經常會發生這種「巧合」。仁波切透過繁雜且間接的各種方式,將原本供養給直貢梯寺阿貢仁波切的資金轉匯過去,並由阿貢仁波切負責重建。在年輕直貢僧人的辛勤工作下,不消多時,一座美麗的佛塔掘地而起。佛塔建立在一座紅色小佛殿裡,屋頂覆蓋著金光閃閃的金屬拱頂,就像在帕竹丹薩替寺一片深色杜松樹林中矗立起一座信號燈塔般閃爍發光,將加持送至雅礱河谷,進而傳遞到世界各地。佛塔落成後,直貢傳承隨即大力拓展了法教所及的範圍,仁波切的想法獲得各地的支持,繼而順利完成了許多計劃。吉天頌恭的授記已然實現。

拉達克的直貢古寺也急需修繕,因此愛德華・曾納特在瑞士成立了阿企協會,由澈贊仁波切擔任會長。阿企協會旨在古蹟保存國際專家的協助下,尋找防止古老建築繼續崩壞的方法,這個問題一直困擾著喜馬拉雅地區的所有古寺。藏人非常在意寺院、佛堂、佛塔、宮殿和宗堡外觀必須保持光鮮亮麗,因此經常進行粉刷,但卻不怎麼關心古蹟的維護,

---

94　《青史》(དེབ་ཐེར་སྔོན་པོ།) 由管・宣奴貝譯師 (འགོས་གཞོན་ནུ་དཔལ།,1392-1481) 於一四七六年至一四七八年間撰寫。

也就是用現代方式來保存歷史古蹟和藝術文物。他們往往只是粉刷建築物的外觀或作臨時修復，卻沒有根本解決崩壞的原因。藏人認為某個事物不再使用或年久失修，正是佛法智慧的實例——萬事萬物都會改變與腐壞。如果有重要建築物受到破壞，就將損毀的部分打掉重建，或者以新的圖像覆蓋上去。只要遵循傳統，修復後的建築不會比原先的建物相差多少，維持連續性就好。然而，隨著傳統建築的工法、材料、形式、用色、結構等知識逐漸流失，保存原始建築的重要性變得日益急迫。知道如何正確修復的人越來越少，擁有能修復古蹟與藝術品技術的人就更為稀有了。

　　古蹟保護專家初步已修復平陽寺內一座佛殿，以及位於萬拉（Wanla）和康吉（Kanji）一些毀壞嚴重的寺院，但仍有太多建築瀕臨消失的絕境。澈贊仁波切敦促專家培訓僧人利用傳統材料，採取適當保護措施。平陽寺面臨急需修復的時間壓力，因此仁波切必須在漫長的專業修復與立即大刀闊斧之間選擇折衷方案，讓寺院既能維持日常宗教運作，也能同時進行修復工作。仁波切請求直貢傳統中碩果僅存的少數唐卡畫師之一，也是仁波切幼年陞座後負責繪製直貢宗住所的畫師老僧人益西蔣揚，來修復平陽寺，但印度政府負責文物保護的單位否決這項要求。仁波切回信給該單位：「這裡不是博物館，是我們的禱告室，那些壁畫需要修復。如果博物館裡的雕像失去了鼻子，其原創性不會受到任何損害，可以保持原樣無關緊要。但我們希望後代子孫能夠持續使用這個禱告室，因此這些壁畫必須獲得適當的修復。」德里辦公室退讓了，開始進行必要的修復工作。

　　在古代西藏，朝聖能將個人修行活動與社會經濟網絡整合起來，思想的交流與貨物的交易，和在聖地聞法、參加法會所獲得的轉化體驗一樣重要。如今多數流亡者都沒有辦法親自前往大部分的西藏聖地，因此朝聖已失去部分原始的基本意義，不過，隨著海外的傳統寺院紛紛建立，這項古老傳

統又重新開始綻放。除了一般朝聖意義外,如果曾有某位大師朝聖或在當地駐留,也會使該聖地的能量獲得增益與更新。

拉契就是如此一個與直貢歷史密切連結的地方,仁波切也經常前往當地閉關。拉契不只是勝樂金剛的語壇城,也因數世紀以來有許多成就者和大師在此修行,而使其更具有加持力。在密勒日巴尊者之前,就有大成就者薩惹哈和蓮花生大士於拉契的岩穴裡禪修。密勒日巴在該處的許多地方留下足印和聖泉。據說正是因為吉天頌恭派遣許多閉關者來到拉契雪山,更使得佛法在這個聖地有如雪山日照般耀眼發光。

圖46:澈贊仁波切在尼泊爾拉契閉關

拉契的閉關房與佛殿狀況不佳,仁波切住在破舊的建築裡,不比洞穴舒適多少,牆壁歪斜又潮濕,感覺就要坍塌了。多謝澈贊仁波切童年時在拉薩的玩伴、努巴仁波切的幫忙,仁波切任命他為拉契的多津(閉關指導上師),在他的大力付出下,這些建築物和破敗的佛殿正在修復。此地另一個亟待解決的問題,是夏嘎・措珠讓卓(1781-1851)弟子在金剛瑜伽母聖地建造的著名佛塔。(據說,在他提出興建佛塔心願的當天,現場弟子數量之多,每個人手拿一顆石頭,一天之內就把佛塔興建起來了。)隨著時間的推移,佛塔變得殘破不堪,呈現廢棄狀態,隨時都有傾覆的危險。澈贊仁波切派遣一位拉達克專家,以不影響舊佛塔的方式,在佛塔外建造一座新佛塔將舊佛塔包覆起來,這樣原本的石頭就會保留在新的結構中,以免受到自然因素的破壞。

此外,澈贊仁波切同樣關心拉契的動物。公氂牛和母牛所生的雌「犏牛」在第二次生產後幾乎不再產出任何牛奶,於是農民們便拋棄這些犏牛,許多牛隻因為冬季糧食短缺而死亡,有些則掉落峽谷中,留下無助的小牛。仁波切將小牛集合起來,為牠們蓋了一座牛棚,讓小牛在裡面過冬,又雇了一位尼泊爾人來照顧牠們,等牠們長大、變得強壯,再分給農民。

就佛法的角度來說,仁波切新造寺院與學校、保存古蹟等計劃,屬於身方面的佛行事業;編輯、分析和出版有關藏語、宗教與喜馬拉雅文化歷史書籍的工作,屬於語方面的佛行事業;至於護持在拉契等傳統地區,以及在拉達克、印度和尼泊爾眾多的傳承閉關處進行閉關,則屬於意方面的佛行事業。

身、語、意是基本個體的三個面向。其中仁波切最強調的是第三個面向,也就是修行的智慧,以對治眼前對智識與

妄念的固著，而他本人也經常到與世隔絕的閉關地禪修。他的一切思想、言語和行為均源於如此的修行。噶倫赤巴‧桑東仁波切在激贊仁波切六十歲生日慶典上，稱他為「修行傳承的關鍵人物」。

據說，菩薩利益一切眾生的行持，源於其了證。在印度，類似的「正覺大師」被稱為成就者（悉達），即已證得成就（悉地）的人。「悉地」實際上的意思即是「成功」，最早是代表在修持瑜伽上獲得成就，後來演變成擁有神通力，因為這些能力是辨別獲得成就的標誌。陳述仁波切生平中的神蹟或無法解釋的事件，是個需要謹慎處理的主題，但如果略過這個主題不提，便有可能忽略其人生非常重要的一部分。西藏大師的傳記，是一部充滿歌頌與描述神蹟的聖傳，目的在於透過說明聖者典範來激發世人對法道的信心與虔敬，就像天主教裡的聖徒傳說一樣。當然，仁波切也有一些神奇事蹟，例如，在他十歲在塘措湖玩耍時，於附近一塊石頭上留下的腳印，直到今天仍清晰可見。

如果不想延續那些通常與西藏大師相關的神秘力量與神通傳聞，那麼就要明辨哪些是可靠的，哪些是站不住腳的。大師從不談論自己的成就，因此依賴第三方證言是必要的，而證言的真實度取決於證人的可靠性。仁波切一生中有許多非凡且無法解釋的事件，也各有幾位可靠人士親眼目睹，因此屬於有實證的案例。於此僅提出幾個為例子。

時而不時，會有「靈舍」出現在仁波切所在之處，這些「靈舍」是外型像小珍珠一樣閃亮、白色的舍利子，經常出現在圓寂仁波切火化後的骨灰中。在極少數情況下，也會從神聖的佛像中長出來，或者更罕見的，出現在法會中。例如，在一九八五年，當仁波切在拉達克列城的佛教協會寺院裡主持觀音成就大法會時。此法會必須在大約兩週時間內，晝夜不停地念誦觀音心咒（嗡嘛呢唄咪吽）共一億遍。

他們為法會建造了代表本尊宮殿的傳統三層壇城，其上擺放了許多宗教物品、佛像、寶瓶及食子。平陽寺的禪修導師帶來了寺內收藏的一座圓形壇城，這座壇城畫在一塊布上，裱在木板上。此壇城所代表的意義已經無人知道，當時仁波切也不曉得那是松贊干布時期流傳下來的觀世音壇城。外面的天氣非常寒冷，大殿裡生起炭火保持溫暖，使得酥油製成的食子開始融化滴到木板上。當索南‧覺佩準備擦掉木板上的酥油時，發現旁邊有些小小的白色圓珠，立即想到是否出現了靈舍。他興奮地定睛一看，發現有一整排珍珠般的小珠子。他拿起其中一個咬看看，發現它並沒有破裂——確定是靈舍沒錯。過了一會兒，仁波切注意到包括索南覺佩和壇城周邊的僧人都興奮不已。他從法座上走下來，立刻確定那些是珍貴舍利。仁波切要僧人回到各自的位置，以免對法會產生任何騷動或干擾。直到成就法會即將結束、壇城獲得淨化之時，仁波切才去收集了大約五顆靈舍，並把它交給平陽寺保管。那些靈舍非常小粒，呈現橢圓形。

　　多年來，仁波切一直希望參觀臧斯卡的一個洞穴，那裡曾是那若巴的禪修處，同時也是著名的天葬場以及勝樂金剛的聖地。當地的竹巴噶舉寺院薩內寺（Sane Gompa），收藏了一尊在該區備受尊崇的那若巴雕像。佛像由粘土和藥材混製而成，心間據說裝臟有那若巴的頭髮，佛像被保存在永久密封的玻璃櫃中。二〇〇四年夏天，仁波切為這尊佛像開光，當時只有寺院的住持斯塔納仁波切和幾名僧侶出席了法會。之後，當他在看那些精美的古老壁畫時，斯塔納仁波切走過來，興奮地把他拉回佛像前，玻璃櫃前出現了一些靈舍。斯塔納仁波切欣喜若狂。舍利子曾在前些日子達賴喇嘛拜訪寺院時出現過，現在又出現了，這次是在直貢法王面前。那些靈舍被收集起來並將其中兩顆交給仁波切，仁波切將它們放入一尊仿造臧斯卡那尊雕像的那若巴像裡，現在這尊佛像供奉在他私人佛堂中。

緣起大師

一九九七年，法王在馬來西亞的弟子請求他進行祈雨法會，因為該地區遭受了長期無雨之苦。澈贊仁波切的隨行僧人對於他們的上師竟然答應祈雨感到不安，擔憂他若是失敗，那就太沒面子了。他們乘坐五輛吉普車前往海邊，仁波切按照古老儀軌供養龍族。後來的天氣一直相當乾燥，直到晚上完全都沒有下雨的跡象。澈贊仁波切的侍者之一喇嘛楚旺變得相當緊張，害怕會被當眾羞辱。但隔天早上他醒來時，卻發現外頭下著傾盆大雨，隨後一整天也都是大雨如注。

兩年後，仁波切指導兩位德國圖書出版商安潔莉卡·賓奇克和卡洛琳娜·馮·格雷文羅伊特，以及攝影師羅蘭·費歇爾，前往拉達克的各大直貢寺，拍攝那些在日漸風化之佛殿中的美麗古老壁畫，以及珍稀古老的佛像、唐卡和其他宗教文物[95]。時值初夏，拉達克正經歷嚴重乾旱，村長率領一群農民代表來到平陽寺請求仁波切給予祈雨法會。仁波切同意了，並與幾名僧人一起登上寺院的頂樓平台，進行持誦和法會。羅蘭·費歇爾覺得這種薩滿文化的把戲十分無稽，但又將其視為一種吸引人心且豐富多彩的民間傳說。經過幾個小時的儀式後，天空出現了密集雲層，倏地下起滂沱大雨，一場強烈暴風雨澆透了大地。第二天，大雨還在下，仁波切的德國客人很不高興，因為他們住的舊泥磚房正在漏水，攝影師擔心他的設備會濕掉，要求法王停止洪流。直貢法王覺得好笑，要他們再忍耐一會兒，因為下的雨還不足以緩解乾旱。後來，又過了一個晚上後，雨勢停了。

仁波切具有非常驚人的深觀緣起力，這種能力在西方通常稱作「直覺力」。一九九九年，一群直貢僧人前往美國演示金剛法舞。一天晚上，其中一名僧人在波士頓一座游泳池中不幸溺水身亡。同一時間，人在西維吉尼亞州的澈贊仁波切突然因牙痛而驚醒。他立即意識到，這可能是個截然不同事件的徵兆。他坐下來，馬上修持簡短的臨終遷識頗瓦法。

---

[95] 安潔莉卡·賓奇克與羅蘭·費歇爾合著之《拉達克隱藏的寶藏》（慕尼黑：歐得出版社，2002年）。

來自西藏之心

一九九七年,法王在西維吉尼亞州的查爾斯鎮,給予完整的《噶舉密咒藏》灌頂,加布仁波切和噶千仁波切也出席了。在灌頂和開示期間,噶千仁波切有許多淨相和吉祥夢。有一次,當仁波切坐在法座上時,噶千仁波切看見法座高漲成一個巨大的三角形基座,向上飛昇至天界,俯瞰世間。坐在法座上的澈贊仁波切變成康區則列尼寺*受人尊敬的直貢老尼卡雀旺姆。這位尼師直到二〇〇七年秋天以高齡一百一十七歲圓寂前,每天都有許多訪客在其簡陋的寺院住所前排隊等候。噶千仁波切在淨相中的人物,同時也是裸身少女本尊金剛瑜伽母的顯現,她象徵著萬法空性,以及由空性中所生的本智。她狂野而優雅,以單腳的舞姿站立,飛散的長髮隨著頭部的左右擺動,向四面八方展開,覆蓋整個大地,加持從波浪般的頭髮流淌至世間各個角落。

看似微不足道的事件,更能說明澈贊仁波切的直覺和任運行持。有一天晚上,他與弟子仁欽多吉(當時的名字是顏錚浩)在台灣的台北街頭散步,偶然看到一套象棋。他問弟子這個遊戲要怎麼玩,仁欽多吉解釋了複雜的規則,法王興奮地表示想玩看看。下棋過程中,經驗豐富的仁欽多吉卻下錯了一步棋,澈贊仁波切立即抓住機會獲勝了。當下目瞪口呆的弟子立刻確信,世界上沒有什麼事情是法王無法成就的。

澈贊仁波切經常如此不假思索地行動,但通常也能讓逆境迎刃而解,順緣生起。他的行為是出自內心深處的信念,彷彿事情只要去做即可,無論那件事就理性層面而言有多麼不可能完成。這正是金剛乘大師遊舞於原力之中並藉此任運達成目標的秘密法門,彷彿無形地介入了世間的能量結構。

他的名字澈贊・赤列倫珠,便說明了他的行持方式。「赤列」意思是證悟的行持,「倫珠」的意思是任運生起。凡其所願皆能自然成就,無需刻意努力,正如帝洛巴在《恆河大手印》中所說的那樣:「無作無勤則為行持王。」凡一切

生起,皆為無礙智慧、本覺的顯現;仁波切以歡喜心實現其目標,將此喜悅不斷釋放到世間,以審慎和智慧帶領直貢傳承。

　　他的心始終對一切眾生充滿慈悲,尤其是對正在受訓的僧人。這些僧人的導師和堪布通常都對他們非常嚴厲,但怙主仁波切面對反抗或毀謗,不僅不會發怒,反而付出更多的關注與仁慈。這種行為常常會令侍奉他的僧人感到驚訝,但他們也見證了他的方法總是見效。他小的時候,也是個性莽撞、脾氣暴躁,就像他的祖父一樣,但隨著他重新進入寺院並肩負帶領傳承的責任後,這種能量已轉化為佛行事業的活力來源。

　　有一次,強久林寺的西藏年輕僧人與拉達克僧人產生摩擦,一些導師和堪布採用嚴厲鎮壓的方式,但未能控制局勢。藏傳佛法的目標不在於消除情緒,而是將其轉化為修行的強大能量來源。仁波切立即意識到年輕人強大的精力需要適當的出口。他讓學生們一起在寺院的大殿裡,進行幾個月的前行修持。他們肆無忌憚的精力被引導到作大禮拜、持誦咒語、修持勝樂金剛和火供儀式上,而這些修持的共同點就是提升他們的謙卑和平等心,了解自己與其他人沒有什麼不同,使得他們的仇恨感也一併消失了。

　　據說吉天頌恭是一位緣起大師,能夠透析緣起的運作機制,因而知道如何藉由一言一行帶來吉祥結果。同樣能夠自然產生善緣的澈贊仁波切,也是一位緣起大師。

　　多年來,法王為弘揚佛法進行了無數次的全球旅行,讓許多國家的人們與佛法產生更緊密的連結。他在台灣尤其建立了特別強大的直貢影響力,仁波切在那裡以華語授課。他的第一次訪台是在一九八八年底,當時他授予為期兩週的《噶舉密咒藏》。僅僅一年後,在台灣弟子仁欽多吉仁波切的大力

資助下,台北成立了第一個直貢噶舉中心——「直貢噶舉顯密精舍」。仁欽多吉仁波切多年來不斷護持直貢傳承計劃,範圍不僅包含台灣,也囊括西藏、印度和世界其他地方。一九九三年,又在內湖建立了直貢中心。一九九七年,澈贊仁波切指派顏錚浩創建「寶吉祥佛法中心」,這是直貢噶舉在台北的主要中心。

圖47:澈贊仁波切在台灣

緣起大師

顏錚浩多年來在直貢法王的指導下,進行大量學習與閉關,法王認證他為直貢傳承兩位「漢人密咒士仁波切」[96]其中之一。二〇〇七年,在與澈贊仁波切一起於拉契聖地完成三個月的閉關後,獲得仁欽多吉仁波切的法名。直貢噶舉得益於仁欽多吉的佛行事業,在台灣擁有很高的代表性,澈贊仁波切也經常到台灣給予灌頂與開示。另一位直貢傳承的「漢人密咒士仁波切」是黃英傑,人稱阿闍梨黃,擁有台灣華梵大學宗教研究博士學位,長期擔任包括達賴喇嘛、薩迦法王和澈贊法王等多位仁波切的翻譯。二〇〇五年,澈贊仁波切正式認證他為巴麥欽哲仁波切的第三任轉世。

澈贊仁波切利用全球弘法之旅來提升並拓展他的研究,他擅長立即看出各種表象之間的潛在關係。他在墨西哥市的人類學博物館中,一待就是好幾個小時,但他真正的人類學研究,其實是在博物館外的大公園裡進行的。許多年輕人在那裡排隊等候,他仔細研究他們的相貌,發現有些人的面部特徵與拉達克人極為相似,有些人則與西藏另一個民族的特徵相同。澈贊仁波切對這個發現感到有趣和稀奇,後來他研究了舊石器時代白令海峽狩獵部落的遷徙。在南美洲時,他則參觀了居住在草皮屋裡的原住民社區,還研究了安地斯人民的文化歷史,他們的紡織品設計與西藏的編織圖案有著驚人的相似之處。

一位黎巴嫩的弟子達烏德・馬塔,邀請澈贊仁波切訪問黎巴嫩,這是首次有西藏上師訪問該國。馬塔將寂天菩薩的《入菩薩行論》翻譯成阿拉伯文,仁波切為其撰寫了序言,但本書尚未出版,因為在智慧品中提到反對全能造物主的觀點,此舉有可能引起伊斯蘭教社區的爭議和敵意。儘管仁波切只能以私人名義造訪黎巴嫩,但前來參加觀世音灌頂和菩提心開示的人數卻多得出乎意料。他們多數都是基督教徒,但也有少數伊斯蘭教徒。

仁波切在巴勒貝克遺址中發現了與西藏寺院裝飾非常相

---

[96] 密咒士(སྔགས་པ,『啊巴』),在家的密宗修行者。

似的地方，包括環繞在浮雕邊緣的卵狀浮雕。對這兩處而言，雞蛋似乎都代表了宇宙起源的神話，在那些神話中，世界是從雞蛋中產生的。仁波切確信，兩者的相似並非偶然，而是絲綢之路貿易和思想交流的結果。

金剛乘大師能以不同層面來感知世界，在他們眼中，地景所傳達的意義遠超乎日常生活中的感官覺知。仁波切小的時候，風水專家就教導過他識別聖地的秘密，如今，無論澈贊仁波切走到哪裡，都會仔細觀察地形，尋找隱藏在表面下的實相。在一次弘法之旅中，澈贊仁波切於蒂亞尼・伊娃胡在佛蒙特州的日光禪修中心進行教學。蒂亞尼・伊娃胡是美洲原住民切羅基部落綠山阿尼尤尼瓦（Green Mountain Ani Yuniwa）的女酋長，她與直貢傳承有著密切連結，包括她的兒子在一九八六年，被認定為章洛欽仁波切的轉世祖古。仁波切為中心附近一種不尋常的地理景象感到驚詫，幾個河道與山形構成兩個三角形上下交疊的五芒星圖像。他向蒂亞尼・伊娃胡的先生高登・楚（Golden True）詢問關於這座山的事情，後者告知那是美洲原住民的聖地，裡頭有個神聖洞穴。仁波切詢問洞穴的確切位置，得知是位於巴特利瀑布旁邊，並想知道那裡是否有一種會散發黃色沙塵的石頭。

在西藏傳統中，某些形成交疊三角形的山脈和河流被視為金剛瑜伽母的壇城，名為「確炯」（表達諸法之源的三角形），是存有的源頭，陰性本質的源泉。在這些地點的聖洞裡通常會發現硃砂，為一種黃土或沙子[97]。硃砂是金剛瑜伽母的秘密精華，使用於金剛瑜伽母壇城的密宗儀軌。他們會用硃砂在銀盤上畫成一個上下交疊的三角形，也會在參與者的額頭上點一些。

儘管當時積雪很厚，天氣也相當寒冷，澈贊仁波切仍渴望拜訪位於切羅基聖地的洞穴。第二天，高登・楚的朋友瑞克・皮謝帶著登山繩和雪鞋，穿越厚重的積雪前來。仁波切

97　『辛都拉』（མེན་ཏུ་ར）通常譯為硃砂或鉛丹，但也指褐鐵礦（རྒྱ་མཚོའི་ཐིག་པ）和血（ཁྲག），此礦物由水中礦物質沉積而成。在聖地發現的『辛都拉』是最為貴重的，嚐起來也有甜甜的味道。

換上俗衣，與加布仁波切、喇嘛丹增和侍者昆秋，在高登‧楚和瑞克‧皮謝的帶領下一起踏上探險旅程。到達目的地後，仁波切在下吉普車時，丹增把門甩上，正好夾住仁波切仍抓著門框的手。仁波切立即將瘀青流血的手指插入雪中，也試圖安撫充滿恐懼和羞愧的丹增。仁波切說，這沒什麼大不了的，顯然只是當地神祇想要製造一些障礙，但他不會因此退卻。

其他人踏著厚重的積雪出發，丹增則渾身顫抖地在車旁等候，以防發生意外時有人可以出去尋求援助。他們必須從冰雪覆蓋的懸崖上，沿著繩索垂降才能進到洞穴。加布仁波切覺得自己太重，無法完成此壯舉，於是他和昆秋一樣，站在懸崖頂上等待。當仁波切挑戰高難度的危險垂降時，陽光照在懸崖上，融化的冰水滴進他的眼睛。濕滑的峭壁幾乎沒有任何的踩踏處，一旁的瀑布也已凍結成冰柱，只剩下涓滴的細流沿著覆蓋在河流上的冰層縫隙向下流。仁波切有點擔心等一下他們要如何爬上來，但還是用繩索垂降到了洞穴入口。在山洞裡，他果然發現了極為美麗、呈淡紅色的硃砂粉，他將礦石從岩壁上敲了一些下來，用他所攜帶的幾個塑膠袋盡量裝到自己所能承擔的重量。

要往回爬的時候，雖然澈贊仁波切的一隻手受傷了，但他還是得靠雙手將自己拉上去。他的手一點都不痛——他似乎對身體大部分的疼痛都可無動於衷——但他還是很難抓緊繩子。他從來沒有像此刻這樣，感覺自己如此沉重，回程的攀爬似乎難如登天。他曾考慮沿著旁邊的岩石裂縫爬上去，但一切都被冰所覆蓋，回程唯一的方法就是沿著繩子筆直向上爬。於是他穩穩地吸了一口氣，想辦法用垂直肌力讓自己一鼓作氣向上爬，但就在他快要抵達懸崖頂的時候，他開始變得無力，還好最後瑞克‧皮謝緊緊抓住了他的手。

二〇〇一年，直貢法王為日光禪修中心的尼院預定地加持，並命名為「金剛空行母尼院」，此處後來成為第一個為

西方人建立的直貢噶舉寺院,以西方人能接受的方式保存佛陀傳統。曾經為松贊圖書館製作松贊干布雕像的尼瑪卓瑪,被任命為尼院的堪姆。二〇〇四年,當全體傳承僧團於藍毗尼集會時,澈贊仁波切邁出了歷史性的一步,任命她為首位西方的、也是首位女性的住持,指派她負責建立金剛空行母尼院。

一九九三年,仁波切拜訪了尼泊爾與西藏接壤的胡拉地區偏遠山谷里米(Limi),那是一次非常特別的朝聖之旅。早在傳承初期,兼那‧喜饒迥涅就將直貢傳統帶到這個美麗而遙遠的山谷。然而正因為地處偏僻,西藏文化和直貢傳統才能在當地完好無損地保存至今。由於公路到不了那裡,需要騎馬三天才能抵達最近的直升機停機坪。一條溪水蜿蜒流過山谷裡的三個村莊:臧(Zang)、偉澤(Weltse)和梯(Til),以及各自的寺院:臧佩傑林寺、偉澤仁欽林寺和梯昆桑多昂林寺。里米的居民,有不少是精明的商人,積累了可觀的財富,他們為澈贊仁波切準備一場真正的皇家饗宴。上一次類似的慶賀是在七十年前,歡慶喜威羅卓的到訪。仁波切遇到一位年邁的老婦人,年輕時曾見過喜威羅卓。他們穿戴莊嚴服裝與面具表演傳統的跳神(羌姆),這裡的面具與西藏有些不同。最後,法會以一場穿著華麗服裝的藏戲,為慶祝活動畫上圓滿句號。來自鄰近西藏普蘭地區的人們蜂擁而至,前來聆聽佛法並接受灌頂。

里米就像舊時代西藏的一個縮影,保存了無數獨特的文物與傳統。在一九五九年大逃亡期間,當地人民從流亡至加德滿都的藏人手中獲得許多聖物,因此現在他們的寺院和佛殿裡擁有精美且細心保護的收藏品。只有最簡單的物品才公開展示,那些非常古老、稀有、珍貴的唐卡和佛像則被鎖在櫃子裡,鑰匙交由村子裡最可靠的人保管,連僧人也不知道鑰匙藏在哪裡。當澈贊仁波切拜訪時,所有的寶物都從金庫取出,帶到仁波切面前接受加持,並附上古老的寶物清單以

供檢視。直貢傳承的寶物清單總是完美無缺，針對物品的來源、外觀、材質、大小和意義都有精確的描述，這些清單也不例外。澈贊仁波切對於清單的細節和精確性感到驚訝，所有細目都與實際呈現給他的物品完全一致。[98]

一個冷冽的早晨，一小群村莊頭人在警察的護送下，與直貢法王一起騎馬前往西藏邊境。當他們抵達邊境時，風停止吹拂了，讓他們從至高點將遠處的西藏盡收眼底。瑪旁雍措湖在他們下方地不遠處，於群山前閃閃發光，外型獨特、白雪皚皚的岡仁波齊峰，像一顆光燦奪目的寶石兀立在其中。他們甚至可以認出遙遠岡仁波齊峰上的直貢主寺──江扎寺。這片神聖的地景發散著佛國的加持祝福，充滿著智慧光明，遠離一切塵世苦難。

98　二〇〇八年，在澈贊仁波切造訪里米期間，梯昆桑多昂林寺內一座非常古老佛殿塵封已久的大門被發現並打開。仁波切一行人在裡面的牆壁上，發現了數量豐富、色彩鮮豔的精美壁畫。

（十八）
覺醒之音

　　在澈贊仁波切眾多計劃中還包括出版一本朝聖指南——提供朝聖者前往佛教聖地，特別是藏傳佛教聖地的參考。他猶然念念不忘洽欽曾經向自己介紹如何以淨觀來看待直貢聖地。他設法在西藏找到了年邁的洽欽，並請求他將自己的知識寫下來。他還派遣使者找到其他的洽欽，將他們的解說錄音下來，打算有一天將這些記錄整理成一本完整的朝聖指南。但這只是他目前以源源不絕之創意進行的無數計劃之一。法王經常在凌晨三點就起床，以便能完成大量的工作，並時時前往桑登林的簡單關房以便不受干擾，多數光陰用來進行禪觀修持，但也有不少時間用來從事手上的案子。他同時有那麼多進行中的計劃，實在很難想像他還能抽出時間給予排在他住所前請求指導或加持的訪客，但他體貼又專注地接待絡繹不絕的人們，好像他有無數的時間般。

　　與澈贊仁波切的會面，就像觀看一場不斷變化而活力四射之點子與計劃的展現。至今，他仍然以充滿喜悅的探險心情面對世界，天天都像個無憂無慮的孩子般探索真實世界的極限。而且目前，對他而言，這些探險國度不再侷限於西藏的無人山坡，而是祖國文化遺產中無路可至的境界。這些文化遺產孤獨地躺在山脊上，跌落在歷史深淵中，世人的記憶迷失了方向，智者開始尋覓集體記憶幽暗處中未被記錄下來的內容，而在那片深奧難懂的領域中，西藏人民的身份認同才得以顯露。

覺醒之音

在我多次拜訪仁波切住所的期間，有一次，他的父母、姐姐和弟弟班久都在場。仁波切欣喜雀躍，迫不及待地播放從西藏寄來的影片。但是播放機的線路卻發生一些問題，他不以為意，轉而在一台小錄音機上播放原始、古老的西藏音樂。那是一些過去專為達賴喇嘛和噶廈表演的極罕見旋律與歌曲。但仁波切發現，這種音樂演奏方式已經和原本的不一樣了，因為年輕的藏族歌手被送到北京接受訓練，他們唱的曲調明顯帶有中國色彩；音調更高，節奏也採用中國的曲調樣板。他的父母同意他的說法，他的母親說，高亢的聲音讓她起雞皮疙瘩。激贊仁波切派人拿來他的筆記型電腦，我們從一片CD裡聽到更多稀有的藏族歌曲。音樂也是他保護文化遺產計劃的一部分，他正在考慮將傳統音樂記錄下來並存檔。他的父親也有一些罕見的錄音檔保存在老式錄音帶中。

仁波切接著要我播放一張介紹絲路寶藏的DVD，但遺憾的是，他的筆電安裝軟體無法播放DVD格式。仁波切以他一貫不以為意的態度，轉而跑上樓梯，到他的辦公室拿了一份寶物要送給「學者們」——他經常這樣笑稱他的父親、班久和我。他遞給我們每人一本關於敦煌石窟的厚重精裝書，熱情地向我們詳細解釋某些文本的含義，然後又從椅子上跳起來，跑上樓去拿更多文件。他的母親開玩笑地說，她很高興他這樣跑上跑下，因為這樣能讓他保持健康苗條。他拿來松贊圖書館出版的兩卷、有關六至八世紀敦煌的藏文手稿。當時西藏還沒有統一的字母或標準的書寫文字系統。閱讀這些字母並解讀其中單字有其難處。西藏沒有文獻研究學的傳統，更不用說相輔相成的歷史學，根本沒有精通古藏文的專家能破解這些文獻，因此這方面的研究仍處於起步階段，但是松贊圖書館能夠出版具有極高品質的藏文手抄複刻版，對此發展具有重大貢獻。二〇〇七年三月，在巴黎國立東方語言暨文化學院希瑟・斯托達德的主持下，來自世界各地的敦煌專家在德拉敦松贊圖書館召開了一次國際會議。

接著，我們的談話內容聊到古藏文的特定意義，仁波切說有個特定的音反覆用於詩詞中，用來強調該內容或提高重音，但他的家人並未完全同意這個看法。他的父親說，該音節只是強調已經討論過的某個內容，並舉了幾個英語為例輔助解釋。南拉不太確定，仁波切的母親也加入了討論。南拉跟我說，不要感到驚訝，他們家人的性格就是這樣——固執，每個人的固執風格都不太一樣。仁波切的固執非常迷人，閃爍著敏銳的智慧；他的父親善於思考，謙遜、豁達且心胸寬大。

仁波切又起身上樓，帶回兩本松贊圖書館的半年刊《松贊倉央》（莊嚴梵音）。在這一期中，他發表了一首出現那個音節的詩詞，然後將其翻譯成現代藏文。這首詩由松贊干布或他的一位大臣創作，曾在獲勝用來朗誦。仁波切將原來的詩詞和現代版本逐節朗誦給他的父親聽，他的父親驚訝地不得不同意仁波切的觀點。

仁波切為我們介紹他在收集和評估西藏歷史原始文獻上的進展。他的助手們正在進行編目和數位化，使這些文本可用來印刷。單是敦煌的藏文手抄本就佔了很大一部分，但仁波切還收集了許多散佈在西藏各地岩石和石柱上的銘文。如此一來，便能一步一步地創建最完整的西藏歷史文獻資料庫。

仁波切用各種筆名在《松贊倉央》上發表了許多文章，主題大部分與歷史有關。此外，每本期刊都會包含一篇他所寫的關於藏文語言學的文章，每次提出十個被遺忘的藏文單字，以及十個因應當代生活而創新的表達方式，並且全數附有解釋。法王正是如此熟稔地結合維護與創新的非凡技巧。

圖48：澈贊仁波切與第十四世達賴喇嘛

　　達賴喇嘛非常敬重澈贊仁波切，在許多重大議題上都會與他協商。真正能夠讓達賴喇嘛欽佩的事情不多，但直貢法王的佛行事業令他極為推崇。達賴喇嘛表示，許多仁波切都很關注自身教派和傳承的發展，但澈贊仁波切很晚才從西藏出來，既沒有紮實的佛學基礎，也沒有資源，但他在很短的時間內就為藏傳佛教和整個喜馬拉雅地區人民的文化，做出一系列令人驚豔的貢獻。噶倫赤巴·桑東也表達了類似的想法，他說：「由於澈贊仁波切，直貢傳承如今才能完整無缺，有如傳承精華經由他萃取出來一樣。」法王堅稱，這不是他的功勞──一切都是阿企佛母的庇佑。

　　不消幾年，仁波切為直貢傳承注入了新的生命力，不僅在流亡社群中鞏固傳承的地位，也推動了其在祖國的復興。

如今，直貢傳承在西藏、尼泊爾和印度擁有兩百多座寺院和閉關中心，在世界各地也有八十多個中心。此傳規特別在美國、德國和台灣尤其興盛。

　　此牢固的根基，不僅得益於傳承法主的明智管理，以及在德拉敦設立教育中心作為實際基礎，更重要的是歸功於法王在傳承修持基礎上所做的復興。有許多直貢人從來沒看過創始人吉天頌恭的著作，更別說仁津卻紮的著作。它們被當作珍貴的秘密般鎖起來，每隔好幾年才會進行一次傳法，而且每次傳完，這些書籍又會被重新包起來上鎖。仁波切廢除這種無用的保守秘密作法，吉天頌恭的十二函全集前後重新編輯與修訂了五次，並以全新的細項分類，最終版本已再次出版。仁波切後來又請人將它們翻譯成英文與中文。兼那・札巴就涅和兼那・喜饒就涅的文集也已出版，阿貢仁波切保管的一百五十函直貢傳承法集目前則正在修訂中，但這是一項艱鉅的工作，因為裡面充滿了錯誤。仁波切在美國生活時就已經為貝瑪嘉稱的著作，增添了後期直貢法王的編年史。在建造強久林寺期間，他也出版了幾部重要的直貢經典，其中《直貢噶舉道歌海》收錄了自金剛總持以降，到偉大直貢噶舉上師的修行證道歌，以及一份第二十三任直貢法王・昆秋仁欽所寫、有關「淨相」的詳盡附錄。澈贊仁波切還出版了他所寫的噶舉傳承昌盛祈請文，附有解說，以及簡短、有科學根據的噶舉傳承歷史介紹。此外，他編寫了一本總集直貢傳承五十部真實灌頂的書，其中包括特殊禪修（成就法）的精確修持指示，針對個別灌頂附以詳細說明，並對個別施行的相關困難點加以詳盡討論。法王講授《大手印五具》的內容已經以英文和德文出版，而他也從大手印見地對吉天頌恭的《密咒七支供養・色康瑪》給予解釋。

　　仁波切就寢和禪修的房間裡懸掛著一幅唐卡，這是一幅非常少見且表情生動的瑪爾巴・確吉羅卓肖像。這幅存在感十足的唐卡，絕非偶然出現在這個房間。儘管對噶舉派來

說,瑪爾巴大譯師是將傳承從印度帶入西藏的重要人物,但他的傳統在所有噶舉派中都被忽略了。他的許多法教瀕臨失傳,輔助教派修行體系的中心支柱也隨之消失。人們誤以為瑪爾巴相對而言未受教育,因此較不突出,但瑪爾巴代表了噶舉派的主幹,許多宗派都是從他分支出來的;瑪爾巴共有四位主要弟子,被稱為「四大柱」,分別是:密勒日巴、俄‧確固‧多傑、梅通松波、楚敦‧旺給多傑。其中密勒日巴以閉關修行為主,俄‧確固‧多傑和梅通松波則主要專注於撰寫續部釋論。楚敦‧旺給多傑秉承密集金剛傳統,其法教後來傳到格魯派。

直貢傳承的主要傳承法脈源自密勒日巴,經岡波巴,再到帕摩竹巴和吉天頌恭。然而,瑪爾巴為俄‧確固‧多傑傳授了一系列續典,稱為《俄巴七壇城》。這個宗派有其自己的傳法和灌頂,但缺乏不共的釋論和教授,只流傳了七代。七壇城的傳承主要由直貢噶舉所持有,為了拯救它們免於被遺忘,蔣貢工珠將此法與瑪爾巴的其他法教結合起來,形成了《噶舉密咒藏》。如今,瑪爾巴的教法已經四散,只有部分教法的傳承由一些上師保存。仁波切長久以來一直積極尋找這些傳承持有者,並向他們領受教法。他從康區寧瑪派上師堪千貝策那裡得到了《文殊真實名經》的傳法(《俄巴七壇城》之一),又從達賴喇嘛那裡得到了瑪爾巴傳承的《密集金剛續》教法[99]。

---

99 《文殊真實名經》(འཇམ་དཔལ་མཚན་བརྗོད,梵:*Manjushri Nama Samgiti*)。《密集金剛續》(གསང་བ་འདུས་པ,梵:*Guhyasamaja Tantra*)。

來自西藏之心

圖49：澈贊仁波切在印度德拉敦進行灌頂

　　《俄巴七壇城》的另一個壇城是《喜金剛續》，也被稱為「續法之王」。這個不共傳承，早期主要在薩迦傳承中流傳，後來透過瑪爾巴在瑪俄傳承（瑪爾巴和俄巴）流傳。印度原本的法本由卓彌譯師（993-1050）為薩迦派翻譯，而瑪爾巴則為噶舉派翻譯。德松安江仁波切將薩迦派與噶舉派的喜金剛教法結合，傳授給德拉敦薩迦學院和加德滿都國際佛學院創辦人暨傑出學者堪布阿貝，而仁波切則於加德滿都從堪布阿貝那裡接受了《喜金剛續》的傳法。仁波切在這次傳法中，仰賴的是琴恩・史密斯在日本私人收藏中所發現的瑪爾巴傳承釋論，之後他也出版了這本著作。

　　密宗修行有生起次第和圓滿次第兩個階段。生起次第（『界林』）包含觀想和持誦，圓滿次第（『佐林』）則涉及微細能量和大手印之道。現今噶舉派主要根據《勝樂金剛

續》修持生起次第,並根據《那若六法》修持圓滿次第,但原本生起次第是依著《喜金剛續》來修。當然,行者可以善用任何的「無上瑜伽續」[100]法,但如果考慮到歷史的力量,此傳承源於瑪爾巴,而他教導要以《喜金剛續》來修生起次第,於是,仁波切便將復興此原本傳統並在所有直貢寺院都重建此傳規,作為他的使命。在他的研究過程中,發現到更多出色的釋論著作,並正在檢查與修訂。仁波切從一位藏東人那裡收到一本原本不為人知的瑪爾巴《喜金剛續》文本,那個人曾經在布達拉宮的檔案室工作了很長一段時間,裡面許多文本都混雜在一起未經整理,但至少都被保存下來了。他在其中發現一本瑪爾巴不為人知的著作,立即意識到這部著作的重要性,但由於他無法從布達拉宮中帶走任何東西,於是他小心翼翼地抄寫了該文本,並將其添加到達隆噶舉法集中。由於仁波切積極護持目前積弱不振的達隆噶舉傳承,並親自監督年輕的達隆夏仲在德拉敦的教育[101],所以有機會接觸到該法集,進而接觸到瑪爾巴文本的副本。他悉心修訂這本承載有瑪爾巴獨特教法的未公開著作,並出版包含根本頌、瑪爾巴的註釋,以及仁波切針對瑪爾巴未註釋與困難處給予解釋的特別文本。此外,松贊圖書館的四位僧侶正在編輯瑪爾巴的文集。瑪爾巴在傳承中正重新獲得應有的享譽地位,這都要感謝澈贊仁波切的努力。

在密法中,行者在皈依時必須觀想一棵樹,樹上有諸佛、菩薩、祖師、法典和其他皈依對象,這個觀想對境稱為「資糧田」。這棵樹的樹幹聳立,筆直如柱,由傳承上師組成,代表法教和經驗的傳承。唯有在此無間斷的相續得以保持的情況下,才能確保加持和啟發得以進一步傳續。隨著瑪爾巴教法的復興,仁波切已重新恢復了噶舉派的內在穩定之源。這種穩定性至關重要,不僅因為教法的傳遞依此而得以連結到歷史之源,也因為傳承的傳遞是從無形的法身證悟體驗中而來,使得持有法脈的傳承上師能與傳承之源密不可

---

100 「無上瑜伽續」(ཨ་ནུ་རྣལ་འབྱོར་གྱི་རྒྱུད,阿努瑜伽續)為四部續法中最高階的法教,其中又細分為父續、母續和無二續。
101 達隆夏仲是澈贊仁波切母親央金卓嘎的侄孫。

分。由於傳承上師與究竟證悟者無二無別,所以能夠為弟子們帶來加持,並使弟子的心越來越趨向佛法。

圖50:澈贊仁波切加持位於匈牙利佐洛桑托村的和平塔

這種甚深能量如同一種共振關係,好比從一個聲筒傳到另一個聲筒那般,在轉世與法脈傳承間傳遞。證悟大師能為世界帶來特殊的頻率,使得受其影響的人身上也會帶有共振,並經由他們傳遞出去。這種共振可在那些準備好接受天命之音觸動的人身上擊出和弦,進而彰顯更高層次的潛藏力,也就是本具佛種。

這就是真實佛法之音何以如此精細脆弱與珍貴殊勝,也是其相續何以必須經由偉大上師的化身來傳遞的原因:以便建立起無間斷的法脈共振,好讓法音持續向前延續。

覺醒之音的每個聲調都有可能減弱或消失,除非它能在領受上師傳法的弟子身上無礙地產生共振。臣服於上師的共振頻率,能轉化一個人的感知,並將知識轉化為超越念頭的

覺醒之音

智慧洞見，進而改變感知者本身。臣服於上師的共振頻率，即是臣服於自己的心。

> 一切所行皆成修，
> 無論有何世俗相；
> 一切所作之音聲，
> 皆成偉大金剛歌。
> ——第二世達賴喇嘛·根敦嘉措《密宗覺受修道歌》

致謝文

　　由衷地感謝我的根本上師直貢法王‧澈贊仁波切，他教導我許多無價的法教，不僅是口頭上的言教，也包含了經由行為身教或僅透過其出現所傳達的潛移默化，與他的相遇為我帶來永恆的啟發與快樂。對於受到法王委託撰寫其傳記，我感到相當有福。多年來他不辭辛勞地與我進行多次長談，透過其驚人的記憶力、悲憫的胸襟以及看待事物的特殊方式，為我提供許許多多遠超出傳記框架的智慧。

　　直貢傳承的祖古和仁波切親切地接受我的採訪，並允許我分享他們對西藏和流亡生活的回想，以及他們對法王澈贊仁波切的各種記憶。如果沒有他們從不同角度提供資料，就沒有辦法準確、生動地介紹仁波切一生所發生的事情與情況。首先，我要感謝直貢法王瓊贊仁波切、噶千仁波切、東滇仁波切、加布仁波切、堪欽昆秋嘉稱仁波切和竹本索南覺佩仁波切。

　　此外，我也從許多上師、堪布和僧人處獲得大量的重要資訊。其中較為年長者，甚至詳細描述了上一世澈贊仁波切所發生的事情以及尋找轉世的過程。因此，我要衷心感謝堪布昆秋桑傑、博巴‧昆秋瓊英、竹本‧昆秋滇津、洽佐楚旺、喇嘛確宗、喇嘛益喜蔣揚、堪布昆秋讓卓、轟巴‧昆秋桑巴，以及甘珠爾經師‧蔣巴旺楚的熱心幫忙。

　　與仁波切家人的訪談，是完成此任務特別重要的一環。經由仁波切父親擦絨‧敦都南傑的協助，以其在西藏政府工作的優勢及謙虛為人，讓我對當時的政治環境與家族歷史有更深刻的了解。我非常感謝他的妻子央金卓嘎，讓我閱讀她的自傳手稿。仁波切的兄弟姐妹，包括達拉‧南傑拉姆、夏格巴‧諾金、擦絨‧晉美醫生和擦絨‧班久博士，也為我娓娓道來許多自身的回憶。我要特別感謝南傑拉姆，她總是不厭其煩地回答我關於家族歷史細節及遠房親戚等無盡的詢

致謝文

問,這都要歸功於她的細心與縝密,才能夠提供這麼多的資訊。

我在德拉敦等地收集資料的過程中,獲得許多人的熱心協助,要感謝者包括:松贊圖書館館長扎西桑培博士和他的秘書諾布旺楚,仁波切的私人秘書阿闍黎昆秋蔣揚和他的助手益喜多傑,德國慕尼黑噶千佛學院的常駐喇嘛昆秋次仁,愛沙尼亞塔林直貢惹那師利中心的常住喇嘛昆秋桑傑,以及堪布丹增尼瑪和蔣巴多傑。

仁波切在世界各地的朋友和弟子,也告訴我許多的故事和趣聞,幫助我更全面了解仁波切的性格與佛行事業。我要感謝希瑟·斯托達德博士、海因里希·哈勒、車仁·丹諾、普熱桑·白瑪拉姆、安潔莉卡·賓奇克、卡洛琳娜·格雷文羅伊特、阿爾敏·艾克曼、吉塔·高普-博格豪森、弗洛里安·勞達、斯瓦米·香巴瓦南達上師和菲斯·史東、莎賓娜·梁、彼特·維希、維羅妮卡·圖帕亞奇、達烏德·馬塔、仁欽多吉仁波切、蒂亞尼·伊娃胡和堪姆·尼瑪卓瑪。

其中我要特別感謝伊卡·優康,她是這些夥伴當中非常重要的一位,如果沒有她,就不會有這本書,因為她是讓我首次遇到仁波切的人。此外,她也與我分享了她與仁波切認識長達數十年的故事。

我要感謝西藏文化發展公益基金會的安德烈·亞歷山大、萊因霍爾德·梅斯納爾、菲爾·博拉克、雷莫·羅斯博士、托馬斯·羅斯、阿尼·昆秋哲措(莎賓·次仁)、喇嘛昆秋桑天、揚·烏爾里希·索比施博士,而奧地利許騰貝格市哈勒博物館的館長魯道夫·施拉特也提供了補充資料、文件、影片,並為本書某些特定主題提供想法。

桑天林尼寺的阿尼·昆秋巴嫫則無私地協助翻譯書中一個重要藏文法本。

謹在此表達我對德國出版商O.W.Barth前任社長佩特

拉‧埃塞勒博士的深深緬懷，她的過早離開對所有認識她的人來說，都是個痛苦的損失，而她從一開始就以極大的熱誠支持這本書的撰寫。

我的妻子達瑪和蘇珊娜‧卡恩‧艾克曼女士在各個完成階段協助閱讀手稿，透過她們對內容的欣賞和對寫作風格的敏銳理解，以及大量的批判與觀察，讓手稿有了更多的改進，也讓我可以完全依賴她們的建議進行更改。此外，達瑪在這耗費多時的寫作期間，不僅以其寬宏和溫暖的心不斷支持著我，本書也因她充滿愛的存在而受益良多。

阿尼‧津巴‧拉姆（伊迪絲‧瓦茨）為本書的翻譯做出了卓越的貢獻。此外，她對主題的特殊理解也幫助我釐清原稿中一些不太清楚的段落。非常感謝梅根‧霍華德給予我中肯的建議，並在寫作期間不斷協助我，使本書能以英文出版。如果沒有凱‧坎德勒殷實地貢獻其出色的編輯技巧，以及香巴拉出版社艾蜜莉‧包爾在編輯過程中耐心地提供深思熟慮的建議，本書的英文版就沒有辦法完成。

然而，如果沒有澈贊仁波切的長期私人秘書次仁‧格勒‧邦日的持續支持，本書也不可能以現在的樣貌出版。由於他精通德語和英語，在好幾次與藏人朋友的訪談中，都擔任了出色的翻譯。他在語言溝通上的天賦和友善的天性，讓所有的門都打開了。格勒是個很棒的朋友，魅力十足且充滿熱忱，還為我翻譯了許多藏文參考文本的內容，也耐心地為我解釋了藏文名相之間的複雜關係。他從本書的企劃開始，自始至終都以無私奉獻和熱誠關切的態度陪伴著我，此外，由於他不僅具有學識、人脈廣大且對這項工作深感認同，也經常出現讓人耳目一新的回答與幽默，他的存在對本書來說實為至關重要。

參考書目

1, 英文參考書目

恩珠倉・貢布扎西《四水六崗：西藏反抗運動的回憶》（Four Rivers, Six Ranges: Reminiscences of the Resistance Movement in Tibet）。達蘭薩拉：達賴喇嘛新聞室，一九七三。

芭芭拉・阿齊茲著，馬修・卡普斯坦編輯《西藏文明中的聲音》（Soundings in Tibetan Civilization）。新德里：馬諾哈爾出版，一九八五。

羅伯・巴聶特編輯《毒箭：班禪喇嘛的秘密報告》（A Poisoned Arrow: The Secret Report of the Panchen Lama）。倫敦：西藏資訊網，一九九八。

珊卓・班森《屍語故事》（Tales of the Golden Corpse: Tibetan Folk Tales）。麻薩諸塞州北安普敦：Interlink出版社，二○○七。

安潔莉卡・賓奇克與羅蘭・費歇爾《拉達克隱藏的寶藏》（Verborgene Schätze aus Ladakh, Hidden Treasures from Ladakh）。慕尼黑：Otter出版社，二○○二。

查爾斯・阿爾弗雷德・貝爾《十三世達賴喇嘛的生平與年代》（Portrait of a Dalai Lama: The Life and Times of the Great Thirteenth）。波士頓：智慧出版社，二○○五。

馬丁・布勞恩編輯，《彼得・奧弗施奈特在西藏的生活》（Peter Aufschnaiter: Sein Leben in Tibet）。因斯布魯克：史泰格出版社，一九八三。

荷西・卡貝松著，羅傑・傑克森編輯《西藏文學：宗派研究》（Tibetan Literature: Studies in Genre）。紐約州綺色佳：雪獅出版社，一九九六。

布頓《布頓佛教史》，歐仁・奧貝米勒翻譯與編輯。海德

堡：Harrassowitz出版社，一九三二。

維克特・陳《西藏手冊：朝聖指南》（Tibet Handbook: A Pilgrimage Guide）。加州奇科市：月亮出版社，一九九四。

斯賓塞・查普曼《拉薩聖城》（Lhasa: The Holy City）。倫敦：Chatto & Windus出版社，一九三八。

達賴喇嘛《我的土地，我的人民》。紐約：麥格羅希爾出版社，一九六二。（台灣，台灣圖博之友會，二〇一〇）

達賴喇嘛《達賴喇嘛自傳—流亡中的自在》。紐約：哈潑柯林斯出版社，一九九〇。（台灣，聯經出版社，一九九〇）

達瓦・諾布《紅星照耀西藏》（Red Star over Tibet）。新德里：斯特林出版社，一九八七。

凱斯・道曼《中藏勝跡誌》（The Power Places of Central Tibet: The Pilgrim's Guide）。倫敦：喬治・羅德里奇出版社，一九八八。

直貢・班得・達瑪拉札《忠告寶庫：心要百法》（The Jewel Treasury of Advice: A Hundred Teachings from the Heart）堪千昆秋嘉稱仁波切翻譯。馬里蘭州弗雷德里克：金剛出版社，一九九七。

直貢法王澈贊仁波切〈生存、流亡、復興：直貢法王澈贊仁波切的故事〉（Survival, Escape, Revival: Drikung Kyabgon Chetsang Rinpoche's Story），刊登於《法音：西藏宗教文化之音》（Chö Yang: The Voice of Tibetan Religion and Culture），第六期，頁20-27，一九九四。

直貢法王澈贊仁波切《直貢噶舉傳承法主》（Head of the Drikung Kagyu Order）。馬來西亞，一九九八。

直貢法王澈贊仁波切《大手印修持》（The Practice of Mahamudra）。紐約州綺色佳：雪獅出版社，一九九九。

直貢覺巴吉天頌恭《大印俱生契合》（Introduction to

參考書目

Mahamudra: The Co-emergent Unification）堪布昆秋滇貝翻譯。德拉敦：松贊圖書館，二〇〇六。

卡爾・海因茨・埃韋丁〈十三世紀的蒙古帝國及其為統治西藏而進行的鬥爭〉（The Mongol States and Their Struggle for Dominance over Tibet in the 13th Century），刊登於《古今西藏：西藏研究第一冊》（Tibet, Past and Present: Tibetan Studies I），漢克・布雷澤編輯，頁109-128。萊頓、波士頓、科隆：博睿學術出版社，二〇〇二。

艾爾方索・法拉利與畢達克・路奇亞諾《欽哲中藏勝境誌》（Mk'yen Brtse's Guide to the Holy Places of Central Tibet）。羅馬：義大利中遠東研究所，一九五八。

梅爾文・戈爾斯坦《喇嘛王國的覆滅》（A History of Modern Tibet, 1913-1951:The Demise of the Lamaist State）。柏克萊：加州大學出版社，一九八九。

梅爾文・戈爾斯坦著作，馬修・卡普斯坦編輯《當代藏傳佛教：宗教復興與文化認同》（Buddhism in Contemporary Tibet: Religious Revival and Cultural Identity）。柏克萊：加州大學出版社，一九九八。

梅爾文・戈爾斯坦、班覺、丹增・倫竹《西藏文化大革命：一九六九年尼木事件》（On the Cultural Revolution in Tibet: The Nyemo Incident of 1969）。柏克萊：加州大學出版社，二〇〇九。

譚・戈倫夫《現代西藏的形成》（The Making of Modern Tibet）。紐約州阿蒙克：M. E. Sharpe出版社，一九九六。

赫伯特・岡瑟《神秘矩陣：大圓滿思想之科學與人文》（Matrix of Mystery: Scientific and Humanistic Aspects of rDzogs-chen Thought）。科羅拉多州博德市：香巴拉出版社，一九八四。

赫伯特・岡瑟《另類冥想：西藏修法—藏傳佛教大手印與心髓之現象學與心理學》(Meditation Differently: Phenomenological-Psychological Aspects of Tibetan Buddhist (Mahāmudrā and sNying-thig) Practices from Original Tibetan Sources)。德里：莫提拉・班那西達斯出版，一九九二。

海因里希・哈勒《來自拉達克的仁波切》(Rinpotsche von Ladakh)。因斯布魯克、法蘭克福：企鵝書屋，一九八一。

海因里希・哈勒《西藏的記憶》(Erinnerungen an Tibet)。法蘭克福：烏爾斯坦出版社，一九九三。

東尼・胡伯編輯《西藏文化中之聖地與大加持地：短文集》(Sacred Spaces and Powerful Places in Tibetan Culture: A Collection of Essays)。達蘭薩拉：西藏檔案文獻圖書館，一九九九。

東尼・胡伯〈拉契壇城介紹：藏西風土與法會〉(Guide to the La-phyi Mandala: History, Landscape, and Ritual in Western Tibet)，刊登於《壇城風土》(Mandala and Landscape)，亞歷山大・麥克唐納編輯，頁233-286。德里：D.K. Printworld出版，一九九七。

蔣貢・工珠・羅卓・泰耶《陞座：喜瑪拉雅與西藏轉世上師之認證儀式》(Enthronement: The Recognition of the Reincarnate Masters of Tibet and the Himalayas)。紐約州綺色佳：雪獅出版社，一九九七。

大衛・保羅・傑克遜〈拉達克紐拉的喇嘛益喜蔣揚：直貢傳承最後一位工畫師〉(Lama Yeshe Jamvang of Nyurla, Ladakh: The Last Painter of the' Bri gung Tradition)，刊登在《西藏期刊》(The Tibet Journal)第二十七期，頁153-176，二〇〇二。

大衛・保羅・傑克遜《西雅圖聖者：藏密德松仁波切之生

參考書目

平》（A Saint in Seattle: The Life of the Tibetan Mystic Dezhung Rinpoche）。波士頓：智慧出版社，二〇〇三。

馬修·卡普斯坦〈投生朝聖：一九九二年殊勝直貢頗瓦法會〉（A Pilgrimage of Rebirth Reborn: The 1992 Celebration of the Drigung Powa Chenmo），刊登於馬文·郭德斯坦與馬修·克普斯坦編輯之《當代藏傳佛教：宗教復興與文化認同》（Buddhism in Contemporary Tibet: Religious Revival and Cultural Identity），頁95-119、178-183。柏克萊：加州大學出版社，一九九八。

土登·格尊《中國統治下的拉薩生活回憶錄》（Memories of Life in Lhasa Under Chinese Rule），馬修·艾克斯特翻譯兼序文。紐約：哥倫比亞大學出版社，二〇〇八。

昆秋·嘉稱仁波切《尋找無染甘露》（In Search of the Stainless Ambrosia）。紐約州綺色佳：雪獅出版社，一九九八。

昆秋·嘉稱仁波切《噶舉大師：黃金傳承寶藏》（Great Kagyu Masters: The Golden Lineage Treasury）紐約州綺色佳：雪獅出版社，一九九一。

昆秋·嘉稱仁波切《經幡：吉天頌恭生平與法教》（Prayer Flags: The Life and Spiritual Teachings of Jig ten Sumgön）。紐約州綺色佳：雪獅出版社，一九八六。

貢噶·仁欽《大手印修行寶鬘：貢噶仁欽之「闡明五甚深道寶鬘集」譯本》（The Garland of Mahamudra Practices: A Translation of Kunga Rinchen's Clarifying the Jewel Rosary of the Profound Fivefold Path），堪千昆秋·嘉稱仁波切與凱薩琳·羅傑斯編譯。紐約州綺色佳：雪獅出版社，一九八六。

《西藏問題與最高法》（La Question du Tibet et la Primauté du Droit）。日內瓦：國際司法人員協會，一九五九。

《西藏與中華人民共和國：西藏問題法律調查委員會向國際司法人員協會遞交之報告》（Le Tibet et la République Populaire de Chine: Rapport présenté à la Commission internationale de Juristes par le Comité juridique d'enquête sur la question du Tibet）日內瓦：國際司法人員協會，一九六〇。

唐納德・洛佩茲編輯《西藏宗教修持》（Religions of Tibet in Practice）。紐澤西州普林斯頓：普林斯頓大學出版社，一九九七。

弗朗茨・邁克爾《轉世政權：藏傳佛教之國家社會角色》（Rule by Incarnation: Tibetan Buddhism and its Role in Society and State）。博德市：西方觀點出版社，一九八二。

格倫・穆林《那若六法研讀》（Readings on the Six Yogas of Naropa）。紐約州綺色佳，雪獅出版社，一九九七。

格倫・穆林《狂慧達賴喇嘛之神祕偈頌》（Mystical Verses of a Mad Dalai Lama）。惠頓：Quest叢書，一九九六。

勒內・德・內貝斯基-沃傑科維茨《西藏的魔鬼與占卜：西藏護法神信仰與圖像》（Oracles and Demons of Tibet: The Cult and Iconography of the Tibetan Protective Deities）。海牙：木桐出版社，一九五六。

畢達克《中藏與蒙古：元朝薩迦治理時期之西藏史》（Central Tibet and the Mongols: The Yuan-Sa-Skya Period of Tibetan History）。羅馬：義大利中遠東研究所，一九九〇。

畢達克《西藏貴族和政府（1728~1959）》（Aristocracy and Government in Tibet, 1728-1959）羅馬：義大利遠東與中東研究所，一九七三。（中國藏學出版社，一

參考書目

九九〇）

畢達克〈西部西藏與拉達克的直貢教派〉（The 'Bri-gung-pa Sect in Western Tibet and Ladakh），刊登於《葛拉斯·喬瑪紀念研討會論文集》（Proceedings of the Csoma de Körös Memorial Symposium）路易斯·李蓋特編輯，頁313-325。布達佩斯：Akadémiai Kiadó出版，一九七八。

黎吉生《西藏與其歷史》（Tibet and Its History）。波士頓、倫敦：香巴拉出版社，一九八四。

喬治·德·羅列赫翻譯之《青史》（The Blue Annals）。德里：莫提拉·班那西達斯出版，一九八八。

夏格巴·旺秋德丹《西藏政治史》（Tibet: A Political History）。紐哈芬市、倫敦：耶魯大學出版社，一九六七。

茨仁夏加《龍在雪域——一九四七年後的西藏》（The Dragon in the Land of Snows: A History of Modern Tibet Since 1947）。紐約：哥倫比亞大學，一九九九。【譯註】中文版由台灣左岸文化出版社於二〇一一發行。

大衛·斯內爾格羅夫與黎吉生《西藏文化史》（A Cultural History of Tibet）。波士頓、倫敦：香巴拉出版社，一九八〇。

佩爾·索倫森〈藏傳佛教史學：十四世紀編年史「西藏王統記」注疏譯本·王朝明鏡〉（Tibetan Buddhist Historiography: The Mirror Illuminating the Royal Genealogies. An Annotated Translation of the XIVth Century Chronicle rGyal-rabs gsal-ba' i me-long），刊登於《亞洲研究》（Asiatische Forschungen），128期。威斯巴登：Harrassowitz出版社，一九九四。

霍斯特·蘇坎《西藏歷史故事》（Breviarium der tibetischen Geschichte）。Opuscula Tibetana. Rikon：Tibet-Institut出版，一九九八。

索康・旺欽格勒〈二十世紀初期的西藏〉，刊登於《西藏研究網路報》（Tibetan Studies Internet Newsletter）第一期，第二號（一九九九年一月十二日），www.case.edu/affil/tibet/moreCenterInfo/tsin/tsin-jan99.html

達拉・南傑・拉姆《生於拉薩》（Born in Lhasa）。紐約州綺色佳：雪獅出版社，二〇〇一。

車仁・仁欽・卓瑪《西藏女兒》（Daughter of Tibet）。倫敦：約翰・默里出版社，一九七〇。

《中國共產黨統治下的西藏：一九五八至一九七五年難民聲明彙編》（Tibet under Chinese Communist Rule: A Compilation of Refugee Statements 1958-1975）。達蘭薩拉：達賴喇嘛新聞室，一九七六。

帝洛巴《恆河大手印》（Mahāmudrā. Die Grofie Gegenwart am Gangesstrom），克里斯多福・克倫翻譯，安潔莉卡・賓奇克編輯，直貢澈贊仁波切推薦序。慕尼黑：Otter出版社，二〇〇三。

帝洛巴《大手印口授：恆河大手印精要》（Mahāmudrā Upadeśa. Essentielle Mahāmudrā-Unterweisungen am Ganges），卡爾・博恩霍茲翻譯。慕尼黑：Otter出版社，二〇〇六。

擦絨・敦都南傑《西藏簡介》（Le Tibet tel qu'il était），南西・安納可編輯，一九九五。

擦絨・敦都南傑《為國效命：藏軍總司令—擦絨・達桑占堆傳》（In the Service of His Country: The Biography of Dasang Damdul Tsarong, Commander General of Tibet）。紐約州綺色佳：雪獅出版社，二〇〇〇。

朱塞佩・圖齊《尼泊爾兩次科學考察初步報告》（Preliminary Report on Two Scientific Expeditions in Nepal）。羅馬：義大利中遠東研究

參考書目

所，一九五六。

朱塞佩・圖齊《西藏唐卡》（Tibetan Painted Scrolls）。羅馬：州立圖書館，一九四九。

1, 藏文參考書目

《吉祥怙主聖龍樹所著起屍變金之佛法故事二十一品・廣為開敷》（དཔལ་མགོན་འཕགས་པ་ཀླུ་སྒྲུབ་ཀྱིས་མཛད་པའི་རོ་བསྲང་གསེར་འགྱུར་གྱི་ཆོས་སྒྲུང་ཉེར་གཅིག་པ་རྒྱས་པར་ཕྱེ་བ་བཞུགས་སོ།）。拉薩：西藏人民出版社，一九八〇。

第四世澈贊法王・滇津貝瑪嘉稱《了義佛法心要・直貢法嗣金鬘教法史》（ངེས་དོན་བསྟན་པའི་སྙིང་པོ་འབྲི་གུང་གི་གདན་རབས་ཆོས་ཀྱི་བྱུང་ཚུལ་གསེར་གྱི་ཕྲེང་བ་ཞེས་བྱ་བ་བཞུགས་སོ།）。德拉敦：直貢噶舉經書修復室，二〇〇〇。

昆秋・惹那・聽列・南嘉〈祖庭吉祥直貢梯寺贊・信解闡明〉（གདན་ས་ཆེན་པོ་དཔལ་གྱི་འབྲི་གུང་མཐིལ་བསྟོད་པ་དད་གསལ་བྱེད།），刊登於《藏傳佛教》（བོད་བརྒྱུད་ནང་བསྟན），第十四期，第一號，頁3-7，一九九五。

第六世澈贊法王・滇津確吉羅卓〈拉契雪山聖地誌〉（ལ་ཕྱི་གངས་ཀྱི་ར་བའི་གནས་ཡིག），刊登於《藏傳佛教》，第十期，第二號，頁78-111，一九九一。

直貢・昆秋嘉措《直貢聖地暨猴年大轉山介紹》（འབྲི་གུང་གི་གནས་སྐྱུ་དང་སྤྲེལ་ལོ་འཁོར་བ་ཆེན་མོའི་ངོ་སྤྲོད།）。拉薩：西藏人民出版社，二〇〇四。

直貢・昆秋嘉措《直貢教史》（འབྲི་གུང་ཆོས་འབྱུང་）。拉薩：西藏人民出版社，二〇〇四。

昆秋佩傑〈上直貢德仲聖地誌〉（འབྲི་གུང་གི་སྟོད་གཏེར་སྒྲོམ་གྱི་གནས་ཡིག），刊登於《藏傳佛教》，第十期，第二號，頁3-57，一九九一。

昆秋佩傑〈無比直貢噶舉豬年大法會略述・開解脫門〉（མཉམ་མེད་འབྲི་གུང་བཀའ་བརྒྱུད་ཀྱི་ཕག་ལོའི་ཆོས་ཆེན་མོའི་བྱུང་རིམ་མདོར་བསྡུས་བཏོད་པ་ཐར་པའི་སྒོ་འབྱེད།），刊登於《藏傳佛教》，第十四期，第一號，頁8-28

，一九九五。

直貢總管・昆秋桑天《漫談吉祥直貢噶舉祖庭歷史總說與頓珠康薩生平概述・耳之喜筵》（དཔལ་འབྲི་གུང་བཀའ་བརྒྱུད་ཀྱི་གདན་སའི་ལོ་རྒྱུས་གསེར་བརྗོད་པ་དང་དོན་གྲུབ་ཁང་གསར་སྐུ་མཆེད་རྣམས་ཀྱི་བྱུང་བ་བརྗོད་པ་ཡུལ་གསུམ་འབེལ་གཏམ་རྣ་བའི་དགའ་སྟོན）。德拉敦：直貢噶舉經書修復室，二〇〇二。

滇津塔蘭〈直貢噶舉之頂飾・三界怙主吉天頌恭事業略述〉（འབྲི་གུང་བཀའ་བརྒྱུད་ཀྱི་གཙུག་རྒྱན་སྐྱོབ་པ་འཇིག་རྟེན་མགོན་པོའི་མཛད་རྗེས་རགས་ཙམ་གྱི་སྙིང་བྱུང་བ），刊登於《藏傳佛教》，第三期，第二號，頁18-30，一九八七。

聽列嘉稱〈直貢羊日崗寺志略〉（འབྲི་གུང་ཡང་རི་སྒང་བསྟན་བཤུགས་སྙིང་བའི་རབ་རྒྱས་སྙིང་གི་ལོ་རྒྱུས་མདོར་ཙམ་བཀོད་པ），刊登於《藏傳佛教》，第四期，第二號，頁28-35、36，一九八八。

擦絨・央金卓嘎吉贊《西藏貴族小姐窗前所見——西藏王國拉薩景色略記》（སྲི་དཔོན་མི་དྲག་གི་སྲས་མོ་གཞོན་ནུ་མ་ཞིག་གིས་སྒྲིག་བྱུང་ནས་མཛད་པའི་བོད་ཀྱི་རྒྱལ་ས་ལྷ་སའི་ལྗོངས་རྣམ་མདོར་བསྡུས）。達蘭薩拉：阿尼瑪卿研究所，二〇〇六。

譯音對照表(102)

中文譯音	英文拼音 / 藏文威利轉寫
阿企‧確吉卓瑪	Achi Chokyd Dolma
印度 阿莫拉	Almora, India
俺答汗	Altan Khan
西藏 安多	Amdo, Tibet
戈文達喇嘛	Anagarika Govinda
阿貢仁波切	Angon Rinpoche
美國 亞利桑那州	Arizona, USA
德州 阿靈頓	Arlington, Texas
阿桑帕卓	Ashang Paljor
義大利 阿西西	Assisi, Italy
阿底峽	Atisha
印度拉達克 阿底澤寺	Atitse, Ladakh, India
彼得‧奧弗施奈特	Aufschnaiter, Peter
西藏 安陽寺	Ayang Monastery, Tibet
安陽仁波切	Ayang Rinpoche
安陽圖登仁波切	Ayang Thubten
黎巴嫩 巴勒貝克	Baalbek, Lebanon
西藏 巴嘎	Baga, Tibet
巴庫拉仁波切	Bakula Rinpoche
西藏 八一鎮	Bayi, Tibet
中國 北京	Beijing, China
西藏 白日寺	Beri Monastery, Tibet
巴洛‧土登確扎	Bhalok Thubten Chodrak
安潔莉卡‧賓奇克	Binczik, Angelika
尼泊爾 比爾甘傑	Birganj, Nepal
印度 菩提迦耶	Bodh Gaya, India
麻塞諸塞州 波士頓	Boston, Massachusetts

102　【譯註】本表按書末收錄之索引列表對照，標記「*」則為網路搜尋不到而依英文音譯的名詞。

來自西藏之心

博巴祖古・多昂丹巴	Bopa Tulku Dongag Tenpa
科羅拉多州 博德市	Boulder, Colorado
釋迦牟尼佛	Buddha Shakyamuni
布頓・仁欽竹	Buton Rinchen Drub
印度 拜拉庫比	Bylakuppe, India
印度 加爾各答	Calcutta, India
洽佐・頓珠康薩	Chagdzo Dondrup Khangsar
洽佐・才培*	Chagdzo Tsephel
西藏 昌都	Chamdo, Tibet
印度 昌迪加爾	Chandigarh, India
月稱	Chandrakirti
章洛欽仁波切	Changlochen Rinpoche
西藏 鄉城	Changtreng, Tibet
西維吉尼亞州 查爾斯鎮	Charlestown, West Virginia
陳伯達	Chen Boda
兼那・確吉嘉波	Chenga Chokyd Gyalpo
兼那・札巴就涅	Chenga Drakpa Jungne
兼那・喜饒迥涅	Chenga Sherab Jungne
中國 成都	Chengdu, China
蔣介石	Chiang Kai-shek
伊利諾州 芝加哥	Chicago, Illinois
卻傑仁欽彭措	Chogyal Rinchen Phuntsog
八世瓊贊仁波切 卻吉拿瓦	Chokyi Nangwa, Eighth Chungtsang
瓊英多吉王妃	Chonyi Dorje, Rani
瓊英旺姆王妃	Chonyi Wangmo, Rani
迥多傑札巴	Chung Dorje Drakpa
就匿・多傑仁欽	Chunyi Dorje Rinchen
西藏 曲水	Chushul, Tibet

譯音對照表

約書亞・卡特勒	Cutler, Joshua
八世達賴喇嘛	Dalai Lama, Eighth
五世達賴喇嘛	Dalai Lama, Fifth
十四世達賴喇嘛	Dalai Lama, Fourteenth
四世達賴喇嘛	Dalai Lama, Fourth
二世達賴喇嘛	Dalai Lama, Second
七世達賴喇嘛	Dalai Lama, Seventh
六世達賴喇嘛	Dalai Lama, Sixth
三世達賴喇嘛	Dalai Lama, Third
十三世達賴喇嘛	Dalai Lama, Thirteenth
印度 德拉敦	Dehra Dun, India
印度 德里	Delhi, India
德木仁波切	Demo Rinpoche
鄧小平	Deng Xiaoping
西藏 鄧科	Dengo, Tibet
丹瑪・貢噶扎巴	Denma Kunga Drakpa
德松安江	Dezhung Ajam
德松仁波切	Dezhung Rinpoche
印度 達蘭薩拉	Dharamsala, India
法稱	Dharmakirti
蒂亞尼・伊娃胡	Dhyani Ywahoo
頂果欽哲仁波切	Dilgo Khyentse
頓珠南嘉（錫金王子）	Dondrup Namgyal
多傑嘉波	Dorje Gyalpo
西藏 長瑪	Dragmar, Tibet
普熱桑・扎巴確嘉	Drakpa Chogyal, Ponritsang
普熱桑・扎巴南傑	Drakpa Namgyal, Ponritsang
扎拉旺秋	Dralha Wangchug

西藏 扎基	Drapchi, Tibet
西藏 哲蚌寺	Drepung Monastery, Tibet
直・塞汝貢敦	Dri Seru Gungton
西藏 直貢宗	Drikung Dzong, Tibet
印度 直貢噶舉中心	Drikung Kagyu Institute, India
西藏 直貢區	Drikung Qu, Tibet
西藏 直貢梯寺	Drikung Thil Monastery, Tibet
西藏 直貢哲寺	Drikung Tse Monastery, Tibet
卓彌譯師	Drogmi Lotsawa
西藏 卓木（江東）	Dromo, Tibet
西藏 仲久*	Drongur, Tibet
西藏 仲久寺*	Drongur Monastery, Tibet
竹旺甘瓊	Drubwang Gejung
竹旺・昆秋諾布	Drubwang Konchog Norbu
竹巴突謝仁波切	Druk Tuktse
多麗絲・杜克	Duke, Doris
中國 敦煌	Dunhuang, China
一世噶瑪巴・杜松虔巴	Dusum Khyenpa, First Karmapa
西藏 宗雪村	Dzongshol, Tibet
沃爾特・葉林・埃文斯・溫茨	Evans-Wentz, Walter Yeeling
羅蘭・費歇爾	Fischer, Roland
德州 沃思堡	Fort Worth, Texas
馬里蘭州 弗雷德里克	Frederick, Maryland
西藏 甘丹曲果寺	Gaden Chokor Monastery, Tibet
德州 加爾維斯敦	Galveston, Texas
岡波巴・索南仁欽	Gampopa Sonam Rinchen
西藏 甘丹寺	Ganden Monastery, Tibet
西藏 岡仁波齊峰	Gangri Tise. See Kailash, Tibet
印度 甘托克	Gangtok, India
噶千曲圖仁波切	Garchen Triptrul Rinpoche

譯音對照表

格達祖古	Geda Tulku
根敦嘉措	Gedun Gyatso
格列仁波切	Gelek Rinpoche
成吉思汗	Genghis Khan
嶺國國王格薩爾王	Gesar of Ling
格西・阿旺旺傑	Geshe Ngawang Wangyal
格西・喜饒嘉措	Geshe Sherab Gyatso
果確仁波切*	Gochok Rinpoche
果確祖古・昆秋涅頓*	Gochok Tulku Konchog Nyedon
高登・楚	Golden True
恩珠倉・貢布扎西	Gonpo Tashi, Andrugtsang
卡洛琳娜・馮・格雷文羅伊特	Gravenreuth, Carolina von
西藏 古格	Guge, Tibet
蓮花生大士	Guru Rinpoche. See Padmasambhava
固始汗	Gushri Khan
詹姆斯・格思里醫生	Guthrie, James
嘉樂頓珠	Gyalo Dondrup
加布仁波切	Gyalpo Rinpoche
西藏 建塘	Gyalthang, Tibet
一世澈贊・嘉旺昆秋仁欽	Gyalwang Konchog Rinchen, First Chetsang
嘉雍欽莫	Gyalyum Chenmo
西藏 江扎寺	Gyangdrag Monastery, Tibet
西藏 下密院	Gyume Dratsang, Tibet
印度 哈里瓦	Haridwar, India
海因里希・哈勒	Harrer, Heinrich
詹姆斯・希爾頓	Hilton, James
傑佛瑞・霍普金斯	Hopkins, Jeffrey
德州 休士頓	Houston, Texas
紐澤西州 豪厄爾	Howell, New Jersey
黃英傑	Huang, Yin Jie

313

來自西藏之心

旭烈兀	Hulagu
蔣貢康楚・羅卓泰耶	Jamgon Kongtrul Lodro Thave
絳曲堅贊	Jangchub Gyaltsen
印度 強久林寺	Jangchubling Monastery, India
傑尊白瑪	Jetsun Pema
吉美・貢噶南嘉	Jigme Kunga Namgyal
吉天頌恭	Jigten Sumgon
尼泊爾 吉日*	Jiri, Nepal
西藏 大昭寺	Jokhang Temple, Tibet
康熙	K'ang-hsi
印度噶舉學院	Kagyu College, India
西藏 岡仁波齊峰	Kailash, Tibet
西藏 嘎拉山口*	Kala, Tibet
印度 噶倫堡	Kalimpong, India
印度拉達克 噶澤*	Kaltse, Ladakh, India
西藏 康定	Kanding, Tibet
印度拉達克 康吉*	Kanji, Ladakh, India
噶瑪格勒	Karma Geleg
二世噶瑪巴・噶瑪巴希	Karma Pakshi, Second Karmapa
噶瑪・丹迴旺波	Karma Tenkyong Wangpo
尼泊爾 加德滿都	Kathmandu, Nepal
印度 卡蒂哈爾	Katihar, India
西藏 嘎則寺	Katsel Monastery, Tibet
西藏 嘎讓	Kenang, Tibet
卡雀旺姆	Khacho Wangmo
西藏 康（昌都市）	Kham, Tibet
康濟鼐	Khangchenne
尼泊爾 喀日廓拉*	Kharikhola, Nepal
堪姆・尼瑪卓瑪	Khenmo Nyima Drolma
堪布阿沛*	Khenpo Ape

314

譯音對照表

堪布諾陽	Khenpo Noryang
堪布托卓*	Khenpo Togdrol
堪布・次旦桑布	Khenpo Tseten Sangpo
忽必烈汗	Khubilai Khan
西藏 坤布崎山口	Khumbuka La, Tibet
瓊讓	Khyungram
西藏 吉日央宗洞*	Kiri Yangdzong Cave, Tibet
五世瓊贊・昆秋卻倪諾布	Konchog Chonjd Norbu, Fifth Chungtsang
昆秋桑天	Konchog Samten
昆秋桑巴	Konchog Sempa
貢噶堅贊	Kunga Gyaltsen
貢噶仁欽	Kunga Rinchen
藏區代本・平措扎西	Kungo Depon Phuntsog Tashi
西藏 奇扎塘*	Kyedrak Thang, Tibet
西藏 吉曲	Kyichu, Tibet
瓊嘎・索巴嘉措*	Kyunga Sodpa Gyatso
印度 拉達克	Ladakh, India
喇嘛洛桑	Lama Lobsang
印度拉達克 喇嘛玉如寺	Lamayuru Monastery, Ladakh, India
西藏 拉木	Lamo, Tibet
尼泊爾 拉契	Lapchi, Nepal
印度拉達克 列城	Leh, Ladakh, India
拉藏汗	Lhabzang Khan
西藏 拉姆拉措	Lhamo Latso, Tibet
西藏 拉薩	Lhasa, Tibet
洛本楚・丹增頓都*	Lho Bongtrul Tenzin Dodul
西藏 洛龍嘎寺	Lho Lungkar Monastery, Tibet
洛千・卻吉羅卓	Lhochen Chokyi Lodro
西藏 洛卡	Lhokha, Tibet
尼泊爾 里米	Limi, Nepal

來自西藏之心

林彪	Lin Biao
林仁波切	Ling Rinpoche
西藏 理塘	Lithang, Tibet
劉少奇	Liu Shaoqi
洛桑秋增*	Lobsang Chodzin
洛桑扎西	Lobsang Tashi
洛本丹增	Lopon Tenzin
印度 勒克瑙	Lucknow, India
魯康・澤旺饒登	Lukhang Tsewang Rabten
尼泊爾 藍毗尼	Lumbini, Nepal
尼泊爾 盧那*	Lunak, Nepal
西藏 邐娑河	Lungsho, Tibet
道格拉斯・麥克阿瑟	MacArthur, Douglas
馬科雷	Macauley, Colman
西藏 瑪扎卡*	Mamtsakha, Tibet
西藏 芒噶岡*	Mangkhargang, Tibet
毛澤東	Mao Zedong
瑪爾巴・確吉羅卓	Marpa Chokyi Lodro
達烏德・馬塔	Matta. Daoud
目犍連	Maudgalvayana
德國 麥德林	Medelon, Germany
西藏 思金拉措	Medro Sijin, Tibet
西藏 墨竹工卡	Medrogungkar, Tibet
印度拉達克	Men Khang, Ladakh, India
西藏 須彌寺	Meru Monastery, Tibet
梅通松波（瑪爾巴四大弟子）	Meton Tsonpo
墨西哥 墨西哥市	Mexico City, Mexico
密勒日巴	Milarepa
印度 敏珠林寺	Mindrolling Monastery, India
明尼蘇達州 明尼亞波利斯	Minneapolis, Minnesota

譯音對照表

木雅貢林*	Minyak Gomring
印度 穆恩德戈德	Mundgod, India
印度 穆索里	Mussoorie, India
尼泊爾 木斯塘	Mustang, Nepal
木提贊布	Mutik Tsenpo
龍樹	Nagaijuna
西藏 那曲	Nagchu, Tibet
朗崗（擦絨・達桑占堆年輕時的名字）	Namgang
西藏 南嘉確宗	Namgyal Chodzong, Tibet
南拉（達拉・南傑拉姆簡稱）	Namlha
西藏 囊帕拉山口	Nangpa La
朗色・昆秋丹增	Nangse Konchog Tenzin
那若札西彭措	Naro Tashi Phuntsog
那若巴	Naropa
西藏 納唐寺	Narthang, Tibet
賈瓦哈拉爾・尼赫魯	Nehru, Jawaharlal
紐約州 紐約市	New York, New York
紐澤西州 紐瓦克	Newark, New Jersey
阿沛・阿旺晉美	Ngabo, Ngawang Jigme
昂羌・昆桑仁增	Ngagchang Kunsang Rigzin
阿里仁波切	Ngari Rinpoche
阿旺羅卓堅贊（八世東滇仁波切）	Ngawang Lodro Gyaltsen
俄・確固・多傑（瑪爾巴四大弟子）	Ngog Choku Dorje
西藏 俄宜塘*	Ngoyig Thang, Tibet
諾布・欽	Norbu Chen
西藏 諾布拉山口	Norbu La, Tibet
諾布仁波切	Norbu Rinpoche
羅布林卡宮	Norbuligka Palace

317

來自西藏之心

努・卻果・多傑移喜	Nub Chogo Dorje Yeshe
努巴・昆秋丹增	Nubpa Kongchog Tenzin
尼泊爾 努塔拉*	Nunthala, Nepal
西藏 聶拉木	Nyalam, Tibet
西藏 娘池（林芝）	Nyangtri, Tibet,
娘茹祖古・蔣揚旺嘉	Nyarong Tulku Jamyang Wangyal
聶赤贊普	Nyatri Tsenpo
西藏 尼木	Nyemo, Tibet
西藏 尼宗寺	Nyidzong Monastery
尼宗赤巴	Nyidzong Tripa
西藏 尼瑪江熱	Nyima Changra, Tibet
西藏 沃卡	Olkha, Tibet
翁楚仁波切	Ontul Rinpoche
巴瓊仁波切	Pachung Rinpoche
蓮花生大士	Padmasambhava (Guru Rinpoche)
巴麥欽哲仁波切	Palme Khyentse Rinpoche
十世班禪喇嘛	Panchen Lama, Tenth
班禪・索南嘉措	Panchen Sönam Gyatso
法國 巴黎	Paris, France
不丹 帕羅宗	Paro Dzong, Bhutan
尼泊爾 帕坦	Patan, Nepal
印度 帕坦科特	Pathankot, India
巴沃・祖拉成瓦	Pawo Tsuglag Threngwa
普熱桑・白瑪羅卓	Pema Lodrö, Ponritsang
四世澈贊・貝瑪嘉稱	Peme Gyaltsen, Fourth Chetsang
西藏 帕竹丹薩替寺	Phagdru Densa Thil Monastery, Tibet
帕摩竹巴・多傑嘉波	Phagmodrupa Dorje Gyalpo
八思巴・羅卓	Phagpa Lodrö
尼泊爾 帕平	Pharping, Nepal
頗羅鼐・索南多吉	Pholhane, Sönam Tobgye

譯音對照表

平康・次仁頓珠	Phunkhang, Tsering Döndrup
不丹 彭措林宮	Phuntsogling Palace, Bhutan
印度拉達克 平陽寺	Phyang Monastery, Ladakh, India
瑞克・皮謝	Piche, Rick
西藏 布達拉宮	Potala Palace, Tibet
西藏 普蘭	Purang, Tibet
饒噶夏・彭措饒傑	Ragashar, Phuntsog Rabgye
朗多阿里	Rangdo Ali
十六世噶瑪巴・讓炯日佩多傑	Rangjung Rigpe Dorje, Sixteenth Karmapa
尼泊爾 拉克紹爾	Raxaul, Nepal
任榮	Ren Rong
西藏 熱振寺	Reting Monastery, Tibet
熱振仁波切	Reting Rinpoche
印度 拉瓦爾薩爾	Rewalsar, India
黎吉生	Richardson, Hugh
里嘉仁波切*	Rigyal Rinpoche
一世瓊贊・仁津卻紮	Rigzin Chodrak, First Chungtsang
仁欽多吉	Rinchen Dorje
仁欽彭措	Rinchen Phuntsog
仁欽桑布	Rinchen Sangpo
印度 瑞詩凱詩	Rishikesh, India
義大利 羅馬	Rome, Italy,
斯瓦米・魯德蘭南達	Rudrananda, Swami
印度 隆德寺	Rumtek Monastery, India
西藏 日多	Rutok, Tibet
薩迦班智達	Sakya Pandita. See Kunga Gyaltsen
薩迦法王	Sakya Trizin
桑東仁波切	Samdhong Rinpoche
強巴桑培	Samphel, Jagpa

來自西藏之心

印度 桑登林尼院（禪定尼院）	Samtenling Nunnery, India
不丹 桑噶丘林寺（顯密法寺）	Sangnag Choling Monastery, Bhutan
桑傑嘉措	Sangye Gyatso
紐澤西州 蘇格蘭平原	Scotch Plains, New Jersey
華倫・史考特	Scott, Warren
西藏 色拉寺	Sera Monastery, Tibet
西藏 色基姆山口*	Serkhyim La, Tibet
色西・才旺朗傑*	Seshi Tsewang Namgyal
夏嘎・措珠讓卓	Shabkar Tsogdrug Rangdol
夏格巴・諾金央吉	Shakabpa, Norzin Yangkyi
夏格巴・次仁旺傑	Shakabpa, Tsering Wangyal
夏格巴・旺秋德丹	Shakabpa, Wangchug Deden
斯瓦米・香巴瓦南達	Shambhavananda, Swami Sri
中國 上海	Shanghai, China
中國 香格里拉	Shangri-La, China
印度拉達克 夏究古寺	Sharchukhul Monastery, Ladakh, India
舍利佛	Shariputra
西藏 日喀則	Shigatse, Tibet
印度 西姆拉	Shimla, India
六世澈贊・喜威羅卓	Shiwe Lodro, Sixth Chetsang
西藏 雪村	Shol, Tibet
雪康・土登尼瑪	Sholkhang, Thubten Nyima
西藏 雪絨	Shorong, Tibet
琴恩・史密斯	Smith, E. Gene
梭本・曲卓	Solpon Chosjor
梭本・昆秋澤旺	Solpon Konchog Tsewang
三世達賴喇嘛・索南嘉措	Sonam Gyatso. See Dalai Lama. Third
索南覺佩	Sonam Jorphel
宋仁波切	Song Rinpoche
松贊干布	Songtsen Gampo

譯音對照表

印度 松贊圖書館	Songtsen Library, India
印度 斯里納加爾	Srinagar, India
斯塔納仁波切	Stakna Rinpoche
希瑟‧斯托達德	Stoddard. Heather
菲絲‧史東	Stone, Faith
台灣 台北	Taipei, Taiwan
達拉‧洛桑三旦	Taklha, Lobsang Samten
達拉‧南傑拉姆	Taklha, Namgyal Lhamo
達隆瑪珠	Taklung Matrul
達隆夏仲	Taklung Shabdrung
達隆塘巴‧扎西貝	Taklung Thangpa Tashi Pel
達隆澤珠	Taklung Tsetrul
達扎仁波切	Taktra Rinpoche
塔澤仁波切	Taktser Rinpoche
車仁‧晉美	Taring, Jigme
車仁‧丹諾*	Taring, Tenor
車仁‧次仁央宗	Taring, Tsering Yangzom
扎西南嘉	Tashi Namgyal
哲通丹增	Tendong, Tenzin
丹增確扎	Tenzin Chodrak
丹增確嘉*	Tenzin Chogyal
四世瓊贊‧滇津卻吉蔣稱	Tenzin Chokyd Gyaltsen, Fourth Chungtsang
七世瓊贊‧滇津卻吉迴涅	Tenzin Chokyd Jungne, Seventh Chungtsang
六世瓊贊‧滇津卻吉羅卓	Tenzin Chokyd Lodro, Sixth Chungtsang
三世瓊贊‧滇津卻吉尼瑪	Tenzin Chokyd Nyima, Third Chungtsang
三世澈贊‧滇津種都	Tenzin Drodul, Third Chetsang
西藏 德仲尼寺	Terdrom Nunnery, Tibet
西藏 德仲	Terdrom, Tibet
西藏 堆龍	Tholung, Tibet

來自西藏之心

西藏 通嘎	Thong Ga, Tibet
吞彌・桑布扎	Thonmi Sambhota
創古仁波切	Thrangu Rinpoche
赤列曲珍	Thrinle Chodron
二世瓊贊・赤列敦珠卻吉	Thrinle Dondrup Chogyal, Second Chungtsang
二世澈贊・赤列桑波	Thrinle Sangpo, Second Chetsang
土登晉美諾布（塔澤仁波切）	**Thubten Jigme Norbu (Taktser Rinpoche)**
五世澈贊仁波切・突吉尼瑪	Thukje Nyima, Fifth Chetsang
西藏 曲拉山口*	Thula, Tibet
羅伯特・舒曼	Thurman, Robert
尼泊爾 梯村*	Til, Nepal
帝洛巴	Tilopa
西藏 定日	Tingri, Tibet
東滇仁波切	Togden Rinpoche
赤祖德贊	Tri Ralpachen
赤江仁波切	Trijang Rinpoche
赤松德贊	Trisong Detsen
赤匝嘉樂・滇津圖登	Tritsab Gyabra Tenzin Thubten
西藏 卓龍	Trolung, Tibet
西藏 扎烏日蛻*	Tsa Ug Rito, Tibet
西藏 察布朗	Tsabuna, Tibet
七世直貢法王・參傑札巴索南	Tsamche Drakpa Sonam
西藏 後藏	Tsang, Tibet
西藏 阿里土林	Tsaparang, Tibet
西藏 扎日神山	Tsari, Tibet
擦絨・達桑占堆	Tsarong, Dasang Damdul
擦絨・多傑仁增	Tsarong, Dorje Rigzin
擦絨・敦都南傑	Tsarong, Dundul Namgya
擦絨・格桑占堆	Tsarong, Kelsang Damdul

譯音對照表

擦絨・班久	Tsarong, Paljor
擦絨・白瑪卓嘎	Tsarong, Pema Dolkar
擦絨・桑珠才仁	Tsarong, Samdup Tsering
擦絨・次旺晉美	Tsarong, Tsewang Jigme
擦絨・旺秋傑波	Tsarong, Wangchug Gyalpo
擦絨・央金卓嘎	Tsarong, Yangchen Dolkar
策墨林仁波切	Tsemonling Rinpoche
次仁確尊*	Tsering Chodron
措康喇嘛*	Tsokhang Lama
宗都森給	Tsondu Senghe
宗喀巴	Tsongkhapa
西藏 祖拉康（大昭寺）	Tsuglagkhang. See Jokhang Temple, Tibet
楚旺*	Tsulwang
西藏 楚布寺	Tsurphu Monastery, Tibet
楚敦・旺給多傑（瑪爾巴四大弟子）	Tsurton Wanggi Dorje
佛蒙特州 金剛亥母尼寺	Vajra Dakini Nunnery, Vermont
義大利 威尼斯	Venice, Italy
王其梅	Wang Qimei
旺秋多傑	Wangchug Dorje
旺都*	Wangdu
印度 萬拉*	Wanla, India
哥倫比亞省 華盛頓	Washington, District of Columbia
尼泊爾 偉澤村*	Weltse, Nepal
西藏 武如榮	Wururong, Tibet
西藏 艾瑪日寺	Yamari Monastery, Tibet
西藏 羊八井	Yangpachen, Tibet
西藏 羊日崗寺	Yangrigar Monastery, Tibet
顏錚浩	Yen Chen How. See Rinchen Dorje
益喜蔣揚	Yeshe Jamyang

來自西藏之心

益喜措嘉	Yeshe Tsogyal
四世達賴喇嘛・雲丹嘉措	Yonten Gyatso. See Dalai Lama, Fourth
榮赫鵬	Younghusband, Francis Edward
宇妥・雲丹貢布	Yuthog Yonten Gonpo
尼泊爾 臧村*	Zang, Nepal
印度拉達克 臧斯卡	Zanskar, Ladakh, India
曾雍雅	Zeng Yongya
西藏 雜塘	Zenthang, Tibet
愛德華・曾納特	Zentner, Edoardo
張國華	Zhang Guohua
周恩來	Zhou Enlai
周仁山	Zhou Renshan
昆秋佩傑	དགོན་མཆོག་འཕེལ་རྒྱལ།
直貢總管昆秋桑天	འབྲི་གུང་སྤྱི་མཛོད་དགོན་མཆོག་བསམ་གཏན།
滇津塔蘭	བསྟན་འཛིན་ཐར་ལམ།
聽列嘉稱	འཕྲིན་ལས་རྒྱལ་མཚན།
擦絨央金卓嘎吉贊（擦絨妙音白度母總集）	ཚ་རོང་དབྱངས་ཅན་སྒྲོལ་དཀར་སྐྱིད་བརྩམས།

【譯者提供的相關說明】

人名譯音：

1. 西藏貴族或西方名人：在許多關於西藏政治歷史的漢學書籍中已有慣用字者（如：擦絨家族、饒噶夏家族、英國駐藏大使黎吉生），沿用慣用字。

2. 西藏貴族姓氏改為前列。如：擦絨・達桑占堆，非達桑占堆・擦絨。

3. 歷代直貢法王譯字：暫時先參考此直貢網站

    https://www.kagyudrikung.org/b23.php

4. 法王家人譯字：表列本書與2022年出版之照片集《直

譯音對照表

貢法王傳：前傳——延著佛跡》譯字差異如下表畫底線處，由於該書部分譯字及中國地名非使用慣用字或官方用字，故先以本書為標準用字：

稱謂（與澈贊法王關係）	本書用詞	《直貢法王傳：前傳——延著佛跡》一書的用詞
祖父	<u>擦</u>絨・達桑占<u>堆</u>	察絨・達桑占堆
祖母	<u>擦</u>絨・<u>白瑪</u>卓嘎	貝瑪卓噶
外祖父	<u>饒噶夏</u>・<u>彭措饒傑</u>	多噶・平措熱傑
父親	<u>擦</u>絨・敦都南<u>傑</u>	察絨・敦都南杰
母親	<u>擦</u>絨・央金卓<u>嘎</u>	央金卓瑪
大姐	<u>達拉</u>・南傑拉姆	南傑拉姆達拉
二姐	夏格巴・諾金央吉	─
大哥	擦絨・次旺<u>晉美</u>	次旺吉米
弟弟	擦絨・<u>班久</u>	次旦白覺

西藏地名譯音：部分藏文地名，如：吉曲（拉薩河）、直曲（長江）、卓木（亞東）等，加註中國官方地名方便讀者查詢。其餘中國地名，多已按中國官方地名翻譯，部分地方因過小而無法於官方地圖查得，則按英文音譯並加註「＊」，意指該譯名無法以漢字於地圖查得。（凡無加星號者，均為考證後之中國地名，或可於Google地圖查得之國際地名漢譯。）

英文音譯暨威利轉寫：為避免讀者將英文音譯與威利轉寫混淆，全書英文音譯均改為漢字音譯（以藏文發音為主），威利轉寫則直接用藏文呈現以供參考。

國家圖書館出版品預行編目(CIP)資料

來自西藏之心：直貢噶舉法王.赤列倫珠傳/艾爾瑪.格魯伯(Elmar R. Gruber)著；普賢法譯小組譯. -- 第一版. -- 臺北市：樂果文化事業有限公司出版；[高雄市]：台灣慧焰文化發行, 2025.08　面；　公分

譯自：From the heart of Tibet : the biography of Drikung Chetsang Rinpoche, the holder of the Drikung Kagyu lineage.

ISBN 978-957-9036-67-2(平裝)

1.CST: 澈贊法王　2.CST: 藏傳佛教　3.CST: 傳記

226.969　　　　　　　　　　114010543

樂繽紛 58
來自西藏之心 直貢噶舉法王・赤列倫珠傳

原　　　　著	／ 艾爾瑪・格魯伯 Elmar R. Gruber
中　譯　　者	／ 普賢法譯小組
校　　　　對	／ 羅千侑
審　　　　閱	／ 楊書婷
執 行 編 輯	／ 直跋給貢覺丹增
發　　　　行	／ 台灣慧焰文化
出　　　　版	／ 樂果文化事業有限公司
讀者服務專線	／ （02）2795-6555
劃 撥 帳 號	／ 50118837 號　樂果文化事業有限公司
印　刷　　廠	／ 卡樂彩色製版印刷有限公司
總　經　　銷	／ 紅螞蟻圖書有限公司
地　　　　址	／ 台北市內湖區舊宗路二段121巷19號（紅螞蟻資訊大樓）
	電話：（02）2795-3656
	傳真：（02）2795-4100

2025年8月初版　　定價／599 元　　ISBN 978-957-9036-67-2
※本書如有缺頁、破損、裝訂錯誤，請寄回本公司調換
版權所有，翻印必究 Printed in Taiwan.